Stefan Müller

Mythos Fremdenlegion

Stefan Müller

Mythos Fremdenlegion

Mein Einsatz in der härtesten Armee der Welt

Aufgeschrieben von Martin Specht

Econ

Um die Persönlichkeitsrechte einiger Akteure zu wahren, wurden deren Namen und Personenbeschreibungen verfremdet. Alle in diesem Buch dargestellten Ereignisse, Szenen und Dialoge haben sich aber wie beschrieben so oder in sehr ähnlicher Weise abgespielt.

MIX
Papier aus verantwor-
tungsvollen Quellen
FSC® C083411
FSC
www.fsc.org

Econ ist ein Verlag
der Ullstein Buchverlage GmbH

ISBN: 978-3-430-20191-9

3. Auflage 2015
© der deutschsprachigen Ausgabe
Ullstein Buchverlage GmbH, Berlin 2015

© für Fotos im Bildteil: privat
Redaktion: Michael Schickerling, München,
und Desirée Šimeg, Gersthofen
Alle Rechte vorbehalten
Gesetzt aus der Janson
Satz: Pinkuin Satz und Datentechnik, Berlin
Druck und Bindearbeiten: CPI books GmbH, Leck
Printed in Germany

Dieses Buch widme ich meinem Freund und Mentor
Hans »JoHan« Moser.

Inhalt

Wüstensand

Hitze. Endlose, schier unerträgliche Hitze. Hier draußen in der Wüste war es so heiß, dass mir das Atmen schwerfiel. Und dann noch der verdammte Wüstensand überall. Der Stoff meiner verschwitzten Kampfuniform war voll davon, mein Gesicht und meine Maschinenpistole ebenso. Ich nahm einen großen Schluck aus meiner Wasserflasche. Sand knirschte zwischen meinen Zähnen – und erfrischend war das warme Gesöff auch nicht. Am liebsten wäre ich jetzt kopfüber in einen eiskalten See gesprungen. Stattdessen war ich in der verflixten Wüste auf todlangweiliger Mission. Absolut zero action hier.

Nur ein Gecko kroch langsam auf einen Stein, der neben dem Fahrzeug lag. Sonst bewegte sich hier nichts. Auch wir vermieden jede unnötige Bewegung, die nichts brachte außer Schweißausbrüche.

Wir hatten eine kurze Pause eingelegt, um auf neue Anweisungen zu warten. Über dem weitläufigen Gebiet vor uns kreisten Helikopter. Wenn sie etwas Verdächtiges bemerken würden, wäre es unsere Aufgabe, hinzufahren und uns das Ganze mal genauer anzusehen. Wir waren mehrere Stunden Autofahrt vom nächstgelegenen Stützpunkt entfernt. Außer dem Brummen des Motors im Leerlauf war nur das Heulen des Windes zu hören. Ein heißer Wind aus nordwestlicher Richtung blies Sand und Dreck vor sich her. Ich zog mein Tuch, das ich mir zum Schutz gegen den Staub vors Gesicht gebunden hatte, jetzt wieder über den Mund. Ich stand in der offenen Luke des Geländewagens. Nirgendwo gab es Schatten in dieser Ebene, die sich scheinbar endlos bis zum Horizont erstreckte. Außer einem gleißenden weißen Himmel und hellem Sand und Geröll war weit und breit nichts zu sehen. Keine Farben, kein Grün, keine Wolken, nichts. Alltag in Mali.

Ich befand mich in der Sahelzone im Norden des Landes – eine Gegend, in der Steppe und Savanne in die sandigen Weiten der Sahara übergehen. Vereinzelt gab es in dieser Einöde schwarze Gesteinsbrocken und trockene Dornbüsche.

Im Januar 2013 hatte Frankreich mit der Operation Serval begonnen und Truppen nach Mali geschickt. Islamisten hatten große Teile Nordmalis unter ihre Kontrolle gebracht und rückten in Richtung Süden auf die Hauptstadt Bamako vor. Frankreich – einstige Kolonialmacht – griff ein und führte Krieg gegen sie. Daran waren von Anfang an auch Einheiten der Fremdenlegion beteiligt.

Innerhalb weniger Wochen gelang es, die Aufständischen zurückzudrängen. Timbuktu, Gao und weitere Städte im Norden wurden befreit. Die Islamisten zogen sich in die Wüste zurück und versteckten sich.

Im Mai 2013 kam ich mit meinem Regiment – dem 2e Regiment étrangère d'infanterie – nach Gao. Die Patrouillen der Fremdenlegion hatten die Aufgabe, die Islamisten in dem riesigen und schwer zugänglichen Gebiet – ungefähr so groß wie die Bundesrepublik Deutschland – aufzuspüren. Ein schwieriger und langwieriger Job. Denn unsere Gegner blieben in ihren Verstecken und griffen nur gelegentlich aus dem Hinterhalt an.

Außer mir saßen an diesem Tag noch ein Sergent und der Fahrer in dem Geländewagen. Ich hatte die beiden erst am Tag vorher kennengelernt. Sie gehörten einer anderen Einheit an und brauchten einen dritten Mann für die Mission. Da ich gerade meine Malaria auskuriert hatte und meine Kompanie – während ich noch im Lazarett lag – zu einer zweiwöchigen Patrouillenfahrt aufgebrochen war, stand ich zur Verfügung. Alles war besser, als blöd rumzusitzen. Ich war seit drei Tagen wieder gesund und hatte ein schlechtes Gewissen, weil ich untätig war. Außerdem wollte ich endlich wieder raus und was erleben, ich sehnte mich nach Action. Leider war es unmöglich, dass ich zu meiner Kompanie stieß. Sie befand sich mitten im Nirgendwo und war nur per Helikopter zu erreichen. Die Helis flogen aber keinen einzelnen Legionär »mal eben« mitten ins Kampfgebiet, nur um ihn bei seiner Einheit abzuliefern.

Stattdessen hatte man mich mit einer Ladung Wasser, Bier, irgendwelchen Fahrzeugteilen und Munition mitten in der Wüste und mehr als fünf Stunden von meiner Kompanie entfernt abgesetzt. Dort war ich auf die Einheit der Fremdenlegion gestoßen, mit der ich nun seit sechs Uhr morgens auf Aufklärungsmission war. Der Sergent, ein sportlicher Typ, hatte das Kommando. Er war Jugoslawe, um die dreißig Jahre alt, schätzte ich. Wenn er lachte, leuchtete eine Reihe strahlend weißer Zähne aus seinem sonnengebräunten Gesicht. Eine längliche Narbe zeichnete sich deutlich auf seiner rechten Wange ab. Der Fahrer, ein Rumäne, war jünger. Er hatte einen beeindruckenden Bizeps, eng beieinanderstehende Augen und – wie die meisten Legionäre – einen kahlgeschorenen Schädel.

Mittlerweile war es elf Uhr, wir waren schon seit fünf Stunden unterwegs. Bisher war rein gar nichts passiert. So langsam bekam ich echt miese Laune. Von Action keine Spur. Ich stand auf dem Rücksitz, streckte den Oberkörper durch die Luke im Dach und checkte gelangweilt die Umgebung. Meine Maschinenpistole lag vor mir. Niemand sprach, die sengende Hitze setzte uns allen gleichermaßen zu. Ich sah durch mein Fernglas: vor Hitze flimmernde Luft, sonst nichts.

Der Sinn und Zweck solcher Aufklärungsmissionen ist ja, den Feind aufzuspüren und ihn zum Kampf zu stellen. In Mali wurde das dauernd gemacht. Die Kompanien waren dabei tage- und wochenlang unterwegs. Jeder von uns hoffte, dass es endlich einmal zum Kampf kommen würde. Dafür waren wir ausgebildet und nach Mali geschickt worden. Aber in neunzig Prozent aller Fälle ereignete sich nichts. Die Islamisten tauchten lieber ab, wenn sie uns kommen sahen.

Auf einmal meldete sich der Sergent: »Seht ihr das auch? Schräg rechts vor uns.«

Ich blickte in die Richtung. Ja, da war vielleicht etwas, in ein bis zwei Kilometern Entfernung. Ich schaute durch ein Fernglas und sah, dass dort eine große Staubwolke aufstieg. So viel war sicher. Und sie bewegte sich gegen die Windrichtung. »Kann sein, dass dort etwas fährt«, meldete ich. In der Wüste erkennt man Fahrzeuge schon aus großer Distanz, weil sie eine ziemliche Staubfahne hinter sich herziehen.

Es war definitiv ungewöhnlich, dass sich jemand so tief in der Wüste aufhielt. Die Nomaden beschränkten ihre Wanderungen wegen der Kämpfe mit den Islamisten auf belebtere Gebiete. Hier gab es nichts außer der algerischen Grenze, die ein paar hundert Kilometer weiter nördlich verlief. »Das schauen wir uns mal aus der Nähe an!«, entschied der Sergent.

Ich hielt meine Maschinenpistole fest, das Fahrzeug fuhr ruckartig an. Ich stellte mich breitbeinig auf den Sitz, um das Gleichgewicht zu halten. Auch unser Wagen zog nun eine meterhohe Staubwolke hinter sich her. Wer immer da draußen unterwegs war, konnte uns also jetzt ebenfalls leicht entdecken. Für den Bruchteil einer Sekunde dachte ich daran, dass wir nur zu dritt und relativ schwach bewaffnet waren. Wir waren die Vorhut einer Gruppe von sieben Fahrzeugen, die mehrere hundert Meter hinter uns fuhren. Bei den Aufklärungsmissionen ist Schnelligkeit ein entscheidender Faktor, deshalb wird auf schwere Waffen verzichtet. Scheißegal, jetzt war endlich was los!

Die Staubfahne am Horizont bewegte sich immer noch in die gleiche Richtung. Unser Fahrer trat aufs Gas. Solange der andere uns nicht entdeckte und die Richtung beibehielt, hatten wir eine Chance. Wir näherten uns seitlich und holten schnell auf. Ich sah, wie der Schatten unseres Fahrzeugs auf dem Boden neben uns herflitzte. Das VBL hat eine gedrungene Silhouette: vier Räder, kantige Form. Ein schnelles, geländegängiges Aufklärungsfahrzeug, 90 Stundenkilometer fix. Als ich es das erste Mal sah, musste ich an eine Wüsten-Rallye denken.

Ich schob das Tuch fester vor meine Nase und zog den

Kinnriemen meines Helms nach. Der heiße Fahrtwind blies mir ins Gesicht, die Sandkörner fühlten sich an jeder unbedeckten Stelle an wie tausend Nadelstiche. Ich kniff die Augen zusammen, denn selbst meine Sonnenbrille konnte mich nicht vor ihnen schützen, und hob mein Gewehr. Jedes Mal, wenn wir über eine Bodenwelle oder einen Stein rasten, machte das Fahrzeug einen ordentlichen Satz. Ich wurde in meiner Luke hin und her geworfen und stemmte mich gegen den Rand, um nicht herausgeschleudert zu werden.

»Und? Was siehst du?«, wollte der Sergent von mir wissen. Für einen kurzen Augenblick glaubte ich, durch mein Fernglas einen schwarzen Punkt im wehenden Sand zu sehen. Es fiel mir schwer, das Gewehr ruhig zu halten, und jedes Ruckeln des Geländewagens veränderte mein Blickfeld. Plötzlich sah ich etwas aufblitzen – wie aus Metall. »Irgendetwas ist da …«, sagte ich.

Mit einer scharfen Drehung steuerte das VBL unvermittelt nach links und ich schleuderte mit Karacho mit dem Becken gegen den Rand der Luke.

»Verdammt!«, schrie ich den Rumänen an. »Pass doch auf!«

»Sorry, Felsen!«, meldete der Fahrer knapp zurück. »Musste ausweichen.« Wir rasten weiter.

Zum Glück hatte ich den Haltegurt meines Gewehrs an einem Karabinerhaken meiner Weste befestigt – sonst wäre es in hohem Bogen weggeflogen und läge jetzt irgendwo im Wüstenstaub.

Als ich wieder festen Stand hatte, unterdrückte ich den Schmerz und konzentrierte mich voll auf meine Aufgabe. Die Staubwolke war inzwischen viel größer geworden, wir hatten ordentlich aufgeholt. Ich schaute noch einmal durch das Fernglas und schob den Sicherungshebel meiner MP zurück. Man weiß ja nie.

»Da ist …«, sagte ich mehr zu mir selbst als zu den anderen. Ich glaubte, für den Bruchteil einer Sekunde etwas Schwarzes gesehen zu haben. Aber dann verschwand es in einer Senke.

Einmal glaubte ich, ein Motorengeräusch zu hören, das nicht von uns kam. Ein hohes, fast kreischendes Brummen. Doch dann war es wieder weg. Der Rumäne trat das Gaspedal wieder durch und wich Steinen und vertrocknetem Gestrüpp aus, so gut er konnte. Neben mir bog sich die auf dem Dach angebrachte Antenne des Funkgeräts nach hinten.

Mittlerweile war ich richtig aufgeregt, spürte den Adrenalinkick. Ich wollte unbedingt wissen, was da vor uns war, und kam mir vor wie ein Jäger auf Beutezug. Totaler Tunnelblick: Es gab nur noch uns und das unbekannte Fahrzeug, das den Staub aufwirbelte. Es war unvermeidlich: Sehr bald würden wir auf den Unbekannten treffen. Und wir mussten auf alles gefasst sein.

Meine Waffen waren das Einzige, was ich jetzt brauchte. Außer der MP hatte ich eine Pistole bei mir, die an meiner Weste angebracht war. Ohne hinzuschauen, berührte ich den Griff der Waffe. Sie war da, und das gab mir ein gutes Gefühl. Irgendwie beruhigend.

Da! Auf einmal war wieder das Motorengeräusch zu hören. Ich riss das Zielfernrohr hoch – nichts.

Plötzlich schoss ein Motorrad über eine Bodenwelle in die Höhe. Die Maschine flog für einen kurzen Augenblick durch die Luft, der Fahrer stand im Sattel. Er hatte uns bemerkt und gab jetzt auch Vollgas.

»Motorrad vor uns«, schrie ich ins Mikrophon zum Sergent. Eine Cross-Maschine, ein verdammt schnelles Teil.

»Versucht abzuhauen«, keuchte ich.

Wir setzten uns jetzt direkt mit dem Wagen hinter ihn. Eine rasante Verfolgungsjagd begann. Mein Herz raste ebenfalls – vor Aufregung und Jagdfieber.

»Ist der Typ bewaffnet?«, fragte der Sergent.

Ich bemühte mich, ganz ruhig zu bleiben. Langsam atmete ich ein und aus, schaute nun durch das Zielfernrohr meiner Waffe. Ich fokussierte mich auf den Motorradfahrer vor uns.

»Ja, Kalaschnikow auf dem Rücken. Eindeutig bewaffnet.«

Der Mann trug schwarze Kleidung und so etwas wie einen Turban; das Metall seiner Waffe glänzte in der Sonne. Er drehte sich um und bewegte einen Arm.

»Moment«, sagte ich ruhig. »Er hat was weggeworfen.«

Wahrscheinlich wirft er Ballast ab, dachte ich, und hofft, so zu entkommen. Die nach uns kommenden Fahrzeuge fanden später an der Stelle einen Tragegurt mit AK-47-Magazinen. Seine Kalaschnikow hatte der Motorradfahrer allerdings behalten.

»Sergent?«, fragte ich. »Soll ich ihn ins Visier nehme? Habe gute Sicht.«

»Ja!«

Ich stabilisierte mein Gewehr mit beiden Händen und versuchte, die Stöße unseres Fahrzeugs abzufangen, indem ich ein wenig in die Knie ging. Mein Oberkörper war angespannt.

Wir fuhren jetzt direkt in der Staubwolke des Motorrads vor uns. Ab und zu tauchte es daraus auf.

»Verdammt noch mal, ich kann so nichts sehen«, fluchte ich. »Wir müssen uns schräg hinter ihm halten.«

Der Fahrer passte den Winkel leicht an, behielt aber die Geschwindigkeit bei. Dann hatte ich den Typen im Visier: Der rote Punkt der Zieloptik saß da, wo er hingehörte. Ich glich jedes Ruckeln des Fahrzeugs sorgfältig aus. Da drehte sich der Motorradfahrer wieder für einen kurzen Moment um. Ich sah sein Gesicht durch mein Zielfernrohr und hatte das Gefühl, er könne mich ebenfalls sehen.

»Sergent, ich hab' ihn«, meldete ich. »Soll ich einen Warnschuss abgeben?«

Ich wusste, dass er mir jetzt nicht mehr entkommen konnte. Die Einsatzregeln in Mali schrieben vor, dass man zuerst einen Warnschuss auf Verdächtige abgeben musste – wenn man nicht selbst beschossen wurde. Ergaben sie sich daraufhin, nahm man sie fest. So war es jedenfalls gedacht.

»Schieß auf ihn!«, schrie der Sergent. Okay. Mir war es egal. Ich atmete einmal tief ein und hielt die Luft an, um bei dem

17

Schuss eine ruhige Hand zu haben. Der rote Punkt lag immer noch genau im Ziel. Bei voller Fahrt konnte sich das jede Sekunde ändern. Mit meiner Maschinenpistole konnte ich zwar Dutzende von Kugeln in der Minute abfeuern, aber einfach draufhalten und losballern ging nicht. Im Magazin sind nur fünfundzwanzig Schuss. Wenn sich das Ziel in einiger Entfernung so schnell bewegt, muss man schon genau zielen, um keine Munition zu vergeuden, denn ein Magazinwechsel kostet einfach zu viel Zeit. Ich wartete einen Moment ab, in dem unser Fahrzeug einigermaßen ruhig lag, und krümmte den Finger am Abzug.

Es knallte und ich wurde – *rums!* – in die Luft geschleudert. Etwas Hartes traf mich am Kopf.

»Scheiße, Schlagloch!«, brüllte der Sergent – der in letzter Sekunde gesehen hatte, worauf wir zurasten. Leider ein wenig zu spät. Zwischen Sand, Felsen und Geröll gab es immer wieder tückische Löcher und Senken.

Ich flog aus der Dachluke heraus und knallte auf das Dach des VBL. Um mich herum wurde es dunkel. Ich sah nichts und konnte meine Maschinenpistole nicht mehr finden.

»Schieß doch endlich!«, brüllte der Sergent.

»Scheiße, ich kann nichts sehen«, antwortete ich, ertastete den Haltegurt und zog meine MP zu mir. Der Motor war aus. Wir standen.

»Schieß! Bevor es zu spät ist!«

Doch mir war immer noch schwummrig. Ich war außer Gefecht gesetzt. Das Motorengeräusch des Motorrads entfernte sich und wurde immer leiser. Verdammt! Der Lauf meines Gewehrs war mir durch die Wucht des Aufpralls vor den Kopf geknallt. Das würde eine ordentliche Beule geben.

Der Sergent grinste: »Steig ein. Den kriegen wir noch.« Ich schnappte mir meine MP, kletterte in die Luke und hoffte, dass ich doch noch zum Schuss kommen würde.

1
Bienvenue in der Fremdenlegion

Shave

Das Taxi fuhr langsam davon. Es war Montag, der 6. April 2009, vor einer halben Stunde war ich in Straßburg angekommen. Da stand ich nun mit meiner gelben Reisetasche – in einem Land, dessen Sprache ich nicht einmal ansatzweise beherrschte. Ich ließ meinen Blick schweifen: Einige Männer lungerten auf dem Bürgersteig herum. Was waren das denn für Gestalten? Die sahen aus wie Penner. Bei einem ragte ein angebissenes Stück Baguette aus der Jackentasche. Der Typ war unrasiert und schmutzig. Ein anderer hatte eine vergammelte Baseballkappe mit einem großen Loch darin auf dem Kopf. Ein Dritter trug kaputte weiße Turnschuhe ohne Schnürsenkel und hatte keine Jacke bei sich. Auf seinem T-Shirt stand »Москва« – also Moskau. War wohl entweder Russe oder Russlandfan. Oder ihm war egal, was er trug. Dass es Anfang April und noch kühl war, schien ihm jedenfalls nichts auszumachen.

Die übrigen fünf oder sechs Typen, die hier herumstanden, sahen auch nicht viel besser aus. Im Vergleich zu denen wirkte ich in meinem weißen Sweatshirt wie geschleckt. Lediglich ein Farbiger schien mehr auf sein Äußeres zu achten, trug zumindest saubere und vorzeigbare Klamotten. Er war sportlich und muskulös. Die anderen sahen nicht so aus, als würden sie regelmäßig Sport treiben. Eher unfit. Ich schätzte, alle waren im Alter zwischen zwanzig und dreißig.

Einen Moment lang fragte ich mich, ob ich hier richtig war – doch im Grunde bestand kein Zweifel: »Légion étrangère«

stand in Großbuchstaben auf einer Mauer, die oben zusätzlich mit Stacheldraht gesichert war. Dahinter waren ein paar Gebäude zu sehen und ein Fahnenmast mit französischer Flagge. Die Fremdenlegion. Genau da wollte ich hin, deshalb war ich nach Straßburg gekommen. Mehrere Monate lang hatte ich mich intensiv vorbereitet, um alle physischen und psychischen Aufnahmetests zu bestehen und mein erstes Etappenziel zu erreichen: die Grundausbildung der Fremdenlegion. Das war mein Plan, mein einziger Plan. In Deutschland hielt mich jedenfalls nichts mehr.

Doch beim Anblick dieser Typen, die vor dem Eingang der Kaserne herumgammelten, war ich mir nun nicht mehr sicher, ob ich wirklich an der richtigen Adresse war. Die passten meiner Meinung nach eher in ein Obdachlosenasyl. Aber das ließ sich ja hoffentlich schnell klären.

Ich überlegte, ob ich etwas zu den Wartenden sagen sollte, aber so schlecht gelaunt, wie sie aussahen, ließ ich es bleiben. Ich trat näher an sie heran. Москва spuckte auf den Bürgersteig. Der Farbige nickte mir wortlos zu. Die anderen starrten vor sich hin. Keiner machte Anstalten, mit mir ins Gespräch zu kommen. Dann eben nicht. Ich setzte eine unbeteiligte Miene auf – die konnten mich mal! –, stellte meine gelbe Reisetasche auf den Boden und schwieg.

Doch schon nach ein paar Minuten wurde ich unruhig. Ich fragte mich, ob ich an der weißen Tür, die der Eingang zu sein schien, klingeln oder klopfen sollte. Vielleicht musste man sich ja irgendwo anmelden? Ich wollte nichts falsch machen und mir am Ende sinnlos vor dem Stützpunkt die Beine in den Bauch stehen.

Das wurde mir jetzt echt zu blöd. »Légion?«, fragte ich in die Runde. Ich sprach kein Französisch. Légion kriegte ich aber hin. Ein Typ mit strähnigen, dunklen Haaren sagte: »Warte, Deutsch«, und zeigte mit dem Finger auf eine Stelle an seinem nackten Handgelenk. Damit wollte er wohl eine Uhr andeuten. Irgendwie ging er davon aus, dass ich Deutscher war. Wahrscheinlich, weil Adidas auf meiner Tasche stand und weil Straßburg nicht weit von der deutschen Grenze entfernt ist. Keine Ahnung ...

Na gut.

Also nicht klingeln oder klopfen, sondern abwarten. Ich verschränkte die Arme vor der Brust und starrte wieder schweigend vor mich hin.

Bevor ich nach Straßburg gekommen war, hatte ich mich im Internet über die Fremdenlegion informiert. Daher wusste ich nicht viel mehr, als Google ausgespuckt hatte: Die Fremdenlegion ist eine Armee aus Freiwilligen, die für Frankreich kämpft. Das Besondere an ihr ist, dass sie aus Nicht-Franzosen besteht. Zumindest die Mannschafts- und Unteroffiziersdienstgrade; die Offiziere stammen hauptsächlich aus der französischen Armee. Nur etwa jeder Zwanzigste hat selbst als Legionär angefangen und sich durch viele Tests hochgedient. Andere kommen schon als Sous-Lieutenant und tun einige Zeit in der Fremdenlegion ihren Dienst, nachdem sie die Akademie in St. Cyr durchlaufen haben. Als ich mich bei der Legion bewarb, waren 136 Nationen vertreten, vor allem aus Asien, Osteuropa und Afrika. Die Fremdenlegion ist ausschließlich den Männern vorbehalten, es gibt keine »Legionärinnen«.

Man kann sich, so erfuhr ich im Internet, nur in Frankreich selbst – nicht in den französischen Überseedepartements oder den Botschaften im Ausland – als Freiwilliger melden. Die sogenannten *postes de recrutement* befinden sich unter anderem in Straßburg, Paris, Perpignan und Aubagne.

In einigen Blogs wurde behauptet, im Kriegsfall kämen die Fremdenlegionäre als Erste zum Einsatz und bekämen stets die gefährlichsten Aufgaben zugeteilt. Die französische Regierung wolle auf diese Weise den Verlust eigener Staatsbürger vermeiden. Wahrscheinlich, so dachte ich, tun sich Politiker damit leichter, Menschen in den Krieg zu schicken, die nicht zu ihren potentiellen Wählern zählen.

Das war übrigens schon 1831 so. Damals war die Frem-

21

denlegion vom französischen König Louis Philippe gegründet worden, der eine Armee haben wollte, die er auch ohne die Zustimmung der Nationalversammlung einsetzen konnte.

Ich persönlich hoffte auf einen schnellen Kriegseinsatz nach meiner Aufnahme in die Legion. Im Jahr 2009 wollte ich nach Afghanistan. Ich hatte gehört, dass die Fremdenlegion dort kämpfte. Ich wollte dabei sein, an der Front, mitten im Gefecht, Mann gegen Mann, auf Leben und Tod.

Aber erst einmal musste ich die Tests schaffen – und die würden kein Zuckerschlecken werden, wie ich gelesen hatte, trotz der Übung im Vorfeld. Die Ausbildung in der Legion gilt, verglichen mit der in anderen Armeen, als extrem hart. Manche Quellen im Internet behaupten sogar: brutal. Ich ließ mich davon aber nicht abschrecken. Es motivierte mich eher, denn ich suchte eine echte Herausforderung und freute mich schon darauf, mein Können unter Beweis zu stellen. Die Grundausbildung bei der Bundeswehr hatte ich mit Leichtigkeit hinter mich gebracht. Und diesmal war ich sogar noch besser vorbereitet. Ich hatte trainiert. Ich war in Top-Form.

Nach einer gefühlten Ewigkeit öffnete sich endlich die Tür zur Kaserne hinter mir. Jemand trat auf den Bürgersteig. Ich drehte mich um und sah zum ersten Mal in meinem Leben einen echten Fremdenlegionär hautnah. Ich kannte bisher ja nur Bilder aus dem Internet oder aus dem Fernsehen. Der Typ war groß, breitschultrig und aus seinem vernarbten Gesicht ragte eine Hakennase. Irgendwie erinnerte er mich an den Schauspieler Jean Reno. Der Legionär trug eine grüngefleckte Tarnuniform. Auf seinem Kopf saß ein grünes Barett.

Alle Augen richteten sich erwartungsvoll auf ihn. Doch er sah gleichgültig über uns hinweg, fixierte einen Punkt irgendwo auf der anderen Straßenseite und schwieg erst einmal. Ich überlegte, ob ich etwas sagen sollte. Ich wusste aber nicht was – Französisch gleich null – und ließ es bleiben.

Dann fragte der Legionär mit lauter Stimme: »Shave?«

Dazu machte er mit der Hand in Höhe seiner Wange eine

kreisende Bewegung. Ich wunderte mich, dass wir in Frankreich auf Englisch angesprochen wurden. Konnte mir aber nur recht sein, denn Englisch verstand ich gut. Ziemlich schräg fand ich allerdings, dass wir ausgerechnet nach Rasierzeug gefragt wurden.

»Towel?«, lautete die nächste merkwürdige Frage. Immerhin wusste ich – dank Internet – dass man zur Bewerbung unter anderem Wasch- und Rasierzeug mitbringen sollte. Hatte ich also in meiner Reisetasche.

Aber trotzdem: Niemals hätte ich erwartet, dass es so wichtig war, als dass man hier als Allererstes danach gefragt würde.

»Was wollen Sie hier?«, wäre naheliegender gewesen. Oder: »Möchten Sie zur Légion étrangère?« Aber der Legionär ging offensichtlich davon aus, dass jeder, der vor ihm stand, zur Fremdenlegion wollte.

Der Jean-Reno-Verschnitt blickte ausdruckslos von einem zum anderen: »Towel?«

Ich nickte, als er mich fragend ansah. Die Hälfte der Gruppe hatte die Sachen nicht dabei. Diejenigen wurden – »Go!« – kurzerhand weggeschickt. Für jemanden, der aus dem tiefsten Russland angereist war, wie wahrscheinlich der Typ mit dem Москва-T-Shirt, musste das eine ziemlich herbe Enttäuschung sein. Heute weiß ich, dass es sich bei der Sache mit dem Rasierzeug um so etwas wie einen ersten Test handelt. Die Fremdenlegion will nur Leute, die auf ihren Körper achten. Und mal ehrlich: Warum sollte die Legion schon bei der Erstaufnahme jedem Rasierer und Handtücher schenken? Mich und noch einen anderen winkte der Legionär zu sich: »Come in!«

Der Rest der Gruppe blieb auf dem Bürgersteig stehen und wartete weiter. Damals hatte ich keinen blassen Schimmer, warum nur wir beide hinein durften – die anderen hatten schließlich auch Wasch- und Rasierzeug dabei. War mir aber in dem Moment scheißegal. Hauptsache, ich war drin. Viel später erst wurde mir klar: Das war nichts weiter als Schikane, eine Zermürbungstaktik. Die Fremdenlegion will eben Kämpfernaturen, die sich nicht vom ersten Rückschlag ins Bockshorn jagen lassen und aufgeben.

Im Inneren sah die Kaserne unerwartet alt und abgenutzt aus. Farbe bröckelte von den Wänden. Es roch nach Linoleum und Putzmitteln. Der Legionär machte keinen Versuch, sich mit mir zu unterhalten. Der andere Freiwillige – es war der Typ mit der kaputten Baseballkappe – schwieg ebenfalls und trottete hinter uns her. Ich war gespannt, wie es weitergehen würde. Sozusagen meine ersten Schritte auf dem Territorium der berühmten Fremdenlegion.

Ich wurde in ein Büro gerufen. Dort saß ein Legionär hinter seinem Schreibtisch.

»Passport«, er klappte mit einer Geste alle Finger der rechten Hand auf und zu. Ich gab ihm meinen Ausweis und – die hatte ich vorsichtshalber auch mitgebracht – meine Geburtsurkunde. Der Legionär warf einen kurzen Blick darauf und ließ beides in einem großen braunen Briefumschlag verschwinden. Außerdem nahm er mir Führerschein und Bargeld ab.

Alles geschah beinahe automatisch, ohne weitere Fragen oder Erläuterungen. Stattdessen drückte er mir einen mehrsprachigen Zettel mit ein paar Fragen in die Hand.

»Wie du heißt?«, lautete die erste Frage. Das Deutsch hörte sich wie der Google-Übersetzer an.

»Beruf?«

Diese Frage beantwortete ich nicht. Nach meinem Fachabitur hatte ich eine Festanstellung in einem Betrieb für Sanitärtechnik bekommen. Nach der Wirtschaftskrise im Herbst 2008 stand mein Job auf der Kippe. In dieser Zeit begann ich, mich für die Fremdenlegion zu interessieren. Den Job ließ ich sausen. Als ich das Blatt zurückgab, sah ich, dass der Legionär kurzerhand »mécanicien automobile«, was ich als Automechaniker deutete, dort eintrug. Ich protestierte, aber er reagierte nicht darauf und schob den Zettel zu Ausweis, Bargeld und Führerschein in den Umschlag.

Den Rest des Tages verbrachte ich damit, mir mit anderen Freiwilligen in einem Warteraum irgendwelche Propagandavideos, die ich schon aus dem Internet kannte, anzusehen. Alle schwiegen und taten so, als wäre der Fernseher das einzig Interessante im Raum. Ich fand es ziemlich eintönig. Der Jean-Reno-Legionär hatte uns hingebracht und uns gesagt – »Pscht!« –, dass wir nicht miteinander reden sollten. Jeder hielt sich daran. Es konnte ja sein, dass wir heimlich beobachtet wurden und das wieder eine Art Test war. Ich wollte keine Fehler machen und tat, was man mir befahl.

Am Abend führte man uns in einen Schlafsaal. Dort standen etwa zwanzig Betten, knapp die Hälfte davon war belegt. Große Fenster gingen zur Straße hinaus. Unter der Decke hingen Neonröhren. Ein grauer Linoleum-Fußboden verlieh dem Raum – zusätzlich zum Neonlicht – eine extrem ungemütliche Atmosphäre. Nachdem die Neonbeleuchtung ausgeschaltet worden war, schien das orangefarbene Licht einer Straßenlaterne zum Fenster herein. Ich holte mein kleines Notizbuch aus meiner Reisetasche und schrieb auf, was heute geschehen war. Ich hatte beschlossen, wann immer es in nächster Zeit möglich war, meine Eindrücke über die Fremdenlegion festzuhalten. Wer weiß, wofür es eines Tages mal gut sein würde …

Bonne chance

»Du, du und du: Paris«, sagte der Fremdenlegionär, der aussah wie Jean Reno, und zeigte dabei mit dem Finger auf mich und zwei weitere Bewerber. Wir standen früh am Morgen im Hof der Kaserne in Straßburg. Ich war gestern dort angekommen und hatte eine unruhige Nacht hinter mir. Ich war aufgeregt und fragte mich, wie es wohl weitergehen würde.

»Paris«, sagte der Fremdenlegionär noch einmal und hob seine Hand, in der er drei braune Umschläge hielt. Sie sahen so aus wie der, in dem meine Papiere verschwunden waren.

»TGV. Paris. Légion à Fort de Nogent.«

Ich vermutete, dass er mich und die beiden anderen zu einem Standort der Fremdenlegion nach Paris schicken wollte. Wir folgten ihm zu einem weißen Renault-Transporter, der vor dem Gebäude stand. Der Fremdenlegionär setzte sich ans Steuer, ich stieg hinten ein. Als wir durch das Tor der Kaserne fuhren, schaltete er das Radio an.

Ein Sprecher verlas Nachrichten – natürlich auf Französisch. Obwohl ich so gut wie nichts verstand, hörte ich trotzdem zu. Ich wollte ein Gefühl für die Sprache bekommen. Auf einmal hörte ich im Auf und Ab der Sätze einen Begriff, den ich kannte: »Légion étrangère«.

Ich drehte mich zur Seite und schaute meinen Nebenmann, einen Typen mit einer runden Brille auf der Nase, mit fragendem Blick an. Vielleicht verstand er ja, was gerade gesagt wurde.

»Oh là là«, pfiff er durch die Zähne. Der Legionär stellte das Radio lauter. Die Stimme des Nachrichtensprechers kam krachend dumpf aus dem Lautsprecher und hallte dröhnend durch das Innere des Fahrzeugs. Jetzt verstand ich gar nichts mehr. Unser Fahrer hörte konzentriert zu – ich sah seine zusammengezogenen Augenbrauen im Rückspiegel – und drehte an einem der Regler des Radios. Plötzlich wich das Dröhnen einem unnatürlich hohen, kreischenden Ton. Autsch, das tat weh!

Ich konnte »Chad« und »morts« heraushören. Es gab also irgendwelche Tote im Tschad. Bislang hatte ich gar nicht gewusst, dass dort überhaupt Kämpfe stattfanden. Weitere Sätze schrillten durch das Auto. Ich beugte mich vor zum Fahrersitz und schrie: »Pardon. What happened?«

»Ratatatatatata!«, ahmte der Legionär lautstark das Geräusch einer Maschinenpistole nach. »Ratatatatatata!«

Gleichzeitig hob er drei Finger und hielt sie mir dicht vors

Gesicht. Ich hatte keine Ahnung, was er mir damit genau sagen wollte. Die Lautsprecher klangen, als würden sie gleich explodieren. Ich schrie gegen den Lärm an und fragte meinen Nebenmann, was los sei.

»Ein Fremdenlegionär ist im Tschad durchgedreht«, brüllte der mir auf Englisch ins Ohr.

»Und wer ist tot?«, schrie ich.

Im Radio wurde offenbar gerade jemand über eine grauenhaft schlechte Telefonverbindung interviewt. Es hörte sich an wie ein Spaceshuttle beim Start. Mein Sitznachbar rückte seine Brille zurecht, holte tief Luft und kämpfte mit seiner Stimme gegen das Getöse an: »Er hat zwei Legionäre und einen togolesischen Soldaten erschossen. Er ist desertiert.«

Ich verstand ihn kaum. Auch er hielt drei Finger zur Bestätigung in die Höhe. Langsam begriff ich, was er meinte.

Wahnsinn, dachte ich. Ich war gerade mal einen Tag dabei, und schon gab es die ersten Toten – und das noch nicht einmal bei einem echten Einsatz. Das war ja wirklich eine harte Truppe. Auf was für Menschen würde ich in der Fremdenlegion wohl noch stoßen?

»Ratatatatata!«, machte der Legionär wieder.

Wir standen an einer Ampel, und der Lärm musste wohl auch außerhalb des Fahrzeugs zu hören sein. Ich sah, wie die Leute auf dem Zebrastreifen stehen blieben und versuchten, durch die getönten Scheiben in den Wagen zu blicken. Ein sandfarbener Hund, der aussah wie ein Kojote, stand bellend vor der Kühlerhaube des Renaults.

»Ratatatatatata!«, blaffte unser Fahrer zurück.

Grün. Mit einem Ruck fuhren wir weiter. Einige Fußgänger mussten sich mit einem Sprung zur Seite in Sicherheit bringen. Mir fiel ein, dass an der Heckklappe des Wagens ein großer Aufkleber angebracht war, auf dem »Légion étrangère« stand. Ich musste lachen, als ich daran dachte, was die erschreckten Passanten wohl denken mochten, wenn sie den sahen. Das Fahrzeug schoss davon.

Mein Sitznachbar hielt sich die Ohren zu. Den Dritten im Bunde hatte ich ganz vergessen, weil er eine Reihe hinter uns saß. Als ich mich zu ihm umdrehte, staunte ich nicht schlecht: Der Typ hatte sich seine schmierige Baseballkappe tief ins Gesicht gezogen – und schlief seelenruhig. Durch das Loch in seiner Kappe konnte ich ein geschlossenes Auge sehen.

Plötzlich wurde ich ruckartig nach vorn geschleudert, als der Fahrer eine Vollbremsung hinlegte. Ich rieb mir die Schulter an der Stelle, wo der Sicherheitsgurt eingeschnitten hatte. Der Legionär hieb fluchend und stinksauer mit einem gewaltigen Faustschlag auf die Hupe. Ich verrenkte mich, um nach draußen zu sehen. Ich war neugierig und wollte wissen, was da los war.

Vor uns versuchte ein Fahrradkurier, die Straße zu überqueren. Er war ebenfalls wütend und fluchte. Wild gestikulierend machte er einen Schritt in Richtung Auto. Der Legionär löste seinen Sicherheitsgurt. Oh, oh. Der Motor lief im Leerlauf. Hinter uns staute sich der Verkehr. Das Radio dröhnte immer noch. Der Fahrradkurier hob den Stinkefinger in unsere Richtung.

Wenn der wüsste, wer im Wagen sitzt, dachte ich, würde er sicher ganz fix abhauen. Vor meinem geistigen Auge sah ich ihn schon eine ordentliche Tracht Prügel beziehen. Doch der Legionär blieb im Wagen sitzen und hieb erneut auf die Hupe. Diesmal ließ er seine Faust lange darauf liegen. Ich beugte mich hinunter, denn ein Duftbäumchen in Form einer Windmühle, das am Rückspiegel befestigt war, baumelte in meinem Blickfeld. Ich wollte sehen, was der Fahrradkurier machte.

Das anhaltende Hupen und die laute Stimme des Nachrichtensprechers, die immer noch aus dem Auto drang, schienen ihn misstrauisch zu machen. Er zögerte und schob eine orangefarbene Gummitasche auf seinem Rücken zurecht. Dann entschied er sich dafür, sich wieder auf sein Mountainbike zu setzen. Der Legionär ließ die Hupe los – aber nur, um im nächsten Moment mit aller Kraft noch einmal draufzuhauen.

Die Stimme des Nachrichtensprechers hackte weiterhin wild durchs Fahrzeug. Der Fahrradkurier drehte sich noch einmal kurz um und hob trotzig den Arm in Richtung Auto. Dann fuhr er davon.

Der Nachrichtensprecher verstummte – und im nächsten Moment explodierte »Pokerface« von Lady Gaga lautstark in meinem Kopf. Es schmerzte höllisch. Ich spürte die Vibration in sämtlichen Nervenenden. Wutschnaubend riss der Legionär am Lautstärkeregler des Radios.

Plötzlich war es totenstill. Alles, was ich noch hörte, war ein pfeifendes Ohrgeräusch, das ich vorher nicht gehabt hatte. Ich wollte unbedingt mehr über den Vorfall im Tschad in Erfahrung bringen und sprach den Fahrer an: »Ratatatata? Tschad?« Der Legionär schaute mich an, als hätte ich nicht mehr alle Tassen im Schrank. Er schüttelte nur ungläubig den Kopf.

Das Klingeln in meinen Ohren ließ langsam nach. »Tschad?«, fragte ich noch einmal.

»Ach«, der Legionär machte eine wegwerfende Handbewegung über die Schulter. »C'est la vie.«

Ich war baff. Er klang so, als sei es nichts Besonderes, dass zwei seiner Kameraden von einem der ihren ermordet worden waren. In diesem Moment bestätigte die Realität alle Gerüchte, die ich bislang über die Härte und Extreme der Truppe gehört hatte.

Ich kannte Geschichten von Kriminellen, die in die Reihen der Fremdenlegion geflüchtet waren, und von sadistischen Vorgesetzten, welche die Legionäre schikanierten. Und ich kannte Geschichten von einem neuen Leben: Wenn man sich als Legionär verpflichtet, bekommt man einen neuen Namen und eine andere Identität. Die Praxis der Namensänderung, das sogenannte Anonymat, besteht seit der Anfangszeit der Légion étrangère. Damals wollte man vermeiden, dass Legionäre nach der Rückkehr in ihr Heimatland wegen des Diensts für Frankreich bestraft wurden. In der Schweiz und in Österreich beispielsweise ist Militärdienst für einen anderen Staat auch heute noch illegal.

Das Anonymat macht den Dienst in der Fremdenlegion aber auch für Menschen interessant, die mit einer neuen Identität abtauchen wollen. Oder solche, die alles hinter sich lassen, weil sie nichts mehr zu verlieren haben. Auf jeden Fall extreme Typen, die sich nicht vor dem Tod fürchten und bereit sind, Risiken einzugehen. So sagt man jedenfalls. Ich hatte ja bereits festgestellt, dass niemand viel – genauer gesagt: so gut wie nichts – von sich erzählte. Man hielt sich bedeckt. Irgendwie geheimnisvoll. All das fand ich extrem interessant.

Nach den Nachrichten im Radio hatte ich zum ersten Mal wirklich das Gefühl, dass ich mich auf ein Abenteuer einließ. Und ich konnte es kaum noch erwarten.

Kurze Zeit später hielten wir am Bahnhof. Aha, stellte ich erleichtert fest, wir würden also nicht mit dem Auto nach Paris fahren, sondern mit dem Zug. Hatte ich bis dahin gar nicht gecheckt. Gut, sonst hätte ich wahrscheinlich bei der Ankunft bereits aus den Ohren geblutet – ein leises Klingeln hatte ich immer noch. Na toll, hoffentlich geht das schnell weg, dachte ich. Tinnitus konnte ich ja nun gar nicht gebrauchen.

Der Legionär stieg aus, nahm die braunen Umschläge und setzte eine weiße Kappe auf. Ich kannte das Képi blanc aus dem Internet: die traditionelle Kopfbedeckung der Fremdenlegionäre.

Als wir zum Bahnsteig gingen, bemerkte ich, dass viele Leute uns hinterherschauten. Der Legionär gab jedem von uns einen Umschlag, die Adresse der Fremdenlegion in Paris und eine Fahrkarte. Zum Abschied wünschte er uns: »Bonne chance« – viel Glück.

Na, vielen Dank auch, aber wofür eigentlich? Ich hatte keinen blassen Schimmer, warum wir nach Paris fuhren und was als Nächstes passieren würde. Eine Reise ins Ungewisse. Konnte mir nur recht sein. Und in ein paar Stunden würde ich mehr wissen. Hoffentlich.

Identität

Als wir in Paris ankamen, fuhren wir mit der U-Bahn weiter zum Stützpunkt der Fremdenlegion. Das Fort de Nogent ist eine alte Festungsanlage, die von niedrigen, grasbewachsenen Wällen umgeben ist. Alles wirkt sehr gepflegt. Blumenbeete säumen die Wege, die die einzelnen Gebäude miteinander verbinden.

Bei meiner Ankunft wurde ich von meinen beiden Reisegefährten getrennt. Ich sah sie nie wieder.

Meine erste Station im Fort de Nogent war ein großes Büro in einem der vielen Gebäude. Ich wurde vor einem leeren Schreibtisch geparkt und musste erst einmal warten. Diese Zeit nutzte ich, um mich umzusehen. Es gab viele solcher Schreibtische, an denen Legionäre und Freiwillige saßen, und auf jedem lag ein dicker Wälzer. Was das wohl sein mochte? Am Tisch neben mir sprach ein Fremdenlegionär mit einem asiatisch aussehenden Bewerber. Vor ihnen lag ein großer Papierstapel. Der Legionär sagte etwas, der Asiate verstand ihn offenbar nicht und grinste nur.

Ohne Vorwarnung gab ihm der Fremdenlegionär einen Schlag in den Nacken.

Scheiße, dachte ich, was ist denn hier los? Ich schaute weiter verwundert zu. Der Asiate grinste komischerweise immer noch. Ich überlegte, ob er vielleicht auf Drogen war.

Patsch! Etwas klatschte laut auf den Tisch vor mir, und ich wurde aus meinen Gedanken gerissen. Als ich hinschaute, sah ich, dass es der Umschlag war, den ich aus Straßburg mitgebracht hatte – den hatte ich bei meiner Ankunft im Fort de Nogent abgeben müssen.

Ein Legionär ließ sich schwerfällig auf den Stuhl mir gegenüber sinken. Er schniefte mit der Nase und wischte sich mit einer schweißglänzenden Hand übers Gesicht. Der Mann sah richtig krank aus. Er schien Fieber zu haben und seine Augen waren blutunterlaufen.

»Warum du hier?«, fragte er mich ruppig. Es klang, als habe er diese Frage in deutscher Sprache auswendig gelernt. Immerhin war er aber der Erste seit zwei Tagen, der mich überhaupt fragte, was ich hier wollte.

»Ich möchte Fremdenlegionär werden«, antwortete ich ihm.

Er nickte und wischte sich mit der Hand über die feuchte Stirn.

Dann öffnete er den braunen Umschlag und holte meine Unterlagen heraus.

Ich hörte ein Fluchen am Nebentisch und konnte nicht anders: Ich musste einfach wieder hinschauen. Der Asiate bekam einen Faustschlag vor die Brust. Was geht denn ab, wunderte ich mich.

»Du sprechen Ruski?«, fragte mich der krank aussehende Legionär. Wahrscheinlich hatte er in meinem Ausweis gelesen, dass ich in Russland geboren bin.

»Ja.«

»Guttt«, meinte er und zog lautstark die Nase hoch. »Dann, wir sprechen Ruski. Ich aus Polen.«

Er sagte etwas. Da ich als Kind in Sibirien gelebt habe, verstehe ich es ganz gut. Von dem, was der Pole sagte, kapierte ich allerdings kein Wort. Er sprach einfach kein Russisch, sondern – schätzte ich – Polnisch.

»Kurwa, du. Du nix sprechen Ruski«, fluchte er und schüttelte einige Schweißtropfen von seiner Hand.

Kurwa ist ein polnisches Schimpfwort und wird wegen des hohen Anteils an Osteuropäern in der Legion oft gebraucht. Mongol ist ebenfalls beliebt – kommt direkt hinter Kurwa.

»Ich verstehe einfach kein Polnisch«, gab ich zurück.

»Ich sehen, du méchanicien automobile.«

»Eigentlich nicht.«

»Kurwa. Du nix verstehen, was ich sagen?«, fuhr er mich ungeduldig an.

»Doch, doch.«

Ich gab es auf. Dann war ich eben Kfz-Mechaniker. War auch egal ...

Der Pole begann in dem mysteriösen dicken Buch zu blättern, das mir schon auf den anderen Schreibtischen aufgefallen war, und schrieb etwas auf einen Zettel. Schniefend schob er mir den Zettel über den Tisch:»Mahler, Karl. 10. Septembre 1985, geboren in Berlin, Allemagne«, stand darauf.

»Moment mal, da stimmt was nicht. Ich bin Stefan Müller«, protestierte ich.

Der Pole schaute mich gelangweilt an und machte eine Geste mit der Hand. Ich solle den Kopf senken. Ich schaute nach unten. Ich sah Staubflusen um die Füße des Schreibtischs herumwirbeln. Da traf mich – *wamm!* – ein Schlag in den Nacken.

»Fuck!«, schrie ich ihn an.»Was soll das denn?«

Ich funkelte den Polen wütend an. Der jedoch blieb völlig gelassen und unbeeindruckt.

»Karl Mahler«, sagte er und zeigte mit dem Finger auf mich.

Kurwa, dachte ich. Dieser verschnupfte Vollidiot ließ sich erst nicht davon überzeugen, dass ich kein Automechaniker war, und nun verwechselte er mich auch noch mit jemandem! Ich hatte echt keinen Bock, für diesen blöden Karl Mahler die Aufnahmetests zu bestehen und am Ende als Stefan Müller dann nicht in die Legion aufgenommen zu werden!

Ich war sprachlos und schaute den Polen an. Vielleicht kapierte er von selbst, dass hier ein Fehler vorlag.

Der Pole hustete, fluchte und stand auf. Etwas tropfte aus seiner Nase auf meinen Fragebogen. Igitt ... Ich schaute angeekelt zur Seite. Der Asiate war mittlerweile weg, ich hatte gar nicht mehr auf ihn geachtet. Da traf mich – *wamm!* – ein Schlag auf die Brust. Darauf war ich nicht vorbereitet und wäre beinahe nach hinten umgekippt. Es tat verdammt weh. Ich sagte mir, dass ich das aushalten musste. Wenn ich mich jetzt mit ihm anlegte, würde ich niemals in die Legion aufgenommen werden. Trotzdem, was fiel diesem kranken Mistkerl eigentlich ein?

»Kurwa«, fluchte er.»Neuer Name deins!«

Jetzt begriff ich erst, was er meinte. Ich hatte soeben meinen neuen Namen bekommen: Karl Mahler. Ich wusste ja, dass man in der Legion die Identität wechselt, aber ich hatte nicht geahnt, dass dies bereits zu einem so frühen Zeitpunkt geschehen würde. Schließlich musste ich erst noch eine Reihe von Aufnahmetests absolvieren und bestehen. Ich war davon ausgegangen, dass ich meinen Legionsnamen erst bekäme, wenn ich mich endgültig als Fremdenlegionär verpflichtete. Doch schon hier, im Fort de Nogent, wurde meine bisherige Identität komplett gelöscht. Es war ein kleiner Schock für mich. Irgendwie hatte ich erwartet, dass ich einen coolen französischen Namen bekommen würde. Vincent Vega oder Jean Luc … irgendwas in der Richtung. Was soll's. Ab jetzt war ich also Karl Mahler.

»Ah, Karl Mahler«, bestätigte ich und nickte. Der Pole nickte ebenfalls.

Na ja, Karl Mahler klang auch nicht schlechter als Stefan Müller. Damit konnte ich leben. Heute weiß ich, dass in dem dicken Buch, das der Pole auf seinem Schreibtisch liegen hatte, Hunderte fiktiver Namen aus allen Gegenden Deutschlands stehen. Das Ding sieht aus wie ein übergroßes Telefonbuch. Die Fremdenlegion hat diese Verzeichnisse für beinahe jedes Land der Erde. Keine Ahnung, woher sie all die falschen Namen bekommen. Wahrscheinlich denkt sie sich der französische Geheimdienst aus.

Die Auswahl der neuen Identität findet jedoch nicht willkürlich statt, es gibt gewisse Regeln. So bleibt beispielsweise der erste Buchstabe des Legionsnamens der gleiche wie beim bisherigen Nachnamen. Das fiktive Geburtsdatum weicht nicht sehr vom realen ab. So kann man sich alles besser merken. Der Geburtsort ist immer die Hauptstadt des jeweiligen Landes, aus dem der Bewerber kommt. Da ich Deutscher bin, war es natürlich Berlin. Zu meiner neuen Identität gehörte logischerweise auch, dass ich fiktive Eltern mit ebenfalls neuen Namen verpasst bekam.

Meine Vergangenheit zählte ab jetzt nicht mehr.

Présélection

Im Fort de Nogent findet die Vorauswahl statt, *présélection* nennt sich das auf Französisch. Das war eines der ersten Worte, die ich lernte. Die *présélection* ist das grobe Sieb, mit dem die vollkommen ungeeigneten Bewerber ausgesondert werden.

Unmittelbar nachdem ich in Karl Mahler umbenannt worden war, fand schon der erste Test statt. Ich wurde in einen Raum geführt, in dem vier Tische standen. In einer Ecke stand ein Fernseher, auf dem MTV France lief. Ich erkannte das Lied »Rue des étoiles« von Gregoire. An den Wänden hingen Plakate mit Buchstaben und Zahlen. Dazwischen hing auch ein Poster, das einen Fremdenlegionär im Dschungel zeigte. Unangenehme Erinnerungen an meine Teenagerjahre kamen bei diesem Klassenzimmer-Ambiente auf – nur dass ich zu meiner Schulzeit nie so viele Farbige auf einem Haufen gesehen hatte. Ungefähr zwei Drittel der Bewerber hatten eine dunkle Hautfarbe. Ich setzte mich neben einen von ihnen. Ein Fremdenlegionär verteilte Blätter und Stifte. Dabei sagte er irgendetwas von wegen »Test«.

Auf dem Zettel standen einfache mathematische Aufgaben wie »2 + 4 = ?« oder »4 + 5 × 3 = ?«. Absolutes Grundschulniveau, fand ich. Außerdem gab es Buchstabenfolgen, die ergänzt werden mussten: »A – B – C – ? – E – F – G.« Ich war nach drei Minuten damit fertig und schrieb zum Abschluss meinen neuen Namen rechts oben in die Ecke des Blattes. Das war für mich das Schwierigste, da ich noch keine Zeit gehabt hatte, mich an ihn zu gewöhnen. Andere saßen nach einer Viertelstunde immer noch mit gerunzelter Stirn über den Aufgaben. Am Ende wurden alle Blätter eingesammelt.

Der Fremdenlegionär sah sich die Ergebnisse an und schmiss augenblicklich etwa ein Drittel der Leute raus. Für sie war das Abenteuer Fremdenlegion zu Ende, bevor es richtig angefangen hatte – sie mussten das Fort sofort verlassen.

Dabei darf man nicht annehmen, dass es sich bei allen, die

bei diesem Test durchgerasselt sind, um Schwachsinnige oder Analphabeten handelte.

Fakt ist: Um in die Fremdenlegion aufgenommen zu werden, muss man nicht zwingend Französisch können – sonst hätte ich es ja auch nicht geschafft. Die Sprache erlernt man während der Grundausbildung und in den fünf Jahren Dienstzeit. So lange muss man sich nämlich verpflichten. Die Schriftsprache ist aber eine ganz andere Nummer, das bringt einem die Fremdenlegion nämlich nicht bei. Wer Lesen und Schreiben nicht draufhat, wird nicht einmal zu den weiteren Tests zugelassen – eine Hürde, die manche nicht schaffen.

Während der nächsten Tage, die ich im Fort de Nogent verbrachte, fanden oberflächliche medizinische Untersuchungen statt: Zähne, Augen, Ohren. Ein Arzt schaute mir kurz in den Mund und sagte: »Okay.« Ein zweiter Arzt ließ mich Buchstaben von einer Tafel ablesen und sagte: »Okay.« Ein dritter Arzt setzte mir Kopfhörer auf, spielte mit der Lautstärke des Tons herum und testete, ob ich gut genug hören konnte. Dann sagte er: »Okay.« Am wichtigsten war die Kontrolle der Füße. Wenn die nicht in Ordnung waren – zum Beispiel bei Plattfüßen –, wurde derjenige sofort weggeschickt.

Keine der Untersuchungen dauerte länger als fünf Minuten. Auch hier wurden Bewerber abgewiesen, allerdings längst nicht mehr so viele wie am ersten Tag. Anders als in Straßburg war im Fort de Nogent eine große Zahl Rekruten versammelt. Wir waren immer zwischen fünfzig und einhundert Mann. Hier sagte uns auch niemand: »Pscht! Nicht reden!« Um die Wartezeit zwischen den einzelnen Tests totzuschlagen – ich habe keine Ahnung, warum das alles so lange dauerte –, unterhielt ich mich mit den anderen.

Ich stand mit einem Afrikaner in der Sonne vor dem Gebäude, in dem wir untergebracht waren. Er sprach ganz gut Englisch und hatte superweiße Zähne.

»Und«, fragte ich, »wie läuft es bei dir?«

Er zuckte die Schultern.

»Bis jetzt ganz gut. Muss es aber auch. Ich schulde meiner Familie eine Menge Geld.«

»Warum?«, wollte ich wissen.

»Sie haben zusammengelegt, damit ich nach Europa gehen konnte. Alle Verwandten aus meinem Dorf.«

»War es teuer?«, fragte ich neugierig nach.

»Na ja«, er sah mich misstrauisch an – zögerte kurz –, sprach dann aber weiter. »Der falsche Pass hat allein 3000 Euro gekostet. Der Schlepper noch mehr.«

Ich war baff. Für mich war es schwer zu verstehen, warum jemand so viel Geld zusammenkratzte, um sich nach Europa schleusen zu lassen. Ich hatte zwar in den Nachrichten davon gehört, aber bislang noch nie mit einem Flüchtling persönlich gesprochen.

»Warum hast du das denn gemacht?«, wollte ich wissen.

»In meinem Land gibt es einfach keine Jobs. Wer jung genug ist, geht nach Europa, um zu arbeiten und der Familie Geld zu schicken. Davon leben dann Dutzende zu Hause.«

Seine Geschichte war kein Einzelfall in der Fremdenlegion. Die Freiwilligen, die aus Afrika oder Asien nach Frankreich kamen, hatten andere Motive als ich, Legionär zu werden. Mir ging es ums Abenteuer und um die persönliche Herausforderung – ihnen um eine Aufenthalts- und Arbeitserlaubnis in Frankreich. Die Fremdenlegion kann einem zu beidem verhelfen. Nach drei Jahren Dienstzeit kann man die französische Staatsbürgerschaft beantragen. Später habe ich aber mitbekommen, dass einem solchen Antrag in den meisten Fällen erst nach sechs bis zehn Dienstjahren stattgegeben wird. Manchmal wird sie auch in Verbindung mit einer Tapferkeitsauszeichnung oder aufgrund einer schweren Verwundung als Belohnung verliehen. Wenn ein Legionär französischer Staatsbürger wird, kann er sich übrigens auch aussuchen, ob er seinen Legionsnamen behält oder seinen ursprünglichen Namen wieder annimmt.

Die Fremdenlegion schätzt Bewerber aus Dritte-Welt-Ländern. Für sie ist die Legion keine zweite Chance wie für viele Europäer, die im Zivilleben nicht zurechtkommen, sondern sprichwörtlich die einzige, die letzte Chance. Sie müssen es einfach in die Legion schaffen. Falls nicht, stehen sie mittellos in Frankreich auf der Straße – oftmals ohne legale Papiere und mit einem Haufen Schulden in ihrem Heimatland.

Bei diesem Gespräch wurde mir klar, dass ich im Auswahlverfahren auf extrem motivierte Konkurrenten treffen würde.

Bereits zu Beginn der *présélection* hatte man uns gesagt, dass die Fremdenlegion mit einer Gesamtstärke von rund 7700 Mann aus einem Überangebot an Bewerbern schöpfen könne. Von denen, die es ins endgültige Auswahlverfahren schafften, würde nur etwa jeder Achte angenommen werden.

Mama, Papa, PlayStation

Der Bus hielt auf dem Kasernengelände vor einem eigens umzäunten Areal. Drei Legionäre standen davor und sahen zu, wie wir ausstiegen. Sie hatten die Arme hinter dem Rücken verschränkt und hielten sich kerzengerade.

Als ich hinaustrat, ließ ich den Blick schweifen. Hinter dem 3 Meter hohen Maschendrahtzaun sah ich einen Sportplatz und ein mehrstöckiges Gebäude. Das war es also: das Hauptquartier der Fremdenlegion. Es liegt im Süden von Frankreich, in Aubagne, in der Nähe von Marseille. Hier würde die endgültige Auswahl stattfinden. Und ab dem ersten Tag hier in Aubagne bekam ich als Bewerber sogar Sold: 20 Euro irgendwas pro Tag, hatte ich gehört. Na, immerhin!

Ich blieb mit den anderen neben dem Bus stehen, stellte meine gelbe Reisetasche auf den Boden und wartete. Die drei Legionäre standen immer noch an ihrem Platz und beobachteten uns.

Der in der Mitte war groß und muskulös, hatte dunkle Haare und einen dunklen Teint. Sein glattrasiertes Kinn schimmerte in der Sonne.

»Ich bin Caporal-Chef der Fremdenlegion«, stellte er sich vor.

»El Demonio«, flüsterte jemand hinter mir. »Von dem hab' ich schon gehört. Ein Freund von mir ist Legionär und hat ihn beschrieben. Der Typ ist eine Legende.« Ich hatte keine Ahnung, was ein Caporal-Chef sein sollte. Was Demonio hieß, verstand ich aber auf Anhieb. Na toll, dachte ich, hoffentlich wird der seinem Namen nicht gerecht.

»Ihr seid jetzt im Hauptquartier in Aubagne«, fuhr der Caporal-Chef in einer Mischung aus Französisch und Englisch fort. »Hier könnt ihr euch beweisen und uns zeigen, dass ihr es wert seid, in der Fremdenlegion zu dienen!«

»Dawai! Dawai!«, riefen die beiden Legionäre, die links und rechts von ihm standen, auf Russisch. Wir folgten ihnen in das Gebäude neben dem Sportplatz. Wir betraten einen leeren Raum, der etwas größer als ein Klassenzimmer war.

»Ausziehen!«, befahl der Caporal-Chef. »Alles!«

Ich zog mein weißes Sweatshirt aus und knöpfte meine Jeans auf. Als ich die Turnschuhe und Socken ablegte, spürte ich die Kälte des Fliesenbodens unter meinen Füßen.

»Stellt euch in Dreierreihe nebeneinander auf.«

Ich zog auch meine Unterhose aus und stand jetzt vollkommen nackt da. Ich fühlte mich schutzlos. Es war ein merkwürdiges Gefühl, mit dreißig unbekleideten Männern in einem Raum zu sein. Eigentlich wollte ich niemanden direkt anschauen, doch ein Blick auf meine unmittelbaren Vorder- und Nebenmänner ließ sich nicht vermeiden.

Ein Windzug fuhr durch die offene Tür. Ich spürte die kühle Luft auf meiner Haut.

Ein Farbiger stand vor mir. Sein Rücken war voller Narben. Er trat von einem Fuß auf den anderen, als wäre ihm kalt.

Neben mir stand ein hochgewachsener Weißer, der gerade die Arme ausstreckte und sein T-Shirt über den Kopf zog. Ich sah kurz einen blauschwarzen Balken auf seinem Oberkörper. Er nahm die Arme wieder herunter und stemmte sie in die Seiten. Er war ein rothaariger Redneck, ein Bauer aus den USA.

Ich trat einen halben Schritt vor und tat so, als wollte ich meine Kleidung, die auf dem Boden lag, zusammenfalten. In Wahrheit war ich einfach nur neugierig und wollte wissen, was es mit dem blauschwarzen Balken auf sich hatte. Ich warf schnell einen Blick nach links. Der Kerl hatte in großen Runen »Arian White Power« auf seiner Brust tätowiert. Ach du Scheiße! Leichter konnte man wohl keinen Ärger provozieren. Als ob er es geahnt hätte, drehte der Farbige sich um und starrte erst das Tattoo und dann den Typen an.

»Wir sehen uns noch«, schien sein versteinerter Gesichtsausdruck zu sagen. Der White-Power-Typ glotzte ohne mit der Wimper zu zucken zurück. Der Hass und die Aggression zwischen den beiden waren regelrecht spürbar, keiner wich dem Blick des anderen aus. Der Redneck fuhr sich lässig mit der Hand über den Schädel.

Mittlerweile waren auch andere Bewerber auf die beiden aufmerksam geworden. Ich glaube, jeder im Raum wartete nur darauf, dass etwas geschah und die Situation eskalierte.

Zum Glück – »Dawai, Mongol!« – verhinderte Caporal-Chef Demonio einen Showdown zwischen den beiden, und einer der Legionäre begann, neue Kleidung auszuteilen: Unterwäsche, schwarze T-Shirts und blaue Sportanzüge. Ich zog mir, so schnell es ging, etwas an.

Leider gab es nur zwei Größen: zu groß oder zu klein. Meine Hose war zu groß und hing wie ein Sack an mir herab, dafür war aber die Unterhose schmerzhaft eng. Andere Jungs hingegen – muskelbepackt, Typ Kleiderschrank – mussten sich in Klamotten zwängen, die ihnen mehrere Nummern zu klein waren. Das tat schon beim Zusehen weh. Noch nicht einmal meine Sportschuhe durfte ich behalten – wir bekamen billige Turnschuhe. Den Rest meiner eigenen Klamotten packte ich in die gelbe Reisetasche. Ein Legionär nahm sie mir ab und schrieb mit einem breiten schwarzen Edding »Mahler« darauf.

»Wenn wir dich nehmen«, erklärte er mir, »bekommst du sie in vier Monaten zurück.«

Direkt im Anschluss an die Kleiderausgabe mussten wir in einer Art Klassenraum den *test psychotechnique* machen. Das ist ein Intelligenztest, bei dem das Ergebnis – genannt *niveau générale* – in Punkten mitgeteilt wird. Zwanzig ist die höchste Punktzahl. Um später einmal Sergent werden zu können, muss man mindestens zwölf von zwanzig Punkten erreichen. Der Test wird in der gesamten Laufbahn eines Legionärs eigentlich nur einmal gemacht – aber man darf ihn später noch einmal wiederholen, wenn man zum Beispiel zu einem Lehrgang geschickt wird und die erforderlichen Punkte dafür nicht ausreichen. Das Ergebnis bestimmt also maßgeblich die weitere Karriere.

Ich hatte bereits im Vorfeld davon gehört und mir ein Buch über Assessment-Center-Trainings gekauft. Damit hatte ich mich vorbereitet. Die Aufgaben der Fremdenlegion waren denen aus dem Buch zum Glück ziemlich ähnlich, darum verstand ich auch trotz der miserablen deutschen Übersetzung, was zu tun war: Geometrische Figuren mussten auf Zeit zu einem Quadrat zusammengefügt oder Zahlenreihen in eine logische Ordnung gebracht werden. Das hört sich leichter an, als es in der konkreten Situation war. Aber wenn ich die Aufgabe vor mir sah, wusste ich fast immer, was ich zu tun hatte, um sie zu lösen.

Danach wurden wir von Caporal-Chef Demonio zum Speisesaal geführt. Die Ergebnisse des *test psychotechnique* sollten uns am nächsten Tag mitgeteilt werden. In Aubagne wuselten überall Uniformierte und Bewerber hin und her, es war wie in einem Ameisenhaufen. Etwa einhundert Rekruten lebten in dem umzäunten Areal, jeweils zehn Mann auf einem Zimmer, mit Waschräumen am Ende des Flurs. Darum herum befindet sich die Kaserne. Sie besteht aus Gebäudeblocks, die in den sechziger Jahren gebaut worden sind. In der Mitte ist der große Paradeplatz, auf dem ein schwarzes Denkmal steht. Wenn wir unseren »Käfig«, so nannten wir unser neues Zuhause, verließen, taten wir das nur als geschlossene Gruppe in Begleitung von Caporal-Chef Demonio. Dreimal am Tag marschierten wir zum Essen in den Speisesaal und wieder zurück.

Bereits am nächsten Morgen begrüßte uns der Caporal-Chef auf Englisch mit den Worten: »Who wants to go home? Mama, Papa, PlayStation?« Das machte er von da an jeden Tag. Manchmal meldete sich wirklich jemand, der aufgab und nach Hause ging.

Nach dieser speziellen Begrüßung teilte uns der Caporal-Chef die Ergebnisse der Intelligenztests mit. Das heißt: Eigentlich sagte er nur, wer jetzt nach Hause gehen darf, weil er durch den Test gerasselt war. Die Punktzahl *niveau générale* konnte ich später in meiner Akte nachlesen: NG 18/20 – ich hatte 18 von 20 Punkten erreicht. Super, ich war weiter im Rennen. Im Anschluss wurde ich medizinisch untersucht. Schon wieder! Diesmal allerdings viel gründlicher als in Paris: Blutproben, diverse Allergietests, Röntgenaufnahmen und ein EKG – das volle Programm.

In Aubagne gab es, anders als im Fort de Nogent, immer etwas zu tun. Wenn wir nicht mit den Tests und Untersuchungen beschäftigt waren, mussten wir überall putzen, irgendwelche Arbeiten erledigen oder konnten wir Sport in unserem Käfig machen. Dort standen Klimmzug-Stangen, Dips-Barren und Schrägbretter für das Bauchmuskeltraining. Ich hatte den Eindruck, dass der Caporal-Chef jeden von uns genau beobachtete. Deswegen legte ich mich auch beim Sport ordentlich ins Zeug.

Ich hatte bislang noch nie mit so vielen verschiedenen Nationalitäten unter einem Dach gelebt. Es gab total unterschiedliche Typen: Die Afrikaner lachten gern und waren im Allgemeinen offen für ein Gespräch. Die Chinesen waren die stillste Gruppe, sehr zurückgezogen, und blieben meistens unter sich. Die Osteuropäer machten ebenfalls ihr Ding untereinander. Ich hörte ihnen zu, wenn sie russisch miteinander sprachen, sagte aber selbst nichts.

Als Deutscher mit russischer Herkunft – ich bin mit fünf Jahren nach Deutschland gekommen – bin ich es gewohnt, mich in einer fremden Umgebung zurechtzufinden und schnell zu integrieren. Und so kann ich sagen, dass jemand, der Vorbehalte gegenüber anderen Nationalitäten hat, in der Fremdenlegion fehl am Platz ist. Typen wie der mit dem Arian-White-Power-Tattoo werden aber nicht sofort abgewiesen, weil die Legion sich zutraut, sie umzuerziehen. Dahinter steckt die Idee, dass die Fremdenlegion den Bewerbern eine »zweite Chance« bieten will, etwas aus ihrem Leben zu machen. Auch aus diesem Grund wird von Anfang an alles gemeinsam gemacht. Der Legionär ist nur als Teil der Gruppe erfolgreich. Die Legion will Leute, die das draufhaben. Ich habe zwar auch Xenophobe erlebt, aber die haben – vorsichtig ausgedrückt – sehr schnell gelernt, sich einzufügen.

Vor allen Dingen aber will die Fremdenlegion Männer, die physisch extrem belastbar sind. Ich wusste aus dem Internet, dass die Sporttests ausschlaggebend für die Annahme sein würden. Darüber machte ich mir aber keine großen Sorgen, denn ich betreibe seit meinem vierzehnten Lebensjahr regelmäßig Kraft- und Ausdauersport. Einige Tage nach dem medizinischen Check-up stand der »Luc-Léger-Test« auf dem Programm. Caporal-Chef Demonio stand mit Stoppuhr und Klemmbrett bewaffnet auf dem Sportplatz. Dabei trug er selbst einen Trainingsanzug – allerdings keinen blauen wie wir, sondern den grünen der Fremdenlegion. Er hatte eine dunkle Sonnenbrille in die Stirn geschoben.

Beim Luc-Léger-Test rennt der Läufer zwischen zwei Punkten hin und her, die 20 Meter weit auseinanderliegen. Wenn ein »Beep« ertönt, muss man den Wendepunkt erreicht haben und zur gegenüberliegenden Markierung rennen. Am Anfang ging es ziemlich gut. Ich war topfit und hatte vor meiner Abreise nach Straßburg wie ein Wahnsinniger trainiert. Die zu weite Trainingshose hatte ich zum Glück noch am ersten Tag mit jemand anderem tauschen können. Und so rannte ich los und versuchte mit den »Beeps« Schritt zu halten. Die kommen nämlich im Verlauf des Tests in immer kürzeren Abständen hintereinander. Ich rannte wie ein menschlicher Tischtennisball so lange hin und her, bis ich nicht mehr konnte. Das war trotz meiner Übungen im Vorfeld verdammt anstrengend. Keuchend blieb ich irgendwann in der Mitte stehen. Es gibt vierzehn Stufen. Ich hielt bis 9,2 durch, das war nicht schlecht. Andere vor mir hatten schon bei Stufe 5 oder 6 schlappgemacht. Und: Der Test ist so ausgelegt, dass ohnehin niemand bis zum Ende durchhalten kann.

Außer dem Luc-Léger-Test mussten wir noch eine bestimmte Anzahl von Kniebeugen und Liegestütze absolvieren. Zum Schluss kam Seilklettern an die Reihe. Insgesamt war ich mit meiner sportlichen Leistung ganz zufrieden. Aber ob es reichen würde? Ich war mir nicht sicher.

In Aubagne ging es nicht nur beim Sport um Geschwindigkeit. Es gab auch die berühmte »Zehn-Sekunden-Dusche«. Jedes Mal, wenn wir duschen gingen, zählte ein mit einem Schrubber bewaffneter Rekrut die Zeit von zehn bis null herunter. Bei null stupste er einen mit dem Schrubber an, um zu zeigen, dass die Zeit abgelaufen war. Auf diese Weise wurden hundert Mann in einer knappen Viertelstunde durch die Duschräume im Käfig geschleust.

Nachdem wir alle den Sporttest absolviert hatten, trommelte uns Caporal-Chef Demonio zusammen. Ich war aufs Äußerste gespannt. Das war der Moment der Wahrheit: Jetzt würde ich also erfahren, ob ich den nächsten Schritt in die Fremdenlegion geschafft hatte oder nicht. Ein Blick auf die anderen verriet mir, dass es den meisten ähnlich ging. Vor Anspannung scharrten einige mit den Füßen im Belag des Sportplatzes. Andere atmeten schwer.

»Ich rufe jetzt die Namen derjenigen auf, die weiterkommen«, begann der Caporal-Chef. »Diejenigen, die nicht dabei sind: Zurück in die Unterkunft, Sachen abgeben und dann – Mama, Papa, PlayStation!« Ich musste grinsen, trotz der angespannten Situation.

Demonio begann, in alphabetischer Reihenfolge die Namen vorzulesen. Nach jedem Namen machte er eine Pause. Über die Hälfte war nicht dabei. Niemand wagte es, zu protestieren oder um eine weitere Chance zu bitten. Diejenigen, die nicht endgültig abgelehnt wurden – man nennt das *inapte temporaire* –, konnten es in drei Monaten noch einmal versuchen.

Alle, die angenommen wurden, blieben mit stolzem Gesichtsausdruck auf dem Platz stehen. Die anderen trotteten mit gesenkten Köpfen in Richtung Unterkunft davon.

Ich konnte es kaum erwarten, bis Demonio endlich bei M angelangt war.

»Mahler!«, rief er laut. Pause.

Bestens! Grundausbildung, ich komme!

Doch in dem Moment, als ich vortreten wollte, sah ich, wie ein Farbiger loslief und zielstrebig auf die linke Seite zu den anderen ging, die es geschafft hatten.

Hatte ich mich etwa verhört? Ich war verwirrt. Auch Demonio sah den Farbigen an und kratzte sich am Kopf. Er zögerte einen Moment und schaute noch einmal ungläubig in seine Liste.

»Karl Mahler?«, fragte er ihn leicht skeptisch.

Der Farbige schüttelte den Kopf. Ich schätze, er war übernervös und hatte sich wegen der Anspannung verhört. Immerhin entschied sich in diesem Moment unsere Zukunft.

»Mahler?«, fragte Caporal-Chef Demonio noch einmal.

»Hier!«, rief ich aus Leibeskräften und lief los. Zu dem Zeitpunkt war ich schon 23 Tage seit Ankunft in Straßburg unterwegs – der wohl längste Einstellungstest meines Lebens.

Woran glaubst du?

Nachdem ich die Tests bestanden hatte, hatte ich noch einen Termin bei der Géstapo. So wird der Sicherheitsdienst der Fremdenlegion genannt. Die Bezeichnung Géstapo – französisch ausgesprochen – stammt wohl noch aus der Zeit nach dem Zweiten Weltkrieg. Damals dienten überdurchschnittlich viele Deutsche, darunter auch Exmilitärs und angeblich Angehörige der Waffen-SS, in der Fremdenlegion. Man hat sogar ganze Kompanien aus der Kriegsgefangenschaft rekrutiert.

Der Sicherheitsdienst hat die Aufgabe, die Bewerber zu durchleuchten und ihre Motivation zu hinterfragen. Schon kurz nach meiner Ankunft in Aubagne wurde ich das erste Mal befragt. Die Gespräche wurden dann im Abstand von ein bis zwei Tagen fortgesetzt.

Ich habe gehört, dass die Géstapo mit Interpol und den entsprechenden Behörden der jeweiligen Länder, aus denen die Freiwilligen stammen, zusammenarbeitet. Kleinere Delikte werden großzügig übersehen, aber mir ist kein Fall bekannt, in dem jemand trotz eines Kapitalverbrechens – wie etwa Mord – in die Reihen der Legion aufgenommen worden wäre. Das soll früher einmal anders gewesen sein. Aber das war weit vor meiner Zeit. Ich schätze, im 21. Jahrhundert sind die Strafverfolgungsbehörden einfach zu gut vernetzt. Und wie schon gesagt: Die Fremdenlegion hat ein absolutes Überangebot an Bewerbern. Da kann sie es sich leisten, auf zwielichtige Kandidaten zu verzichten.

Davon abgesehen, möchte die Legion wissen, wie es um die Psyche der Kandidaten bestellt ist. Am wichtigsten ist die Frage: Will derjenige wirklich Legionär werden? Oder hängt er nur einer vagen Phantasie hinterher und bereut später seinen Entschluss oder bricht zusammen? Der Sicherheitsdienst der Fremdenlegion versucht also, Problemfälle unter den Bewerbern zu erkennen. Die Géstapo ist in einem eigenen Gebäude auf dem Gelände des Hauptquartiers untergebracht – wo ich von einem Caporal hingeführt wurde. Eine schwere Eisentür ging vom Flur ab. Ich wartete davor, bis jemand kam und mich hineinrief.

»Sprichst du deutsch?«, begrüßte mich ein Legionär. Der Mann hatte kurze blonde Haare, die schon ein wenig grau zu werden begonnen, war hager und sah asketisch aus.

»Ich bin auch Deutscher«, fuhr er fort. »War fünfzehn Jahre im Fallschirmjägerregiment der Legion; seit einiger Zeit hier.«

Ich nickte respektvoll und schaute auf seine Rangabzeichen.

»Adjudant«, ließ er mich wissen. »Was ist mit dir Mahler: Bist du gekommen, um Karriere zu machen?«

»Mein Ziel ist es, die Grundausbildung zu schaffen.«

»Vernünftig, dass du so denkst. Was sagt deine Familie dazu?«

»Zu der habe ich gerade keinen Kontakt.«

»Gut. In deinen Unterlagen steht, du bist Kfz-Mechaniker?«

Da ich zum ersten Mal mit einem Deutschen sprach, wollte ich den Fehler endlich korrigieren und erklärte, wie es dazu gekommen war.

»Typisch«, sagte der Adjudant genervt. »Die Leute in Straßburg verstehen nur die Hälfte und schreiben dann irgendeinen Scheiß. Kommt dauernd vor.«

Er notierte sich etwas und schaute mich an: »Woran glaubst du, Mahler? Bist du religiös?«

Ich dachte einen Moment lang darüber nach. Ich hatte den Eindruck, dass die Leute von der Géstapo mit solchen Fragen herausfinden wollten, wie zielorientiert und rational ein Bewerber ist. Ich sagte: »Ich glaube an mich.«

Er lachte kurz.

»Es ist am besten, du glaubst – wenn es darauf ankommt – an deine Waffe. Das reicht vollkommen aus.«

47

Geschichtsstunde

Bevor es losging zur Grundausbildung, stand noch ein Museumsbesuch auf der Tagesordnung. Caporal-Chef Demonio wollte uns die Traditionen und die Geschichte der Truppe näherbringen. Ich musste mich also wieder einmal in Geduld üben. Doch irgendwie war ich auch froh, dass es mal um etwas anderes als um Sport und Hilfsarbeiten in der Küche ging. Die hatten wir nämlich während unseres Aufenthalts in Aubagne auch noch übernehmen müssen. Aufräumen, Müll rausbringen und solche Dinge.

Das Museum liegt auf dem Kasernengelände, in einem weißen, zweistöckigen Bau hinter dem Paradeplatz. Für mich war an der Fremdenlegion immer noch vieles neu und rätselhaft. Das lag zum Teil an der Sprache, aber auch daran, dass mir bislang niemand die Hintergründe genauer erklärt hatte. Ich wusste zum Beispiel immer noch nicht, was es mit dem schwarzen Denkmal auf dem Paradeplatz auf sich hatte. Vielleicht würde der Museumsbesuch ja Licht ins Dunkel bringen.

Über die Dienstgrade bei der Fremdenlegion hatte ich mir selbst halbwegs einen Überblick verschafft. Ich schaute auf die Rangabzeichen der Uniformen und schlug gegebenenfalls deren Bedeutung in einem kleinen weißen Buch, dem *Carnet du legionnaire*, nach, wo alle Dienstgrade zu finden waren. Doch meistens stellten sich die Vorgesetzten ohnehin mit ihrem Rang und Namen vor. Légionnaire 2e classe ist der niedrigste Rang, darüber stehen der Légionnaire 1e classe, der Caporal und der Caporal-Chef. Die Unteroffiziersdienstgrade beginnen beim Sergent und enden beim Adjudant-Chef oder Major – der im Gegensatz zur Bundeswehr eben kein Offizier ist, sondern eher einem Oberstabsfeldwebel entspricht. Darüber liegen die Offiziersdienstgrade: Sous-Lieutenant, Lieutenant, Capitaine, Commandant, Lieutenant-Colonel, Colonel, Général de Brigade und Général de Division, die meist aus der französischen Armee dazustoßen. Bis zum Ende der Grundausbildung war ich ein Engagé volontaire, ein Freiwilliger.

Im Erdgeschoss des Museums befand sich die Salle d'Honneur, der Ehrensaal der Legion. Caporal-Chef Demonio ging auf ein großes Gemälde zu. Der Marmorboden war so blank poliert, dass sich mein Gesicht darin spiegelte. Die Wände waren knallrot gestrichen. An den Längsseiten hingen goldgerahmte Porträts von Männern in Uniform. Ziemlich beeindruckend. Das fanden wohl auch die afrikanischen Freiwilligen, die sich staunend im Saal umsahen.

Demonio blieb vor einem Bild stehen, das mehrere Meter breit war. Es zeigte eine Schlacht mit allem Drum und Dran: Kampfgetümmel, Pulverdampf, Tote und Verwundete. Die abgebildeten Soldaten kämpften mit altmodischen Gewehren und Bajonetten gegeneinander.

»Voilà«, sagte der Caporal-Chef mit bebender Stimme. »Das ist Camerone!«

Camerone? Wer oder was sollte das denn sein? Nie gehört. Camerone, erfuhr ich nun, ist ein mexikanisches kleines Kaff – dennoch spielt es bis heute eine zentrale Rolle in der Geschichte der Fremdenlegion. Jedes Jahr am 30. April wird zum Gedenken an diese Schlacht das Camerone-Fest gefeiert. Das ist sogar noch wichtiger als Weihnachten, Geburtstag und Urlaub zusammen.

»Frankreich hatte im 19. Jahrhundert in den mexikanischen Bürgerkrieg eingegriffen und unter anderem die Légion étrangère nach Mexiko entsandt«, erzählte Caporal-Chef Demonio. »Am 30. April 1863 patrouillierte eine Einheit von zweiundsechzig Legionären und drei Offizieren unter der Führung von Capitaine Jean Danjou entlang der Straße zwischen Puebla und Veracruz. Auf dieser Route sollte später ein Konvoi Waffen, Nachschub und Sold zu den in Puebla stationierten französischen Truppen bringen. Konvois, die auf der Straße vom Atlantikhafen Veracruz ins Landesinnere reisten, waren schon des Öfteren Ziel von Überfällen durch mexikanische Truppen geworden. Bei Camáron – später wurde daraus Camerone – traf Capitaine Danjou mit seiner Abteilung auf einen starken Verband mexikanischer Kavallerie. Kein Zweifel, der Gegner war in der Überzahl. Nach der Schlacht wurde bekannt, dass auf mexikanischer Seite zweitausend Mann gekämpft hatten. Capitaine Danjou befahl seinen zweiundsechzig Legionären und den beiden Offizieren, sich in den Gebäuden der nahe gelegenen Hacienda La Trinidad zu verschanzen. Die Mexikaner griffen an – und ein stundenlanges, erbittertes Gefecht entbrannte. Die Legionäre litten unter Wassermangel und hatten keine Möglichkeit, ihre Verwundeten ausreichend zu versorgen. Ein Teil der Gebäude, in denen sie sich aufhielten, geriet in Brand. Capitaine Danjou – ein erfahrener Berufssoldat – erkannte, dass er sich in einer ausweglosen Lage befand.«

Caporal-Chef Demonios Stimme vibrierte vor Ehrfurcht und hallte durch den Saal, als er an diesem Punkt der Geschichte ankam. Er zeigte bedeutungsvoll auf das Gemälde und sprach weiter: »Nach einiger Zeit boten die Mexikaner den Legionären die Kapitulation an. Doch Capitaine Danjou ließ seine Männer schwören, niemals zu kapitulieren und bis in den Tod zu kämpfen. So kam es dann auch. Im Laufe der Schlacht wurde Danjou selbst, wie die meisten anderen Legionäre, getötet. Als den Überlebenden die Munition ausging, griffen die letzten sechs – die noch stehen konnten – die Mexikaner mit aufgepflanztem Bajonett an. Nur wenige Legionäre haben überlebt und kapitulierten erst, nachdem der mexikanische Oberst ihnen die Zusage gegeben hatte, dass sie ihre verwundeten und gefallenen Kameraden sowie ihre Waffen mitnehmen duften. Der Konvoi jedoch gelangte dadurch sicher an sein Ziel.«

Nun schritt Demonio auf ein Tor an der Längsseite des Saals zu. Durch die Gitter konnte ich französische Fahnen erkennen. Das Licht war gedämpft. Am Boden schimmerte ein beleuchtetes Kreuz. Auf den ersten Blick fand ich es ziemlich gruselig. Irgendwie düster und bedrückend.

»Das ist La Crypte«, erklärte der Caporal-Chef. Die Krypta. Auf sämtlichen Wänden stehen die Namen aller gefallenen Offiziere der Fremdenlegion in goldenen Lettern. Es sind ziemlich viele, echt krass. Und das sind nur die Offiziere; insgesamt sollen bis heute etwa 36 000 Fremdenlegionäre im Kampf gefallen sein. Ich trat näher heran und begann zu lesen. Jeder Kriegsschauplatz ist einzeln aufgeführt: Indochina, sogar der Krimkrieg von anno dazumal. Unter Algerien standen eine ganze Menge Gefallener, bei Afghanistan nur ein Einziger. Aber darunter war noch viel freier Platz.

Dann zeigte Caporal-Chef Demonio auf etwas an der gegenüberliegenden Wand.

Ich kniff die Augen zusammen. Es war ziemlich dunkel in der Krypta. Auf halber Höhe hing ein Glaskasten an der Wand. Darin erkannte ich einen dunkelbraunen Unterarm plus Hand. »Die Hand von Capitaine Danjou«, flüsterte Demonio ehrfürchtig. Eine hölzerne Prothese – leicht angebrannt, aber ansonsten intakt. Sie war aus Mexiko hierhergebracht worden.

Allerdings nicht auf direktem Weg. Ursprünglich befand sich das Hauptquartier der Fremdenlegion nämlich in Sidi Bel Abbès in Algerien. Seit ihrer Gründung war die Légion étrangère in Algerien stationiert. Als das Land in den sechziger Jahren unabhängig wurde, verlegte man das Hauptquartier nach Aubagne – und mit ihm die hölzerne Hand von Capitaine Danjou. Das schwarze Denkmal auf dem Appellplatz hat früher auch einmal in Algerien gestanden. Demonio sagte, es sei das »Monument aux Morts«, ein Denkmal für die Gefallenen. Es besteht aus einer Gruppe von Legionären, über denen eine Weltkugel emporragt.

Der Museumsrundgang war richtig lehrreich. Im zweiten Stock befand sich eine Sammlung von Waffen und Uniformen. Manche davon waren ziemlich beschädigt, sie mussten direkt vom Schlachtfeld aufgesammelt worden sein. Durchlöcherte Helme, Uniformen mit braunen Flecken – ich vermutete, es müsse wohl getrocknetes Blut sein – und vieles mehr. Ziemlich real.

Der Schlacht um Dien Bien Phu, von der uns Caporal-Chef Demonio ausführlich berichtete, ist eine eigene Abteilung gewidmet: In den fünfziger Jahren kämpften die Viet Minh in Indochina gegen die herrschende Kolonialmacht Frankreich. Dien Bienh Phu war ein entlegener französischer Außenposten, und jede Menge Fremdenlegionäre hingen dort herum. Heute gehört der Ort zu Vietnam. Blöderweise lagen die Basis und die dazugehörige Landebahn mitten in einem Tal, rundum von Bergen umgeben. Irgendwann griffen die Viet Minh an, und die Legionäre wurden eingekesselt. Die Schlacht tobte knapp zwei Monate. Auch als schon längst klar war, dass Dien Bien Phu nicht mehr zu halten war, sprangen noch Legionäre mit Fallschirmen über den Stellungen ab.

Caporal-Chef Demonio hielt kurz inne. Obwohl er diese Geschichte wahrscheinlich schon Hunderten von Freiwilligen erzählt hatte, schien er immer noch davon ergriffen zu sein.

»Sie wussten, dass sie in den sicheren Tod sprangen«, sagte er. »Und doch taten sie es. Für ihre Kameraden.«

Gegen Ende der Schlacht waren die französischen Stellungen, die es noch in Dien Bien Phu gab, komplett voneinander abgeschnitten. Viele Legionäre landeten in den Händen des Feinds. Ich konnte sie vor meinem geistigen Auge sehen: Legionäre mit ihrem Fallschirmrucksack in der offenen Luke eines Schrottflugzeugs – so sahen sie auf den Fotos jedenfalls aus – und unter ihnen die Feuergefechte. Und sie sprangen furchtlos mitten hinein ins Getümmel. Respekt!

Doch sie hatten keine Chance. Am Ende überrannten die Viet Minh das gesamte Areal. An die viertausend Mann waren gefallen, Tausende landeten in Gefangenschaft.

Erst Camerone und jetzt das, dachte ich irritiert. Das waren doch beides herbe Niederlagen. Worauf sollte man denn da bitte schön stolz sein, außer auf den eigenen Todesmut? Das wäre ja so, als würde man Stalingrad feiern …

Die nächste Geschichte, die Demonio zum Besten gab, spielte im Zweiten Weltkrieg. Der Schauplatz: Bir Hakeim.

Wieder ein Kaff, diesmal in Nordafrika. 1942 standen da ein paar hundert Fremdenlegionäre dem deutschen Afrikakorps gegenüber. Wieder weigerten sie sich zu kapitulieren, obwohl sie eingekesselt waren.

Als sie nicht mehr standhalten konnten, kämpften sich diejenigen, die noch dazu in der Lage waren, durch die deutschen Linien und setzten sich ab – unter großen Verlusten. Immerhin hatten sie es geschafft, das Afrikakorps rund zwei Wochen aufzuhalten. Hartnäckige Bastarde.

Camerone, Dien Bien Phu, Bir Hakeim: In allen drei Fällen hatte die Fremdenlegion herbe Verluste erlitten – und war dennoch stolz darauf. Das war die Tradition, die mir hier gezeigt wurde: jede Menge Tote und verlorene Schlachten.

Opferbereitschaft und unbedingter Gehorsam sind immer noch groß angesagt. Das, so wurde mir klar, ist die eigentliche Tradition: die Bereitschaft der Legionäre, selbst in militärisch sinnlosen Kämpfen ihr Leben zu opfern. »Faire Camerone« gehört übrigens heute noch zum Insider-Vokabular der Fremdenlegion. Es bedeutet so viel wie »in den Tod gehen« oder »bis zum Letzten kämpfen«.

Moment mal, grübelte ich. Wurde das heute immer noch so gehandhabt? In was für ausweglose Situationen könnte ich wohl geraten? Aber ehrlich gesagt war mir das auch egal – schließlich wusste jeder, worauf er sich eingelassen hatte.

Besiegelt

Bereits am nächsten Tag stand ich wieder in der Salle d'Honneur. Diesmal in einer für mich persönlich extrem wichtigen Angelegenheit. Heute würde ich meinen Vertrag mit der Fremdenlegion unterzeichnen. Passenderweise stand dafür ein großer Tisch vor dem Gemälde der Camerone-Schlacht. Darauf lagen dreißig Kontrakte für diejenigen, die in Kürze in die Grundausbildung geschickt werden würden. Sie waren auf zwei Stapel verteilt worden, in der Mitte lag ein Kugelschreiber. Dahinter standen ein Offizier in Paradeuniform, Caporal-Chef Demonio und ein weiterer Legionär.

Ich stand mit den anderen Freiwilligen in der Mitte des Raums. Der Offizier rief nacheinander Namen auf. Der Genannte trat zu ihm, unterschrieb und ging wieder zurück auf seinen Platz. Das Ganze dauerte weniger als eine Minute pro Mann.

Ich wunderte mich schon, dass die Freiwilligen, die vor mir an die Reihe kamen, ruck, zuck ihren Namen unter das Dokument setzten und mit einem Exemplar in der Hand wieder in die Reihe zurücktraten, als wäre nichts gewesen.

»Engagé volontaire Mahler!«

Jetzt war also ich dran. Der Offizier legte den Vertrag mit der Schrift in meine Richtung vor mich. Es waren mehrere Seiten, oben mit einer Büroklammer zusammengeheftet. Die letzte Seite war aufgeschlagen. Unten eine Linie mit dem Datum von heute. Das Ganze war – wie sollte es anders sein – auf Französisch verfasst.

Ich wollte aber zumindest einmal reinschauen und nahm den Vertrag in die Hand. In diesem Moment atmete Caporal-Chef Demonio so laut aus, dass es jeder hören konnte. Ich sah ihn an. Er fuchtelte ungeduldig mit der Hand.

»Los, mach schon!«, zischte er und hielt mir den Stift hin.

Mir blieb nichts anderes übrig, als zu unterschreiben oder zu gehen. Also unterschrieb ich – ich wollte schließlich unbedingt zur Fremdenlegion. Trotzdem: Ich war es gewohnt, Verträge und andere wichtige Dokumente zuerst in Ruhe durchzulesen. Da kam wohl die typisch deutsche Gründlichkeit durch. Niemand hatte mir Genaueres erklärt, außer dass ich mich für fünf Jahre verpflichten müsse und nach der Grundausbildung 1000 Euro und ein Jahr später 1240 Euro Sold im Monat bekäme. Das war's dann aber auch schon. Mir wären noch viele wichtige zu klärende Fragen eingefallen: Was wäre zum Beispiel, wenn ich schwer verwundet würde? Würde die Fremdenlegion mir dann eine Rente zahlen? Darüber wusste ich rein gar nichts.

Nachdem ich meine neue Unterschrift mit »Karl Mahler« geleistet hatte, bekam ich ein Exemplar des Vertrags in die Hand gedrückt. Nachdem alle unterzeichnet hatten, gingen wir zum Zahlmeister. Hier erhielt ich einen Teil des Solds für die dreieinhalb Wochen, die ich in Aubagne verbracht hatte. Das waren 200 Euro, bar auf die Hand.

Doch bevor ich mich darüber freuen konnte, befahl Demonio uns, mit dem Geld in ein Büro nebenan zu gehen. Dort müsse jeder Freiwillige eine *assurance* abschließen. Das klang irgendwie nach Versicherung. Meine Vermutung wurde bestätigt, als ich die beiden Anzugtypen in dem Büro sah. Das konnten nur Versicherungsfritzen sein. Beide waren um die dreißig Jahre alt, hatten modische Frisuren und trugen beide einen dunklen Anzug mit hellblauer Krawatte. Zivil gekleidet wirkten sie unter all den Uniformierten fehl am Platz. Wahrscheinlich grinsten sie deswegen die ganze Zeit.

Der Dickere von beiden stellte sich mit »AGMP« oder so was vor. Innerhalb der nächsten zwei Minuten war klar, was er wollte: 105 Euro. Ich musste sofort bar bezahlen. Das Grinsen der beiden wurde noch breiter, als ich das Geld rüberschob. Dafür bekam ich eine Versicherungspolice über eine Soldatenversicherung auf den Namen Karl Mahler, natürlich auf Französisch.

Von meinen restlichen 95 Euro musste ich mir, genau wie alle anderen, ein Paar neue Turnschuhe kaufen, außerdem Rasierzeug, Handtücher und weitere Toilettenartikel. Mein kleines Vermögen schrumpfte schneller zusammen, als ich gucken konnte. Am Ende hatte ich gerade noch so viel übrig, dass ich mir im Foyer – das ist ein kleiner Laden auf dem Kasernengelände – ein Snickers leisten konnte.

An diesem Tag erhielt ich dann auch meine *carte d'identité*, meinen Militärausweis, ungefähr in der Größe einer Scheckkarte, auf dem ein Passbild von mir – Karl Mahler – zu sehen ist. Das Wichtigste daran ist, dass ich damit auch meine *Matricule* bekam – mit einem dicken roten Stempel auf meinen Ausweis: »Non-valable pour toute demarche administrative.« Sozusagen nicht gültig für alle Verwaltungssachen wegen der gefälschten Identität, um zum Beispiel ein Auto zu kaufen, einen Kredit abzuschließen oder Ähnliches. Dabei handelt es sich um eine mehrstellige Zahl, mit der man sich überall identifizieren kann. Jeder Legionär bekommt seine individuelle *Matricule*. Sie steht in allen Akten und in der *carte d'identité*. Im Grunde ist sie sogar wichtiger als der Name. Man muss sie unbedingt auswendig lernen.

Es wurde mir auch beigebracht, wie ich mich in Zukunft einem vorgesetzten Offizier gegenüber vorstellen musste: »Engagé Mahler, un mois de service, 2e compagnie d'engagé volontaire, section de Lieutenant soundso (wer immer den Zug befehligte), fonction Grenadier-Voltiger, à vos ordres, mon Lieutenant.« Wegen meiner fehlenden französischen Sprachkenntnis tat ich mich schwer damit, den Satz schnell genug und ohne zu stocken herunterzuleiern.

Am Abend schaute ich mir meinen Vertrag genauer an. Ich verstand so gut wie nichts. Daher fragte ich einen Kameraden, Christopher Forrester, ob er mir beim Übersetzen helfen könne. Ich verstand mich mittlerweile ganz gut mit ihm. Er war Amerikaner und sprach erstaunlich gut Französisch und Deutsch. Er war der typisch amerikanische Collegeboy: gesund, intelligent und relativ groß und gutaussehend. Ich konnte mir vorstellen, dass Forrester ganz gute Chancen bei der Damenwelt hatte. Er wirkte jedenfalls selbstbewusst. Forrester und ich gingen gemeinsam den Vertrag durch. Man hatte uns gesagt, dass der Vertrag erst nach der abgeschlossenen Grundausbildung seine volle Gültigkeit haben würde. Davon stand aber nichts drin. Oder zumindest konnten wir nichts finden. Mein Geburtsdatum war ebenfalls meiner neuen Identität angepasst worden. Außerdem stand da noch einiges, was wir

nicht genau verstanden: Man sollte alles tun, um seine Dienst-
fähigkeit zu erhalten, dem französischen Staat dienen und so
weiter. Ich gab es auf, verstehen zu wollen, was da genau im
Einzelnen stand.

Ich faltete den Vertrag zusammen und schob ihn in eine
Außentasche meines Rucksacks. Später ist er darin nass geworden und hat sich mehr oder weniger in seine Bestandteile
aufgelöst. Ich habe ihn notdürftig mit Tesafilm wieder zusam-
mengeflickt. Immerhin war es der erste Vertrag in meinem
Leben, den ich – ohne ihn vorher zu lesen – mit einem anderen
Namen unterschrieben habe.

Parlez-vous Français?

»Vite, vite!«, schrie mich der Ausbilder an. Keine Ahnung, was
der wollte. Ich wuchtete meinen Seesack und meinen Rucksack auf die Schultern – das ganze Zeug darin schien Tonnen
zu wiegen – und schleppte mich über den Exerzierplatz der
Kaserne in Castelnaudary. Der Ort liegt zwischen Toulouse
und Carcassonne, am Fuß der Pyrenäen. Eine mit Platanen
gesäumte Straße führt auf einen großen Marktplatz im Zen-
trum. Der Canal du midi fließt quer durch die Stadt. Viele Gebäude stammen entweder noch aus dem Mittelalter oder aus
dem 18. Jahrhundert. Eine typisch französische Kleinstadt –
wenn man mal von der Kaserne der Fremdenlegion absieht.

Hier in »Castel«, so kürzt jeder Legionär den Namen ab,
findet die viermonatige Grundausbildung der Fremdenlegion
statt. Die Kasernengebäude – moderne Zweckbauten – stehen
auf einem großen Areal am Rande der Stadt. Neben den Un-
terkünften gibt es eine Schießbahn, Sportplatz und Schwimm-
halle sowie einen Hindernis-Parcours. Im Schnitt sind ständig einige Hundert Rekruten, die sich in unterschiedlichen
Stadien der Grundausbildung befinden, in Castel stationiert.

Dazu kommt, dass auch die Caporals- und diverse andere Lehrgänge an dem Standort stattfinden. Plus das Stammpersonal des Ausbildungsregiments, das sowieso ständig dort ist.

Bevor ich dem 4e Régiment étrangère – dem Ausbildungsregiment der Fremdenlegion – zugeteilt worden war, hatte man mir einen ganzen Berg an Ausrüstung ausgehändigt: zwei Paar Stiefel, drei Mal Tarnuniform, Helm, Rucksack, Feldflasche, Kochgeschirr und allen möglichen anderen Kram. Der prall gefüllte Seesack rutschte mir von der Schulter, als ich über den Platz ging. Ein Ausbilder kam fluchend auf mich zu und gab mir einen harten Stoß in den Rücken: »Tempo, Mongol!« Wahrscheinlich nicht die exakte Übersetzung von »Vite, vite!«, aber das verstand ich und legte lieber einen Zahn zu. Der Typ sah brutal aus: breite Schultern, hammerartige Fäuste. Er hatte die Ärmel seiner Uniform hochgekrempelt und auf seinem Unterarm war ein Totenkopf-Tattoo zu sehen. Mit dem sollte ich mich lieber nicht anlegen … Forrester, der neben mir lief, bemühte sich ebenfalls, sein Gepäck in Richtung Unterkunft zu schleppen.

Seit ich vor ein paar Stunden mit dem neuen Ausbildungszug von über sechzig Mann – normal waren eigentlich dreißig – in der Kaserne angekommen war, ging es hier richtig rund. Die Ausbilder schrien und fluchten vom ersten Moment an, was das Zeug hielt. Wenn jemand zurückblieb, bekam er einen Tritt in den Hintern oder einen kurzen Schlag in den Nacken. Na, herzlich willkommen!

»Ihr Mongos – Kurwa – vite!«, grölte Mister Totenkopf-Tattoo. Ein anderer Ausbilder sah aus wie eine böse Version von Eddie Murphy in dem Film *Der Prinz aus Zamunda*. Er war tiefschwarz, und seine teuflischen Augen blickten aggressiv von einem zum anderen – so wie die von Eddie Murphy, als er als Prinz vergeblich versucht, seine Untertanen einzuschüchtern. Wenn der afrikanische Legionär lachte, wirkte es aber nicht albern, sondern höhnisch und bedrohlich. So, als würde es ihm Spaß machen, uns zu schikanieren. Rabiat schlug er einen Rekruten in den Nacken, als dieser sich bückte, um seinen Rucksack aufzuheben. So gewöhnten wir uns ziemlich schnell daran, uns zu beeilen …

Das war ein weitaus rauerer Umgang als in Aubagne. Dort hatten die Legionäre uns zwar kühl und herablassend behandelt, aber wir wurden nie richtig hart angefasst. In Castel war das vom ersten Moment an anders. Heute weiß ich, dass diese Schikane nicht nur reine Willkür war, sondern Bestandteil der Ausbildung – und wir hatten einfach nicht das Glück, auf friedliche Caporaux zu treffen. Vielleicht will ja die Legion auf diese Weise herausfinden, wer sich gegen die Ausbilder auflehnt und später möglicherweise ein schwieriger Befehlsempfänger sein wird?

In meinem Zimmer angekommen, verstaute ich erst einmal meine Sachen. Ich war mit fünf anderen Rekruten und einem litauischen Caporal dort untergebracht. Es lebt immer ein Ausbilder mit den Rekruten zusammen. So kann er ihnen Tag und Nacht auf die Finger schauen. Der Litauer hatte einen Riesenschädel. Ich weiß bis heute nicht, wo die Fremdenlegion ein passendes Képi blanc für ihn herhatte. Das grüne Barett sah auf seiner Birne jedenfalls winzig aus. Forrester kam im Zimmer nebenan unter. Außerdem lernte ich Robinho, einen Portugiesen, kennen. Er war wie ich 24 Jahre alt, ein gutaussehender, humorvoller Kerl. Robinho hatte bereits Erfahrungen als Soldat gesammelt, er war Fallschirmjäger in einer Eliteeinheit der portugiesischen Armee gewesen.

Das nützte ihm in Castel allerdings auch nicht viel, denn auch ehemalige Soldaten mit erheblichen militärischen Vorkenntnissen fangen bei der Fremdenlegion wieder bei null an. In dieser Hinsicht werden alle Rekruten gleich behandelt.

Nachdem wir unsere Sachen auf die Zimmer gebracht hatten, liefen wir direkt wieder zum Exerzierplatz zurück. Es wurde wirklich keine Minute verschwendet. Die Grundausbildung begann damit, dass man uns die notwendigen militärischen Kommandos beibrachte. Auf Französisch, versteht sich.

»À droite!«, rief der Ausbilder mit dem Totenkopf-Tattoo. Mittlerweile hatte ich erfahren, dass er Ungar war. Ich zögerte, denn ich hatte keinen blassen Schimmer, was das bedeutete. Ich wollte sehen, was meine Kameraden taten, und schaute mich um. Robinho bewegte sich gar nicht vom Fleck. Einige Rekruten drehten sich zur linken, andere zur rechten Seite. Na toll, an ihnen konnte ich mich also auch nicht orientieren!

»À droite!«, wiederholte der Ungar, diesmal lauter, ungeduldiger. Hey, fiel mir ein, Forrester kann doch Französisch! Er hatte sich rechtsum gedreht. Sofort folgte ich seinem Beispiel. Allerdings tat das nur ein Drittel des Ausbildungszugs. Wir standen wie die aufgescheuchten Hühner kreuz und quer auf dem Kasernenhof.

»Pompes!«, schrie der Ungar sauer, was – wie ich rasch lernen sollte – Liegestütze heißt. Solche Strafliegestütze würden ab jetzt in allen möglichen Situationen auf mich zukommen. Ich ließ mich auf den Asphalt hinunter und begann zu pumpen. »Un, deux, trois, quatre …«, zählte unser Ausbilder laut bei jedem Liegestütz mit. Bei dreißig – *trente* – hörte er auf und wir durften wieder aufstehen. Bei den Liegestützen musste ich meine geballten Fäuste auf den Asphalt stemmen. Meine Hände schmerzten.

»À gauche!«, rief der Ungar, nachdem wir alle wieder in Reih und Glied standen. Dieses Mal drehte sich der Großteil der Rekruten nach links. Wäre ja logisch, nachdem wir uns zuerst nach rechts gedreht hatten. Stimmte offensichtlich.

»Tout droit!«, lautete der nächste Befehl. Teufel noch mal, was hieß das denn nun wieder? Verzweifelt sah ich wieder zu Forrester. Der schaute geradeaus. Ich machte es sofort nach, alle anderen nicht. »Pompes! Trente!«, schrie unser Ausbilder. Und wieder runter auf den Boden … Na, das konnte ja heiter werden. Scheiß Französisch!

Die Fremdenlegion hat eine ganz eigene Methode, um neuen Rekruten die Sprache beizubringen. Man bekommt einen sogenannten Binom zur Seite gestellt. Dabei handelt es sich ebenfalls um einen Rekruten, der aber bereits Französisch spricht. Ich bekam also auch einen. In den nächsten vier Monaten würden wir alles gemeinsam machen und er würde mir dabei die französische Sprache beibringen. Wenn ich etwas nicht verstand, bekam nicht nur ich Ärger deswegen, sondern mein Binom noch viel mehr, wenn er was falsch machte. Das reichte vom Anschiss über Strafliegestütze bis hin zu kollektiven Bestrafungen, Maßregelung à la Légion sozusagen. Es lag also auch in seinem Interesse, mit dem Sprachunterricht Erfolg zu haben. Theoretisch soll jeder Legionär nach der Grundausbildung einen Wortschatz von vier- bis fünfhundert Worten haben und sich damit halbwegs verständigen können.

So viel zur Theorie. In der Praxis ist das Problem, dass es in der Fremdenlegion nicht allzu viele Rekruten gibt, die perfekt oder zumindest gut genug Französisch sprechen. Die Offiziere entstammen zwar der französischen Militärakademie und dienen in der Legion. Aber unter den Mannschaftsdienstgraden existieren – zumindest offiziell – keine Franzosen. Ich habe während meiner fünf Jahre aber doch ein paar französische Fremdenlegionäre kennengelernt. Aus ihnen hatte die Legion bei der Aufnahme einfach Belgier, Schweizer, Kanadier oder Monegassen gemacht. Ja, auch die Fremdenlegion trickst manchmal, um die Leute zu bekommen. Hauptsache, sie sind irgendwie brauchbar.

Chung – so hieß mein Binom – war leider kein Muttersprachler, sondern Chinese, so etwa Mitte zwanzig. Er hatte einige Monate in einem China-Restaurant in Paris gearbeitet. Diese Tatsache allein qualifizierte ihn in den Augen der Fremdenlegion dafür, mir Französisch beizubringen. Großartig …

Für einen Chinesen, fand ich, war Chung ziemlich groß. Tiefe Falten zeichneten sein rundes Gesicht. Dadurch sah es oft so aus, als würde er grinsen.

Ehrlich gesagt, war er mir keine große Hilfe. Unsere bemühten Konversationen waren ein buntes Kauderwelsch aus

Englisch und Französisch. Ich kam bald zu dem Schluss, dass ich ohne ihn mehr lernte. Sein Gelaber nervte mich und ich hörte daher lieber bei den Gesprächen der anderen mit. So schnappte ich einiges auf. Bei den militärischen Kommandos konnte ich mich nach dem richten, was meine Kameraden taten, und diese Vokabeln hatte ich auch bald drauf. Ist ja auch eine überschaubare Anzahl. Die Zahlen bis fünfzig konnte ich – schon allein aufgrund der häufig fälligen Strafliegestütze – ebenfalls schnell. Beim *code d'honneur* tat ich mich hingegen richtig schwer.

Von jedem Legionär wird verlangt, dass er den Ehrenkodex der Fremdenlegion fehlerfrei rezitieren kann. Spätestens bei der Vereidigung muss der Text sitzen. Bei den ersten ungefähr siebzig Versuchen verhaspelte ich mich gnadenlos. Und jedes Mal wurde ich dafür von meinen stets gewaltbereiten Ausbildern mit Flüchen und Strafliegestütze traktiert, als ob sie den richtigen Text in mich hineinprügeln wollten. Aber ich nahm das nicht persönlich, schließlich erging es den anderen nicht besser als mir. Nach ungefähr drei Wochen wurde ich immer textsicherer. Ein tschechischer Caporal, der aussah wie ein Hooligan – Narben und Tattoos an Armen und Gesicht – und sich auch so benahm, hatte immer seltener die Gelegenheit, mir Strafliegestütze aufzubrummen.

»Legionär, du bist ein Freiwilliger, der Frankreich mit Ehre und Treue dient«, begann ich dieses Mal laut und klar, ohne zu stocken. Ich sah mit versteinerter Miene geradeaus und fixierte einen entfernten Punkt, der zwischen dem Ungarn und dem Tschechen lag: den großen Mülleimer neben der Küche. Dadurch verschwammen die beiden in meinem Gesichtsfeld ein wenig, was mir nur recht war.

»Jeder Legionär ist dein Waffenbruder, gleich welcher Nationalität, Rasse oder Religion. Du bezeugst ihm jederzeit engste Verbundenheit, so als wäre er dein leiblicher Bruder.«

Ich riskierte einen Blick auf meine zukünftigen Waffenbrüder. Beinahe gleichzeitig schoben beide Ausbilder den

Unterkiefer vor. Der Ungar sah dabei aus wie eine Bulldogge. Ich musste mich zusammenreißen, um nicht laut loszulachen.

»Du respektierst deine Traditionen und bist deinen Vorgesetzten treu ergeben. Disziplin und Kameradschaft sind deine Stärke, Mut und Treue deine Tugenden.«

Der Tscheche nickte nachdenklich. Ich konzentrierte mich, ich wollte mich nicht schon wieder mittendrin verhaspeln. Der Anfang war leicht zu behalten, aber je weiter man kam, desto schwieriger wurde es.

»Deinen Status als Fremdenlegionär zeigst du durch tadelloses, immer elegantes Äußeres. Dein Benehmen ist würdevoll und zurückhaltend. Deine Kaserne und deine Unterkunft sind immer sauber zu halten.«

Puh, wieder ein Absatz geschafft!

»Als Elitesoldat trainierst du unerbittlich. Du behandelst deine Waffe, als wäre sie dein höchstes persönliches Gut. Du bist ständig bestrebt, deine körperliche Verfassung zu verbessern.«

Allerdings. Die vielen Strafliegestütze halfen mir dabei.

»Der erteilte Befehl ist heilig. Du führst ihn nach den geltenden Gesetzen und internationalen Konventionen aus. Sollte es nötig sein, unter Einsatz deines Lebens.«

Ich sah, wie der Tscheche beim Wort »Gesetz« für einen kurzen Moment die Mundwinkel verzog. Vielleicht hatte das etwas mit seiner Vergangenheit zu tun. Aufpassen, dachte ich, jetzt bloß nicht ablenken lassen!

»Im Kampf agierst du umsichtig, mit kühlem Kopf und ohne Wut. Du achtest deine besiegten Feinde. Deine gefallenen und verwundeten Kameraden oder deine Waffe lässt du in keinem Fall zurück.«

Geschafft! Bon.

Famas

In Castel bekam ich eine Waffe. Endlich! Doch als ich sie sah, war mein erster Gedanke: Na toll, eine zerbrechliche Plastikknarre. Das Teil mit dem wahnsinnig langen Namen »Fusil d'Assaut de la Manufacture nationale d'armes de St. Étienne« – kurz Famas – ist das Standard-Sturmgewehr der Fremdenlegion.

Ich stand mit Robinho, Forrester und noch ein paar anderen vor der Waffenkammer. Jeder von uns hielt prüfend sein neues Famas in den Händen. Logisch, dass wir anfingen zu fachsimpeln. »Cooles Ding«, »Hab' schon Besseres in der Hand gehabt«, »Mann, bei den Fallschirmjägern in Portugal hatten wir deutsche Knarren. Ich muss sagen …«, und so weiter.

Plastik hin oder her: Es fühlte sich gut an, endlich ein Gewehr zu haben. Aus meiner Zeit bei der Bundeswehr kannte ich das G36. Damit war ich gut zurechtgekommen. Fast immer hatte ich das getroffen, worauf ich gezielt hatte. Das Famas ist ganz anders aufgebaut. Magazin und Verschluss befinden sich im Gegensatz zu den meisten Waffen hinter dem Abzugsbügel. Das nennt man »Bullpup-Design«.

Der Tragegriff des Famas sieht auch irgendwie überdimensioniert aus. Er ist fast so lang wie das gesamte Gewehr. Im Griff ist das Visier untergebracht. Teile der Waffe sind aus Kunststoff und aufgrund der kompakten Bauweise ist sie nicht sehr groß – aber dementsprechend leicht.

Später lernte ich auf der Kampfbahn das geringe Gewicht und die Abmessungen des Gewehrs schätzen. Da musste ich aber auch nicht schießen, sondern lediglich mit dem Famas auf dem Rücken die Hindernisse des Parcours überwinden. Ein Ausbilder stand mit der Stoppuhr in der Hand daneben, während ich über einen 3 Meter hohen Balken balancierte, unter Stacheldraht hindurch robbte und mit einer Gruppe Kameraden gemeinsam eine 4 Meter hohe Wand hochkletterte. Solche Übungen fanden zwar nicht tagtäglich statt, aber manchmal durchaus an einem Tag mehrmals hintereinander – je nachdem, wie gut es lief beziehungsweise, wie oft der Ausbilder es für »nötig« hielt.

Auf der Schießbahn lernte ich dann die Nachteile der Waffe kennen. Wegen des geringen Gewichts ist es schwierig, sie ruhig zu halten und den Rückstoß aufzufangen. Immerhin handelt es sich um eine Maschinenpistole, die ungefähr 900 Schuss in der Minute abgeben kann. Zumindest theoretisch, denn im Magazin befinden sich nur 25 Patronen. Der aus meiner Sicht größte Nachteil des Famas ist, dass der Sicherungshebel im Abzugsbügel untergebracht ist. Bei vielen anderen Waffen befindet er sich an der Seite und man kann mit einer Hand entsichern und schießen. Hier musste ich mit der zweiten Hand in den Abzug greifen, um die Waffe feuerbereit zu machen. Das gefiel mir nicht so gut.

Dass die Kunststoffteile des Famas robuster waren, als ich anfangs gedacht hatte, zeigte sich eines Tages auf der Kampfbahn. Ein asiatischer Rekrut stolperte auf dem Schwebebalken und fiel samt Gewehr aus einigen Metern in die Tiefe. Beim Aufschlag krachte es ziemlich. Robinho und ich standen ganz in der Nähe. Wir hatten das Hindernis bereits hinter uns gebracht und warteten auf die anderen. Der Asiate war mit der Schulter direkt auf seinem Famas aufgeschlagen. Der Ausbilder brüllte, er solle sofort aufstehen und wieder nach oben klettern. Keine Chance. Der Asiate blieb liegen und rührte sich nicht. Der Ungar befahl daraufhin Robinho und mir, ihm zu helfen. Unser Kamerad stöhnte vor Schmerzen, als wir ihm unter die Arme griffen. Sein Famas war vollkommen okay, keine Schramme, keine Delle. Bei seiner Schulter und seinem Knöchel sah das ganz anders aus.

Mit vereinten Kräften brachten wir ihn rüber zur Sanitätsstation der Kaserne.

Leider haben wir in der Grundausbildung viel zu selten mit der Waffe geschossen. Wir haben damals wesentlich mehr Zeit mit Marschieren, Exerzieren, Singen und Putzen verbracht. Die Schießausbildung kam dabei zu kurz.

Ich versuchte auch von den Rekruten, die schon länger dabei waren, etwas über den weiteren Verlauf der Grundausbildung zu erfahren. Ich war neugierig, denn ich hatte Gerüchte gehört, dass es eine Art »Höllentraining« auf einer »Farm« gebe, irgendwo außerhalb der Kaserne. Dazu passte, dass ich von weitem immer mal wieder Rekruten sah, die mit Verletzungen ins Krankenrevier gebracht wurden.

Einmal liefen Robinho und ich zusammen mit unserem Zug Richtung Sanitätsstation, um uns impfen zu lassen, als ein Lastwagen davor zum Stehen kam. Zwei Mann stiegen aus. Sie sahen vollkommen fertig aus: dunkle Ringe um die Augen und irgendwie ausgezehrt. Jeder von ihnen hatte unzählige Schrammen und blaue Flecken an den Armen. Die beiden halfen einem Dritten, der offensichtlich nicht mehr allein gehen konnte, und brachten ihn ins Innere der Station. Kurze Zeit später kamen sie ohne ihn zurück. Robinho und ich gingen auf sie zu und fragten die beiden auf Englisch, was passiert sei.

»Die Farm«, antwortete einer von ihnen knapp. Auf seinem kahlgeschorenen Schädel entdeckte ich noch mehr Schrammen. Warum waren die Jungs bloß so übel zugerichtet?

»Die Farm?«, fragte ich mit verständnislosem Blick.

»Da machen sie uns richtig fertig. Aber richtig.« Während er sprach, wirkte er gehetzt.

»Was zum Teufel ist denn die Farm?«, versuchte es Robinho noch einmal.

»Wisst ihr das etwa nicht?«, fragte er überrascht. Die drei anderen standen unbeteiligt herum, wirkten vollkommen erschöpft, fast schon apathisch. Kein schöner Anblick.

»Auf der Farm findet der härteste Teil der Grundausbildung statt. Vier Wochen Horror. Da reißen sie euch den Arsch auf!«

Oha, das musste das geheimnisvolle »Höllentraining« sein. Interessiert wollte ich weitere Fragen stellen. Doch bevor ich auch nur ansetzen konnte, stürzten sie schon zum Lastwagen, der davondüste, als sei der Teufel hinter ihnen her. Weg waren sie. Schade, ich hätte gern mehr darüber erfahren. Aber in absehbarer Zeit würde ich es ja selbst erleben.

Schon drei Tage später war es so weit.

»Packt eure Sachen«, befahl der Tscheche. »Es geht auf die Farm.«

In diesem Moment hatte ich keine Angst vor dieser ominösen Farm, kein bisschen. Im Gegenteil: Ich hatte es bis hierher geschafft, da würde ich auch alles andere hinkriegen. Im Nachhinein betrachtet, finde ich, dass ich damals ziemlich von mir überzeugt war.

Ich packte alle vorgegebenen Sachen in meinen Rucksack: Sportklamotten, Schlafsack, Fleecejacke, Helm und Ersatzstiefel. Als Letztes schulterte ich mein Famas und ging zu den Lastwagen, die bereits warteten. Dort luden wir für jeden im Ausbildungszug ein Feldbett ein. Ich kletterte auf die Ladefläche und suchte mir einen freien Platz. Mein Gewehr stellte ich aufrecht zwischen die Knie. Wir fuhren eine ganze Weile. Die Gegend wurde immer einsamer: viel Wald, kaum Menschen, wenig Verkehr.

Nach einer halben Stunden Fahrt in nordöstlicher Richtung hielt die Fahrzeugkolonne auf einer Landstraße. Drum herum nur dichter Wald. Wir stiegen aus, entluden unser Gepäck und marschierten los. Der Ungar und der Tscheche waren mit dabei. Wir liefen schon mehr als eine Stunde an der Straße entlang, langsam wurde es dunkel. Ich griff nach dem Gewehr an meiner Seite. Wenigstens hatte ich eine Waffe. Das ist gut fürs Ego. Der Lauf fühlte sich kühl an.

Nach einer weiteren Stunde rief der Ungar: »Wir sind da! Rucksäcke und Waffen wegbringen und in fünf Minuten in Sportsachen antreten!«

Ich erkannte ein Bauernhaus, eine offene Scheune und ein einstöckiges Nebengebäude. Der Ungar zeigte auf das Nebengebäude. Das war wohl unsere Unterkunft. Auf der Farm ist immer nur ein Ausbildungszug untergebracht, also dreißig Mann und in unserem speziellen Fall sogar mehr als sechzig Mann. Trotzdem war dort nicht viel Platz. Ich warf meine Sachen in eine Ecke und zog mein Sportzeug an. Zwischen den Gebäuden befand sich ein Platz, der mit Kies bestreut war. »Pompes! Liegestütze!«, befahl der Ungar, sobald wir uns dort versammelt hatten. Ich hätte zu gern etwas gegessen und mich nach dem mehrstündigen Fußmarsch ausgeruht. Stattdessen rannten wir als Nächstes auf einem schmalen Pfad durch den Wald.

Das fing ja gut an.

Drill

»Mach schneller!«, brüllte der Ungar, als ich auf der Kuppe des Hügels auf ihn zu rannte. Breitbeinig stand er dort.

»Los, weiter, lauf wieder runter! Wird's bald?!« Als ich an ihm vorbeikam, gab er mir – sozusagen als Krönung – mit der flachen Hand einen wuchtigen Schlag in den Nacken. Mein Kopf dröhnte.

Arschloch, dachte ich, machte kehrt und rannte den Hügel wieder hinab.

Heute hatten uns die Ausbilder mal wieder um fünf Uhr morgens geweckt – genauer gesagt wachgebrüllt – und angefangen, uns den steilen, etwa 200 Meter langen Pfad den Hügel neben unserem Lager rauf und runter zu scheuchen. Das ging jetzt schon seit einer gefühlten Ewigkeit so. Ich weiß nicht, wie oft ich diesen verdammten Hügel schon raufgerannt war. Diesmal holte ich Robinho auf dem Weg nach unten ein.

»Fuck it, das ist vielleicht eine Scheiße!«, fluchte er, total außer Puste, mit hasserfülltem Blick, während wir beide den Hügel mehr hinabstolperten, als zu laufen.

»Welcome to the hell, my friend«, gab ich schnaubend zurück. »Seit einer Woche sind wir jetzt hier, und das Herumgerenne schafft mich echt, Mann.«

»Darum geht's doch. Die wollen uns fertigmachen! Gibt mehr als genug Legionäre«, keuchte Robinho und musste erst wieder zu Atem kommen, bevor er fortfahren konnte. »Jeder, der aufgibt, desertiert oder zusammenbricht, bedeutet weniger Arbeit für die Ausbilder.«

Das gab mir zu denken. Ich hoffte aber, dass er sich irrte. Auch wenn ich Robinho recht geben musste, dass wir bislang in meinen Augen nichts militärisch Sinnvolles gelernt hatten. Stattdessen waren wir gelaufen oder marschiert und hatten die Traditionslieder der Fremdenlegion auswendig gelernt und gesungen, bis zum Abwinken. Der Ungar und der Tscheche behandelten uns schlecht und machten kein Hehl daraus, wie wenig sie von uns hielten.

Das demotivierte mich total. Ich war doch Legionär geworden, um als hervorragend ausgebildeter Soldat in den Kampfeinsatz geschickt zu werden. Ich wollte den Umgang mit den unterschiedlichsten Waffen erlernen und sie dann auch einsetzen – an der Front, ganz nah dabei.

Vorerst aber lief ich stupide diesen blöden Hügel rauf und runter. Dabei verbrannte ich eine Menge Kalorien und mit jeder Stunde wurde das Hungergefühl schlimmer. Ich sehnte das Mittagessen und eine Verschnaufpause herbei. Über Stunden ging das so weiter: Hügel rauf, Hügel runter, Hügel rauf, Hügel runter … und zwischendurch »zur Erholung und Abwechslung« Liegestütze und Klimmzüge – und manchmal wurde dazu munter gesungen. Alles immer schön in Shorts und Hemdchen, egal, wie das Wetter war. Ein Wunder, dass bisher noch keiner umgekippt war. Zumal die Ausbilder aufs Tempo achteten und uns gnadenlos vorwärtstrieben. Heute weiß ich, dass ich damit bis kurz vor den körperlichen und geistigen Zusammenbruch gebracht werden sollte. Dazu gehörte auch der Schlafentzug in der Zeit auf der Farm. Jede Nacht mussten wir auch noch Wache schieben, und ich habe in den vier Wochen nie mehr als drei bis vier Stunden am Stück geschlafen. Manche haben es sogar geschafft, im Sitzen oder im Stehen einzuschlafen. Auf der Farm fand ein brutales Auswahlverfahren statt. Man wollte sehen, welche Reserven in mir steckten und ob mein Wille ausreichte, sie zu mobilisieren.

Als die Sonne schon hoch am Himmel stand, befahl uns der Tscheche, unsere Feldflaschen aus der Unterkunft zu holen und sie mit Wasser zu füllen. Die Tortur war vorbei – fürs Erste.

»Endlich!«, keuchte Stromberg, als er im Waschraum neben mir stand. »Das ist echt die Hölle, ich glaube, ich pack' das nicht.«

Stromberg kam irgendwo aus Ostdeutschland. Er hatte dort alles hingeschmissen und war zur Fremdenlegion gegangen. »Hier ist endlich mal Action angesagt«, hatte er zu mir gesagt, als wir noch in Castel in der Kaserne gewesen waren. Seine Hände zitterten stark, während er die Flasche unter den Wasserhahn hielt. Endlich Action, Stromberg, dachte ich nur und lief wortlos nach draußen. Dort mussten wir in einer Reihe antreten.

»Avalez-le! Runter damit!«, befahl der Tscheche. Auf das Kommando führten wir alle zugleich die Flasche zum Mund. Ich legte den Kopf in den Nacken und begann zu trinken. Das Wasser schmeckte nach dem Plastik der Flasche.

»Runter! Runter! Runter!«, spornte er uns an. Ich kannte die Prozedur bereits. Vor jedem Essen mussten wir einen Dreiviertelliter Wasser auf nüchternen Magen trinken. Das sollte den Hunger dämpfen. Nachdem ich meine Flasche geleert hatte, hielt ich sie mir mit der Öffnung nach unten über den Kopf. Die anderen taten das Gleiche. Auf diese Weise konnte der Ausbilder kontrollieren, ob jeder sein Wasser vollständig getrunken hatte.

Bei mir zeigte das Wasser jedoch leider keine appetitzügelnde Wirkung. Ich hatte einen Bärenhunger und hätte eine ganze Wagenladung Steaks verdrücken können. Aber so etwas

Leckeres würde höchstwahrscheinlich nicht auf dem Speiseplan stehen. Egal, Hauptsache, was zu essen!

Vollkommen ausgehungert betrat ich den Speisesaal. Er lag im Erdgeschoss des Hauptgebäudes. Bis auf die hölzernen Tische und Stühle war er leer. Der Boden war ebenfalls aus Holz. Der Geruch von Bohnerwachs und Essen hing in der Luft. Durch die Fenster sah man den Waldrand – und den verdammten Hügel. In einer Ecke war der Tresen, an dem die Rationen ausgegeben wurden.

Leider durfte man nicht sofort reinhauen, wenn man seine Portion bekommen hatte. Sobald jeder seine Mahlzeit an der Ausgabe bekommen und sich hingesetzt hatte, wurde nämlich immer zuerst gemeinsam »Le Boudin« – ein Traditionslied der Fremdenlegion – gesungen. Nachdem die letzte Note verklungen war, blieben mir exakt zehn Minuten zum Essen, manchmal mehr, manchmal weniger – je nach Laune des Caporals. Am besten schlang man also sein Essen so schnell wie möglich herunter, denn danach würden sie uns wieder hinausjagen.

Ich nahm mir ein Tablett von dem Stapel neben der Tür und stellte mich an. Vor mir stand Robinho. Er blickte kurz über die Schulter und zwinkerte mir zu.

»Bon appétit, Mahler«, sagte er mit stark übertriebenem französischem Akzent. Dabei zog er das A und das E endlos in die Länge: Maaahléééér. Wenn ich nicht so kaputt gewesen wäre, hätte ich gelacht, brachte in meinem jetzigen Zustand aber nur ein schwaches Grinsen zustande.

Nachdem ich mein Essen bekommen hatte, steuerte ich schnurstracks den ersten freien Platz an. Mein Tablett mit dem Teller Eintopf – einer graubraunen, undefinierbaren Pampe –, einem Stück Baguette und einem abgepackten Viertel Käse, stellte ich auf den Tisch und setzte mich. Wir sangen den »Boudin«, und ich wollte endlich mit dem Essen beginnen.

»Eh, Adolf. Warum hast du mehr bekommen als ich?«,

fauchte mich mein Gegenüber an, als ich gerade den ersten Löffel zum Mund führen wollte. Als Deutscher wird man in der Legion schnell mal Adolf genannt. War nichts Neues für mich. Ich hielt inne. Der Provokateur sah mit seinen gelben Augen und einem abgebrochenen Schneidezahn gemein aus. Ein rumänischer Bauer, der offensichtlich einen Streit anzetteln wollte. Klar, Hunger, Stress und Schlafentzug sorgten bei uns allen für schlechte Stimmung, und jeder ging anders damit um. Aggressive Typen wie der Rumäne haben sich von Natur aus nicht besonders gut unter Kontrolle. Ich blickte auf.

»Los, Adolf, sag schon!«, zischte der Typ und nickte dabei aggressiv in Richtung meines Tellers.

Scheiße, dachte ich. Muss das jetzt unbedingt sein?

Langsam ließ ich den Löffel sinken und schaute ihm dabei direkt in die Augen.

»Kümmer dich um deinen eigenen Scheiß. Sonst tritt Adolf dir in den Arsch!« Während ich das sagte, straffte ich den Oberkörper und legte die geballten Fäuste auf den Tisch. Sollte er ruhig sehen, dass ich ein paar Muskeln mehr besaß als er. Das reichte wohl, denn der Rumäne wandte den Blick ab, sagte: »Joke, my friend«, und machte sich gierig über seinen eigenen Teller her.

»Na also«, entspannte ich mich. Endlich essen.

»Stopp!«, brüllte der Tscheche, kaum dass ich die ersten Bissen im Mund hatte. »Sofort aufhören. Wer noch etwas isst, wird bestraft. Lasst alles stehen und raus hier!«

Verdammte Scheiße, dachte ich geschockt, während Eintopf von meinem Löffel auf den Tisch tropfte. War das sein Ernst? Mittlerweile waren mehr als fünfzehn Stunden vergangen, seit ich die letzte Mahlzeit zu mir genommen hatte.

Der Rumäne warf mir einen hämischen Blick zu, wischte sich demonstrativ den Mund ab und stand auf. Am liebsten hätte ich ihm eine reingehauen, weil er mich unnötig vom Essen abgehalten hatte. Als ich mich umschaute, sah ich, dass es vielen anderen ebenso schwerfiel wie mir, ihre Mahlzeit stehen zu lassen. Stromberg schluchzte. Ich glaube, ihm liefen sogar Tränen über die Wangen. Robinho presste die Lippen fest aufeinander – der ehemalige Fallschirmjäger zitterte vor Wut. Forrester ebenso. Doch es half nichts. Wir ließen das Essen stehen und versammelten uns auf dem Hof.

»Ihr unwürdiges, elendes Pack!«, beschimpfte uns der Tscheche, als wir in Reih und Glied draußen versammelt waren. »Ihr Schweine beklaut euch ja sogar gegenseitig!«

Keine Ahnung, wovon er sprach. Ratlos und auch ein bisschen neugierig wartete ich ab, was als Nächstes passieren würde. Insgeheim hoffte ich aber, dass wir wieder in den Speisesaal zurückkehren durften.

»Der Letzte an der Essensausgabe hat keinen Käse mehr bekommen«, klärte der Ausbilder uns auf. »Wir hatten aber vorher alles genau abgezählt. Es ist unmöglich, dass ein Stück fehlt!«

Er schwieg einen Moment und baute sich dann, die Hände in die Seiten gestemmt, vor uns auf.

»Einer von euch hat den Käse gestohlen!«, schrie er.

Wer kann denn nur so blöd sein, fragte ich mich. Hier war alles rationiert und wurde überwacht, es musste einfach auffallen. Eine selten dämliche Aktion.

Der Ungar war hinzugekommen und befahl uns, alle Taschen zu leeren.

Ich hatte, ebenso wie die anderen, nichts bei mir und hob die leeren Hände in die Luft. Er belauerte uns. »Wenn wir so nichts finden, werdet ihr einzeln gefilzt«, drohte er. »Das wird euch nicht gefallen.«

Was wohl geschehen würde, wenn sich herausstellte, dass sich jemand bei der Essenszuteilung vertan hatte, überlegte ich. Die Ausbilder waren schließlich auch nicht unfehlbar – selbst wenn sie das von sich dachten. Ich grübelte noch so vor mich hin, als ein Rekrut am anderen Ende der Reihe vortrat. Er hielt etwas in der Hand. Mit einem Sprung war der Ungar bei ihm.

»Voilà!«, triumphierte er. Dabei riss er dem Rekruten – es war einer der Asiaten – das in Plastikfolie verpackte Stück Käse aus der Hand.

Ich wollte nicht in seiner Haut stecken. Die Strafen, die hier schon wegen geringfügiger Vergehen verhängt wurden, waren drakonisch. Ich war zwei Tage zuvor mit schmutzigen Schuhen in den Waschraum gelaufen, was mir satte hundertfünfzig Strafliegestütze beschert hatte – in meinem Zustand keine Kleinigkeit.

Körperliche Ertüchtigung blieb dem Dieb offensichtlich erspart. Stattdessen musste er sich mit dem Gesicht zu uns vor den gesamten Zug stellen. Ich kannte ihn nur flüchtig. Ein Chinese, der sich meistens unauffällig verhielt und bislang keinen Kontakt zu den anderen gesucht hatte. Als er dort stand, wirkte er linkisch und hielt den Blick schuldbewusst gesenkt. Der Tscheche ging zurück ins Hauptgebäude und kam mit einem Stuhl zurück.

»Setz dich!«, befahl er dem Chinesen. Als Nächstes kamen zwei Mann aus der Küche, sie trugen den großen Kessel mit dem restlichen Eintopf und stellten ihn vor ihm auf den Boden. Als der Geruch in meine Nase strömte, kehrte mein Hungergefühl mit aller Gewalt zurück.

Der Ungar drückte dem Dieb einen Löffel in die Hand, mit den Worten: »Du bist hungrig, also iss!«

Der Chinese begriff nicht gleich, was man von ihm verlangte, und zögerte.

»Iss!«, brüllte ihn der Tscheche an. Argwöhnisch tauchte der Chinese den Löffel in die Suppe, ein ums andere Mal. Ihm blieb keine Wahl. Doch das war noch nicht alles. Der Ungar holte aus der Küche Salz, Pfeffer, Tabasco, Zucker und Curry und würzte noch einmal kräftig nach.

»Bon appétit!«, sagte er mit einem diabolischen Grinsen im Gesicht.

Der Anblick quälte mich, doch es kam noch schlimmer. Der Tscheche befahl uns anderen nun, Liegestütze zu machen –

so lange, bis der Chinese den Topf geleert hatte. Ich kochte innerlich vor Wut und Enttäuschung über diese Ungerechtigkeit. Nicht der Dieb, sondern ich wurde bestraft. Wir alle! Der Kies bohrte sich schmerzhaft in meine zu Fäusten geballten Hände. Während ich pumpte, konnte ich meinen Blick nicht von dem mampfenden Chinesen lösen. Er war ausgehungert wie wir alle und trotz der Extraportion Salz und Pfeffer schlang er den Eintopf gierig hinunter – zumindest anfangs.

Die Ausbilder standen zuerst schweigend daneben und schauten zu. Dann ging einer von ihnen durch die Reihen und gab uns Fußtritte in den Rücken. Meine Schultern taten höllisch weh, und ich kämpfte jedes Mal, vom Boden hochzukommen. Schon nach ein paar Minuten fiel dem Chinesen das Essen jedoch sichtlich schwer. Er konnte nicht mehr, doch es war noch etwas im Topf. Irgendwann fing er an zu stöhnen und hielt sich mit schmerzverzerrter Miene den Bauch. Da trat ihm der Tscheche mit dem Stiefel in den Rücken. Der Löffel fiel ihm aus der Hand.

Der Ungar schrie ihn mit hochrotem Kopf an: »Hoch auf den Hügel!«

Dann wandte er sich an uns: »Und zwar alle!«

Vor Schmerz stöhnend, stand ich auf und lief los. Ich sah Forrester, der ebenfalls über den Platz lief. Stromberg war der Letzte, der den Pfad erreichte, und taumelte der Gruppe hinterher. Auf dem Weg nach oben überholte ich den Chinesen. Er starrte beim Laufen stur geradeaus, kam aber nicht sonderlich schnell voran. Er hielt sich den Bauch und aus seiner Nase lief Blut. Ich warf ihm einen wütenden Seitenblick zu.

Als ich auf dem Weg nach unten war, kam ich wieder an ihm vorbei. Er hatte mittlerweile auch ein blaues Auge und übergab sich.

Plötzlich begann ich zu taumeln. Ich wusste nicht, was los war, ich konnte die Bewegungen meiner Beine kaum noch kontrollieren. Meine Muskeln verkrampften sich und ich dachte, ich würde gleich umkippen.

»Verdammt noch mal, reiß dich zusammen!«, schimpfte ich leise mit mir selbst.

Ausgerechnet der Ungar war es, der mich erlöste: »Marchons – wir marschieren!«

Im Zustand totaler Erschöpfung erschien mir das Marschieren immer noch besser, als den Lauf auf den Hügel fortzusetzen. Wir stießen auf eine Straße, die schnurgerade durch die umliegenden Wälder führte. Es war keine Steigung zu bewältigen, und ich erholte mich ein wenig. Hier musste ich lediglich einen Fuß vor den anderen setzen. Das ging fast automatisch. Wir marschierten in Reih und Glied, neben mir trottete Robinho. Während der ganzen Zeit begegneten uns keinerlei Fahrzeuge oder Menschen. Es war wirklich eine gottverlassene Gegend hier.

Als wir mehrere Kilometer auf diese Weise zurückgelegt hatten, wurde es allmählich dunkel. Ich musste daran denken, dass um diese Zeit normalerweise das Abendessen ausgegeben wurde. Wieder nichts zu futtern für mich. Allmählich machte sich Verzweiflung in mir breit. Heute Nachmittag war ich auf dem Hügel fast zusammengeklappt. Wie sollte ich ohne eine Mahlzeit den nächsten Tag überstehen?

In dieser Lage hätte mir ein Lächeln von Robinho wenigstens ein bisschen Mut gemacht. Der Junge sah in jeder Situation etwas Positives und konnte irgendwie immer lachen. Doch im Dunkeln konnte ich das Gesicht meines Kameraden, der neben mir herlief, nicht erkennen. Niemand sagte ein Wort. Nur der Hall unserer Schritte auf dem Asphalt und ein gelegentliches Husten waren zu hören.

Als wir Stunden später ausgepowert zurück ins Lager kamen, fiel ich erschöpft auf mein Feldbett. Den anderen ging es genauso. Obwohl wir den Marsch inklusive stundenlangem Singen nun hinter uns hatten, sprach niemand. Uns fehlte die Kraft für eine Unterhaltung. Es war schon eine unglaubliche Anstrengung für mich, meine Stiefel auszuziehen und die Socken zum Trocknen über den Rand des Bettes zu hängen.

In dieser Nacht, nachdem das Licht gelöscht worden war, hörte ich jemanden erst schluchzen, dann weinen. Einen erwachsenen Mann weinen zu hören ging mir sehr nahe. Es hatte etwas Verzweifeltes und absolut Hilfloses.

Ich war das letzte Mal vor Jahren in Tränen ausgebrochen. Ich kann mich nicht mehr an den Grund erinnern, aber ich weiß noch genau, dass es damals niemanden gab, der mich trösten konnte.

Ich hatte Mitleid mit dem Mann. Aber da musste er allein durch.

Die Sechs-Stunden-Regel

Näher ran, ich muss näher ran, dachte ich. Es war fast stockdunkel, aus dieser Entfernung konnte ich nicht genug erkennen. Ich war allein. Meine Schritte verursachten das einzige Geräusch. Jedes Mal, wenn die schweren Armeestiefel den Boden berührten, knirschte der Kies leise unter meinen Sohlen. Meine Füße waren vom vielen Laufen und Marschieren ziemlich mitgenommen. Die wunden Stellen schmerzten, sobald das Leder daran scheuerte. Ich war seit einer Woche auf der Farm. Es kam mir so vor, als sei ich in dieser Zeit mindestens 500 Kilometer gelaufen. Unser Tagesablauf bestand bislang aus Sport, Sport und nochmals Sport.

Ich war heute als Nachtwache eingeteilt.

Vor dem nächtlichen, wolkenverhangenen Himmel zeichnete sich der Umriss des Hauptgebäudes ab. Direkt dahinter begann schon der Wald. Meine Hand schloss sich fest um den Stock – die einzige Waffe der Nachtwache –, ich schlich um die Ecke des Gebäudes herum. Lautlos.

Auf der Rückseite lag die Eingangstür zur Küche. Daneben standen Mülltonnen. Ich schlich weiter.

Sollte jemand unerwartet auftauchen, sage ich einfach, ich

hätte im Dunkeln die Orientierung verloren und mich verlaufen, nahm ich mir für den Fall vor, dass einer der Ausbilder unterwegs war, um mich und die andere Wache zu kontrollieren.

»Bitte, bitte, bitte, lass sie nicht verschlossen sein!«, betete ich im Stillen, als ich die Hand an den Griff legte – und schob vorsichtig den Deckel der Tonne zur Seite.

Ich widerstand der Versuchung, sofort nachzuschauen, was drin war. Ich wollte sichergehen, dass mich niemand beobachtete. Wenn ich erwischt würde, musste ich mit einer harten Strafe rechnen. Daher setzte ich erst einmal meinen Rundgang fort. In etwa zehn Minuten würde ich wieder hier sein. Wenn bis dahin alles ruhig blieb, konnte ich meinen Plan in die Tat umsetzen. Konnte ich das wirklich durchziehen?

Ein kräftiger Wind fegte mir entgegen, als ich über den Platz zwischen dem Hauptgebäude und den Barracken ging. Ich war lediglich mit der dünnen Tarnuniform bekleidet und fror in der kalten Nachtluft. Die Nächte in den Wäldern waren selbst im Mai noch kühl. Ich hatte hämmernde Kopfschmerzen, und es fiel mir schwer, mich auf den Beinen zu halten. Mir fehlte einfach die Energie und ich hatte einen Mordshunger. Seit Tagen hatte ich so gut wie nichts zu mir genommen – nur dieses Fertigzeug, das viel zu wenig Kalorien hatte und nach nichts schmeckte. Das war ich echt nicht gewohnt. In Deutschland hatte ich immer mehr als genug zu essen gehabt. Solchen massiven Hunger kannte ich nicht. Und mir war klar: In diesem Zustand würde ich keinen weiteren Tag auf der Farm überstehen – nicht bei dem täglichen Drill. Keine Chance.

Als ich zum zweiten Mal an den Mülltonnen vorbeikam, beugte ich mich darüber. Na ja, besonders einladend roch es nicht, wie Müll eben. Aber ich brauchte unbedingt irgendetwas Essbares. Ich dachte daran, wie viel Essen allein heute wieder in die Tonne gewandert sein musste. In diesem Moment erinnerte ich mich an die Imbissbude zu Hause in Pfullendorf, wo ich mir früher regelmäßig einen Döner geholt hatte. In den Mülltonnen dort hatte ich fast jedes Mal Obdachlose nach leeren Flaschen und Essensresten suchen sehen. Denen muss es wirklich dreckig gehen, hatte ich damals gedacht, sie hatten mir leidgetan. Trotzdem war ich einfach weitergegangen und hatte mir selbst etwas zu essen geholt.

Jetzt wusste ich, wie sich unbändiger Hunger anfühlt – und zu welchen verzweifelten Taten er einen Menschen treiben kann. In dem Moment hätte ich alles für einen saftigen Döner gegeben – reines Wunschdenken. Jetzt und hier musste ich nehmen, was ich kriegen konnte. Trotzdem zögerte ich noch. Wie tief war ich gesunken, dass ich ernsthaft einen Plan entworfen hatte, wie ich an die Abfälle des Tages kommen konnte?

Doch der Hunger siegte – und schließlich war ich nicht der Einzige. Ach, Scheiß drauf, dachte ich, krempelte die Ärmel hoch und schob den Arm tief in den kühlen Plastiksack. Jetzt musste alles blitzschnell gehen. Da ich nichts sehen konnte, wühlte ich mit der Hand darin herum. Aber leise, ganz leise! Immer wieder sah ich mich nervös um. Hoffentlich kam keiner, das wäre mein Ende und unsagbar peinlich: Den Arm bis zum Ellbogen im Müll – die Ausbilder würden mich fertigmachen! Doch alles schien ruhig zu sein.

Bald stieß ich auf etwas Hartes – Knochen vermutlich. Vielleicht war noch etwas Fleisch dran?

Gierig nagte ich die Reste ab, schluckte alles, was ich finden konnte, so schnell wie möglich runter Ich kann nicht sagen, was genau ich da aß. Geruch und Geschmack vermischten sich. Ich spürte förmlich, wie mein Organismus neue Energie aus dem bisschen Nahrung zog. Ich wusste, dass mein Körper eigentlich noch mehr brauchte, um richtig zu funktionieren. Doch das musste vorerst reichen. Ich musste meinen Wachrundgang weiterführen, sonst würde ich am Ende noch auffliegen. Schnell wischte ich mir mit dem Handrücken über den Mund, krempelte die Ärmel der Uniform wieder runter und wischte meine Hände an der Hose ab. Ich entfernte mich leise und so schnell wie möglich vom Kücheneingang. Geschafft! Mein Magen knurrte trotzdem unzufrieden.

Im Osten hellte sich langsam der nächtliche Himmel auf. Ein blauer Schimmer zeigte sich über den Wipfeln der Bäume. Neben dem Hauptgebäude tauchten im Morgenlicht die beiden Barracken auf, in denen unser Zug auf der Farm untergebracht war.

Plötzlich kam jemand mit schnellen Schritten über den Platz zwischen den Gebäuden auf mich zu.

Instinktiv fuhr ich mir ein weiteres Mal über den Mund und zögerte. Scheiße, hatte mich doch jemand beobachtet?

»Mahler«, raunte die Gestalt mir zu. »Ich bin dran. Ich löse dich ab.«

Es war Stefanov, erkannte ich, kein Ausbilder. Ich atmete erleichtert auf.

»Alles klar, Stefanov«, antwortete ich, ließ mir nichts weiter anmerken – hoffte ich zumindest – und übergab ihm den Stock. Er diente uns Wachen als einzige Waffe. Das war mehr symbolisch. Wer sollte uns hier schon überfallen?

Stefanov war untersetzt, hatte ein großes, rundes Gesicht und wie wir alle einen kahlgeschorenen Schädel. In der Fremdenlegion nennt man diesen Haarschnitt übrigens *boule à zéro*. Soviel ich wusste, stammte Stefanov aus Bulgarien. Ich sah ihm nachdenklich hinterher, als er im Dämmerlicht seine Patrouille begann.

Abfälle essen – früher hätte ich nicht im Traum an so etwas gedacht und fand es auch ziemlich ekelhaft. Aber in dieser Extremsituation hatte es auch etwas Gutes. Nicht nur, dass ich für den nächsten Tag genug Energie hatte, um nicht zu kollabieren oder durchzudrehen. Und um angesichts der unmenschlichen Bedingungen weitermachen zu können und die Tortur der Grundausbildung zu überstehen, fasste ich hier und jetzt einen Entschluss: Ich würde mich ab sofort nur noch auf die unmittelbar vor mir liegenden sechs Stunden konzentrieren. Das war meine eiserne Sechs-Stunden-Regel, denn es lagen jeweils sechs Stunden zwischen Frühstück, Mittag- und Abendessen – sofern nicht ein Essen aus dem einen oder anderen Grund ausfiel. Wäre ja nichts Ungewöhnliches. Aber das war mein Ziel: alle sechs Stunden zehn Minuten Ruhe und etwas zu essen. Alles, was darüber hinausging, wollte ich ab sofort ausblenden. So holte ich mir zwar nicht meine Würde, aber zumindest meine Motivation zurück. Sonst würde ich die kommenden fünf Jahre garantiert nicht überstehen.

Ich machte mich auf den Weg zur Unterkunft. Ich war froh, endlich schlafen zu können und schlurfte erschöpft über den leeren Flur zu dem kleinen Raum, in dem wir zu zehnt oder mehr untergebracht waren. Als ich die Tür öffnete, hörte ich das Schnarchen und Stöhnen einiger Kameraden. Die Luft war abgestanden und roch nach Schweiß und dreckigen Socken. Ich tastete mich im Dunkeln zwischen den dicht an dicht stehenden Feldbetten hindurch und bemühte mich, nirgendwo anzustoßen und keinen der Schlafenden zu wecken. Vollkommen erschöpft sank ich auf meine Liege und zog den dünnen Schlafsack über mich. Mein letzter Gedanke galt den Mülltonnen: Hatte ich den Deckel wieder zugemacht?

Bam! Bam!

»Forrester, was siehst du?«, flüsterte ich. Ich hielt mein Famas im Anschlag und schlich geduckt, den Oberkörper nach vorn gebeugt, durch den Wald. Die Sonne schien und die Pinien warfen lange Schatten auf den Waldboden. Ich hielt mich möglichst im Schatten der Bäume. Vorsichtig bewegte sich Forrester neben mir. Sein Gesicht war mit Tarnschminke grün und braun bemalt. Das Weiß seiner Augen leuchtete unnatürlich strahlend daraus hervor. Ich hatte mich ebenfalls mit diagonalen grün-braunen Streifen getarnt. Behutsam setzte ich einen Fuß vor den anderen und versuchte, etwas in dem Gestrüpp vor mir zu erkennen. Wortlos hob Forrester warnend eine Hand. Sofort blieb ich regungslos stehen.

Ich spähte in das Dickicht vor uns. In Zeitlupe schob ich einen Arm aus dem Gurt des Rucksacks und ließ ihn sacht auf den Waldboden gleiten. Dabei hielt ich die Maschinenpistole in einer Hand. Von der Last des Rucksacks befreit – immerhin wog er samt Inhalt 20 Kilo –, fühlte ich mich leicht und beweglich. Forrester tat das Gleiche, lautlos. Wir schlichen weiter vorwärts. Etwas knackte im Unterholz. Ich entsicherte mein Famas und ging sofort in die Hocke. Ich kniff die Augen zusammen. Ich sah niemanden, daher senkte ich den Kopf und schloss die Augen. Ich wollte mich vollständig auf mein Gehör konzentrieren. Als ich den Blick wieder hob, sah ich, wie Forrester langsam seinen Kopf und den Lauf der Maschinenpistole in einer halbkreisförmigen Drehung in Richtung des vor uns liegenden Terrains bewegte. Er zeigte mit zwei Fingern auf seine Augen, dann auf das Gelände. Ich konnte immer noch nichts erkennen.

Ich ging in Position und legte mich flach auf den Waldboden. Die kleinen Äste und eine dicke Schicht Piniennadeln, die im Laufe der Zeit herabgefallen waren, gaben unter meinem Körpergewicht nach. Ich brachte die Maschinenpistole in Anschlag und richtete den Lauf auf das Gestrüpp vor uns.

Als ich versuchte, im Liegen durch das Visier zu schauen, war mir der lange Tragegriff des Famas im Weg. »Verdammt«, entfuhr mir ein leiser Fluch. Unhandliches Scheißding, schimpfte ich im Stillen weiter. Ich musste meinen Kopf so weit zur Seite drehen, dass mir der Nacken weh tat. Unter mir brach plötzlich ein Zweig. Das Knacken kam mir in der Stille des Waldes ohrenbetäubend laut vor. Ich hörte das Blut in meinen Ohren rauschen. Trotz allem war ich irgendwie aufgeregt. Forrester war inzwischen in die Hocke gegangen und saß vollkommen bewegungslos da. Er war in dem Gewirr aus Licht, Schatten und Bäumen kaum zu erkennen.

Wo waren die Bastarde nur?

Auf einmal segelte – mit einem lauten *Plopp!* – ein schwarzer Gegenstand durch die Luft. Er landete ein paar Meter neben mir, begann zu zischen. Kurz darauf strömte dichter roter Rauch aus.

»Contacte de la gauche!«, brüllte ich. Forrester fuhr augenblicklich herum. Wir beide schrien immer wieder: »Bam! Bam! Bam!«, so schnell und so laut wir konnten, und hielten die Läufe unserer Famas in die Richtung, aus der die Rauchgranate gekommen war.

Ich kam mir dabei so bescheuert vor. Unsere Ausbilder nannten dieses Vorgehen *tirez avec votre bouche* – mit dem Mund schießen. Statt mit Platzpatronen zu ballern, riefen wir in der vierten Woche auf der Farm bei der Übung im Wald nur »Bam!«, um einen Schuss anzudeuten. Vielleicht will die Fremdenlegion aus Kostengründen Munition sparen. Oder die Rekruten erniedrigen. Wahrscheinlich sogar beides.

Ich kam mir vor wie im Kindergarten. Aber es half nichts.

»Bam! Bam!«, brüllte ich weiter, sprang auf und schnappte mir meinen Rucksack. Forrester gab mir Feuerschutz: »Bam! Bam! Bam!«

»Brrrrrratattatata!«, schallte es durch den dichten Rauch. Das sollte ein Maschinengewehr sein. Ich erkannte die Stimme des Ungarn. »Brrrrrratattatata!«

Offensichtlich waren wir in einen Hinterhalt geraten. Forrester und ich rannten den gleichen Weg zurück, den wir vorher ausgekundschaftet hatten. »Bam! Bam! Bam!«, verteidigten wir uns.

Wir waren die Vorhut unseres Zuges auf einem Dutzende Kilometer langen Marsch, bei dem eine Patrouille durch feindliches Gebiet simuliert wurde. Meine und Forresters Aufgabe war es, dem Zug eine Viertelstunde vorauszugehen und den Weg auszukundschaften. Bei diesen Übungen – ich glaube, in der ganzen Zeit fanden sie fünf bis sechs Mal statt – mussten wir immer damit rechnen, dass die Ausbilder uns in einen Hinterhalt lockten. In so einem Fall zieht sich die Vorhut zurück – man sagt dazu »absetzen« – und versucht, die Hauptgruppe zu warnen.

Das haben wir dann auch gemacht. Wir beratschlagten uns und beschlossen, den Hinterhalt großräumig zu umgehen. Das bedeutete zwar, dass wir einige Kilometer zusätzlich marschieren mussten, aber das war am Ende immer noch besser, als – »Bam! Bam!« – wieder in einen Hinterhalt zu geraten und gegen einen versteckten Gegner zu kämpfen.

Stunden später kamen wir wieder auf der Farm an. Von dem ganzen »Bam! Bam!« war ich ziemlich heiser.

Marsch »Képi Blanc«

Der Ungar saß auf einer Bank vor der Unterkunft und verkaufte im Schein seiner Stirnlampe Mars und Snickers – 2,50 Euro pro Stück. Im Lichtkegel der Lampe schwirrten Mücken. Neben ihm stand der Karton mit den Schokoriegeln. Ich gab ihm fünf Euro und nahm mir zwei Snickers, riss gierig die Verpackung auf und schlang das Erste fast an einem Stück herunter. Es schmeckte saugut. Ich konnte mich nicht erinnern, wann ich das letzte Mal so etwas Leckeres gegessen hatte.

Ich wette, der Ungar hat ein phantastisches Geschäft gemacht: sechzig total ausgehungerte Rekruten mitten im Nirgendwo. Klar, die Dinger gingen weg wie warme Semmeln!

Dass sich unser Ausbilder neuerdings auch als Kleinunternehmer betätigte, war ein Anzeichen dafür, dass unsere Zeit auf der Farm zu Ende ging. In den letzten Tagen waren der Ungar und der Tscheche sogar ein wenig menschlicher geworden. Sie schikanierten uns zumindest nicht mehr bei jeder Gelegenheit. Trotzdem war der Alltag auf der Farm nach wie vor hart.

Ich war über die Zeit total abgemagert, aber auch irgendwie zäher geworden. Einige Rekruten waren wegen Verletzungen vorzeitig ausgeschieden und zurück nach Castel gebracht worden. Sobald sie dazu in der Lage waren, sollten sie die Ausbildung auf der Farm wiederholen – wieder komplett von vorne in einem neuen Zug, versteht sich. Das heißt: Sofern sie noch Lust dazu hatten.

Vor rund zwei Wochen, also mehr oder weniger auf halber Strecke, hatte ein Kroate aus meinem Zug die Schnauze voll: Er schmiss das Handtuch, auch ohne Verletzung. Es ist ja bis zum Ende der Grundausbildung jederzeit möglich, aus dem Vertrag auszusteigen. Desertieren muss hier keiner. Nur den Mut aufbringen, einem Ausbilder zu sagen: »Ich will nicht mehr!« Aber das hätte nichts genutzt, weil die Ausbilder ohnehin gewartet hätten, bis die Grundausbildung fertig ist – Hinhaltetaktik oder einfach keine Lust auf Bürokratie.

Ich war zufällig dabei, als er mit dem Ungarn sprach.

»Mir reicht es. Ich will aufhören«, verkündete er entschlossen.

Der Ungar blieb erst einmal locker.

»Rauf auf den Hügel, elende Ratte! Bleib oben, bis du es dir anders überlegt hast«, fauchte er ihn an.

Doch der Kroate weigerte sich. Er kannte seine Rechte und wollte einfach nicht mehr länger mitmachen. Das erkannte auch der Ungar. Die Ausbilder nahmen den Kroaten noch ein, zwei Tage ziemlich hart ran, dann kam jemand aus Castel und nahm ihn mit. Forrester und Robinho waren nach wie vor dabei, und ich muss sagen, das freute mich sehr. Wir verstanden uns immer besser und waren ein gutes Gespann.

Ich war allerdings ziemlich enttäuscht, dass wir bislang so wenig militärisch Sinnvolles – wie zum Beispiel Gefechtstaktiken – gelernt hatten. Meistens waren wir durch die Wälder marschiert. Das endlose Marschieren war allerdings eine gute Vorbereitung auf das, was als Nächstes kommen sollte: der Marsch »Képi Blanc«.

Wie der Name sagt, geht es dabei um das Képi blanc. Die weiße Kappe, die aussieht wie eine kleine Trommel mit einem schmalen schwarzen Schirm, gehört zur Uniform der Fremdenlegionäre. Keine andere Einheit in der französischen Armee trägt es. Am Képi blanc und am grünen Barett erkennt man einen Fremdenlegionär auf den ersten Blick. Die einzige andere Einheit in der französischen Armee, die ein grünes Barett trägt, ist Commando Hubert, die Kampfschwimmer der Marine. Allerdings tragen die an ihrem Barett nicht die siebenflammige Granate. Sie ist das alleinige Symbol der Fremdenlegion. Es stellt eine Handgranate aus dem 19. Jahrhundert dar. Wie im Comic: eine Kugel, aus der Flammen schlagen. Außer den Fallschirmjägern der Fremdenlegion, die eine geflügelte Hand mit Dolch als Symbol an ihrem Barett tragen, verwenden alle Legionseinheiten die siebenflammige Granate.

Schon seit die Fremdenlegion durch Nordafrika marschierte, gibt es das Képi blanc. Damals hatte es noch einen zusätzlichen Nackenschutz gegen die Sonne, war in der Farbe Khaki und wurde mit einem Tuch umhüllt, um vor Sand zu schützen. Durch das häufige Waschen wurde es irgendwann weiß, und 1939 wurde das Képi blanc offiziell bei allen Mannschaftsdienstgraden eingeführt.

Beim Marsch »Képi blanc« – einem festen Bestandteil der Grundausbildung – habe ich 65 Kilometer in zwei Tagen zurückgelegt. Jeder Rekrut, der diesen Gewaltmarsch erfolgreich meistert, erwirbt sich damit das Recht, das Képi blanc zu tragen. Die Art, wie die Leute damals am Straßburger Bahnhof den Fremdenlegionär mit dem Képi angeschaut hatten, habe ich nie vergessen. Es war etwas Besonderes gewesen. Total beeindruckend. Und dieser Gedanke motivierte mich nun, kurz vor Beginn unseres Marsches. Ich wollte in Zukunft auch dieses Képi tragen.

Unser Ausbildungszug brach sehr früh am Morgen auf, es wurde gerade erst hell. Ich trug meine volle Ausrüstung: Rucksack, Famas, vier Liter Wasser, Gefechtsrationen, Schlafsack und anderen Kram. Alles in allem wie immer ungefähr 20 Kilo, die ich über die komplette Distanz mit mir herumschleppen durfte.

Die ersten Stunden des Marsches waren nicht weiter wild, fand ich. Die Ausbilder gingen voraus und ließen uns in Ruhe.

Keine Schikane, kein Gebrüll – fast entspannend. Es war ein schöner Tag: viel blauer Himmel und Sonnenschein.

Wir marschierten meistens entlang der Höhen, und so hatte ich einen wunderbaren Blick auf die Landschaft. Ich genoss es sehr, dass mich niemand herumkommandierte, und konzentrierte mich einfach nur aufs Gehen. War fast wie eine Meditation.

Doch je näher die Mittagsstunde rückte, desto heißer wurde es. Forrester hatte so eine Uhr, welche die Temperatur anzeigen kann. Typisch Ami. Mittags zeigte das Ding achtunddreißig Grad Celsius an.

Am Abend rollten wir unsere Schlafsäcke im Wald aus. Ungefähr die Hälfte der Strecke hatten wir geschafft. Jeder legte sich hin, wo er gerade war – natürlich erst, nachdem eine Wache aufgestellt worden war. Ich holte eine Gefechtsration aus meinem Rucksack: energiereiche Nahrung, extrem lang haltbar, in wasserdichten Beuteln eingeschweißt. Leider kein kulinarischer Hochgenuss, aber es macht satt. Immerhin.

Am nächsten Morgen marschierten wir in aller Frühe weiter. Im Rhythmus meiner Schritte verlor ich das Zeitgefühl. Mir lief der Schweiß in Strömen den Rücken hinunter. Auf den letzten 20 Kilometern machte sich so richtig bemerkbar, wie weit wir insgesamt schon marschiert waren. Die glühende Hitze war unerträglich, ich brauchte unbedingt etwas zu trinken. Meine letzte Flasche Wasser hatte ich vor einer Stunde geleert. Die Gurte des Rucksacks scheuerten an meinen Schultern. Ich hatte Durst.

Ich schätze, gegen Mittag – die Sonne stand jedenfalls schon ziemlich hoch am Himmel – erreichten wir ein kleines Dorf. Am Dorfeingang stand ein Lastwagen der Fremdenlegion. Zwei Legionäre lagen im Schatten daneben. Als die ersten Rekruten am Lastwagen ankamen, bequemten sich die beiden langsam und träge aus dem Schatten.

»Hoffentlich haben die Wasser dabei«, sagte Robinho. Ich nickte wortlos.

Hatten sie – zum Glück. Bis jetzt hatte es zwar keine Ausfälle im Ausbildungszug gegeben, aber als ich mich umschaute, sah ich, dass der Marsch den einen oder anderen ziemlich nahe an seine Leistungsgrenze gebracht hatte. Chung, mein Binom, schwankte bedenklich und goss sich, statt zu trinken, die Hälfte seines kalten Wassers erst einmal zur Abkühlung über den Kopf.

Viel Zeit zum Ausruhen blieb uns allerdings nicht. Kurze Zeit später händigte man uns aus dem Lastwagen frische Uniformen aus, die wir noch auf der Farm nachts gebügelt hatten. In dem Punkt ist auf die Fremdenlegion Verlass. Ich hielt es sogar für möglich, dass Bügeleisen mit an Bord waren, um den Klamotten den letzten Schliff zu geben. Und dann kam das Allerwichtigste: Jeder von uns bekam sein persönliches Képi blanc. Sie waren schon in Aubagne angepasst worden. Als mein Ausbilder, der Ungar, mir mein in Zellophan verpacktes Képi überreichte, erinnerte ich mich daran, wie ein Legionär damals penibel meinen Kopfumfang vermessen und alles notiert hatte.

Ich nahm es entgegen und platzte dabei fast vor Stolz. Ich hatte es fast geschafft! Der schlimmste Teil der viermonatigen Grundausbildung war vorüber, noch zwei weitere Monate in Castelnaudary standen mir bevor.

Vorsichtig riss ich die Verpackung auf und nahm mein Képi in die Hand. Dabei achtete ich darauf, es nur am schwarzen Schirm zu berühren, um nicht mit meinen verschwitzen Fingern Flecken auf dem strahlenden Weiß zu hinterlassen.

Als Nächstes zog ich – verschwitzt und dreckig, wie ich war – eine frische Uniform an, nahm das Képi blanc in die Hand und ging mit den anderen ins Dorf. Ich konnte mit meiner Wasserration nur Hände und Gesicht dürftig säubern, für mehr reichte es einfach nicht. Aber Hauptsache, die gebügelte Uniform ist am Mann – das ist eben so ein Fremdenlegions-Tick. Bei so einer Zeremonie hätten wir in unseren dreckigen, verknitterten Uniformen einfach nur komisch ausgesehen.

Die frisch gebügelten neuen Uniformen passten sogar ganz gut zu unseren abgekämpften und verschwitzten Gesichtern: Der Kontrast sah in der Sonne irgendwie hart und scharf aus.

Der kleine französische Ort war ländlich, mit etwa einem Dutzend kleiner Häuser, dazu jede Menge Traktoren und Scheunen. Es roch nach einer Mischung aus frisch gemähtem Gras und Diesel. Vor vielen Gebäuden lagen dösende Hunde im Schatten. Ein paar Einheimische blieben stehen, als wir an ihnen vorbeimarschierten. In der Mitte des Ortes, auf einer Wiese, wartete bereits ein Offizier auf uns. Dann trat der Standortkommandant aus Castelnaudary vor uns hin. Wir stellten uns in Reih und Glied auf. Er hielt eine Rede, die ich nicht verstand. Einige neugierige Dorfbewohner gesellten sich dazu und gafften.

Über uns kreisten in großer Höhe zwei Bussarde am blauen Himmel. Ich hörte ihre Rufe. Vor mir stand Chung. Der Kommandant redete immer noch. Auf einmal ging Chung langsam in die Knie. Es musste an der Hitze liegen, er würde gleich zusammenklappen. Während der Kommandant weiterredete, packte ich ihn von hinten unter den Armen, um ihn zu stützen. Der Ungar bemerkte meine hastige Bewegung und sah zu uns rüber. Ich erwartete das Schlimmste. Doch anstatt uns zu beschimpfen, kam er mit einer Flasche Wasser und goss Chung etwas davon in den Nacken. Chung atmete tief durch. Die kleine Abkühlung schien geholfen zu haben, denn er stand nun wieder etwas sicherer auf den Beinen. Keine Sekunde zu früh. Der Offizier hatte seine Rede mittlerweile beendet, machte eine kurze Pause und sagte dann: »Coiffez vos Képi blanc.«

Ich setzte mein Képi auf und salutierte. Die anderen ebenfalls. Der Offizier erwiderte den Gruß und ging. Mit der Zeremonie war es für mich offiziell. Jetzt gehörte ich dazu.

2
Einmal Elfenbeinküste und zurück

Schrubber

»Légionnaire Mahler, a vos ordres, Caporal«, stellte ich mich
vor.

Auf dem Gesicht des Caporals erschien ein Lächeln. Er
hatte eine dunkle Hautfarbe und helle, verschmitzte Augen.
Wegen seiner breiten Schultern sah er trotz der eher geringen Körpergröße aus wie ein Boxer. »Mahllér!«, schrie er und
sprach dann in gebrochenem Deutsch mit starkem auslän-
dischem Akzent weiter. »Du Deutscha?«

»Oui, Caporal«, antwortete ich wahrheitsgemäß.

»Hitlläär kaputtt!«, lachte er. »Hände hoch!«

Ich schaute ihn ratlos an.

»Jawoll, mein Führer!«, prustete er. »Jawoll. Hände hoch!«

Was war das denn für einer? Hatte der noch alle Tassen im
Schrank? Wenn das witzig sein sollte, konnte ich mit seinem
Humor jedenfalls nicht viel anfangen.

Nach dem Ende der Grundausbildung – ich war nun Légionnaire 2e classe, der niedrigste Dienstgrad – war ich gespannt, in welches Regiment man mich schicken würde. Die
Fremdenlegion besteht aus zehn Regimentern inklusive einer
Halbbrigade und zwei kleineren Verbänden. Als frischgebackener Legionär kann man Wünsche äußern, in welcher Einheit man in Zukunft dienen möchte. Die meisten Legionäre
wollen ins 2e Régiment Étranger de Parachutistes (REP) – das
2. Fallschirmjägerregiment – oder ins 2e Régiment Étranger
d'Infanterie (REI), also das 2. Infanterieregiment. Sie sind so
begehrt, weil sie die meisten Auslandseinsätze zu verzeichnen

haben und in der Regel im Ernstfall als Erste losgeschickt werden.

Auslandseinsätze sind – neben der Aussicht auf Action und Abenteuer – für einen Legionär finanziell sehr attraktiv. Auf Missionen außerhalb Frankreichs bekommt man das Zwei-einhalbfache an Sold. Kein Wunder also, dass sich alle um diese beiden Regimenter reißen. Natürlich hatte auch ich sie als meine beiden Lieblingsposten angegeben. Auf Wünsche nimmt die Fremdenlegion allerdings wenig Rücksicht. Sie schickt dich einfach dahin, wo sie dich braucht.

Daher war ich umso glücklicher, als ich erfuhr, dass ich tatsächlich – wie gewünscht – ins 2. Infanterieregiment kommen sollte. Es ist in Nîmes stationiert, etwa eine Autostunde von Marseille entfernt. Robinho und Forrester waren ebenfalls mit von der Partie. Besser hätte es ja wohl kaum laufen können. Hatte ich zumindest gedacht, bis ich nach meiner Ankunft auf den offenbar völlig durchgeknallten Caporal traf.

»Willkommen in Deuxième Reich, Mahllér«, fuhr der Caporal fort und bog sich wieder vor Lachen.

Er war sichtlich stolz auf sein vermeintlich witziges Wort-spiel mit dem Deuxième Régiment. Ich fand das idiotisch, ließ mir aber nichts anmerken. Als Neuer muss man eben mitspielen, was oftmals heißt: Klappe halten, auch wenn's schwerfällt.

Der Caporal kriegte sich vor lauter Lachen über sein er-neutes »Hittlllär kaputtt« gar nicht mehr ein. Als er sich ein wenig beruhigt hatte, erzählte Caporal Bondé mir dann, er sei Belgier und interessiere sich sehr für die deutsche Geschichte. Aha. Na ja, immerhin schien er Humor zu haben, wenn auch einen ganz speziellen. Insgeheim hoffte ich trotzdem, dass man mich nicht in seine Kompanie stecken würde, so dass mir der Hitlär-kaputt-Scheiß in Zukunft erspart blieb.

Im 2^e REI gibt es fünf Kampfkompanien plus eine Reservis-tenkompanie und eine Aufklärungskompanie. In einer davon muss man sein, wenn man auf Mission gehen will. Abgesehen davon gibt es noch die Unterstützungskompanie, von der die Hälfte auf Mission geschickt wird, während die andere Hälfte in Nîmes bleibt – was ich auf gar keinen Fall wollte. Ich hoffte inständig, einer der Kampfkompanien zugeteilt zu werden, und meine Chancen dafür standen gar nicht schlecht.

Caporal Bondé zeigte mir den Weg zur Verwaltung des Regiments, und ich wunderte mich schon darüber, wie wenig Legionären wir in der Kaserne und auf dem Gelände begegneten. Da müssten eigentlich ein paar mehr herumlaufen, dachte ich.

»Normalerweise sind weit über tausend Mann in der Kaserne. Im Moment ist es hier ziemlich ruhig«, erklärte ein Sergent in der Verwaltung mir kurze Zeit später ungefragt, als hätte er meine Gedanken gelesen.

»Fast das gesamte Regiment ist in Afghanistan«, fuhr er im Plauderton fort.

So eine Scheiße, dachte ich. Ich kam zu spät. Nach Afghanistan wäre ich auch gern gegangen.

Wie ruhig es tatsächlich war, sah ich beim ersten Antreten: Nur knapp hundertfünfzig Legionäre standen auf dem Appellplatz. Das war die Unterstützungskompanie, die vorwiegend aus Legionären besteht, die sich nicht für den Kampfeinsatz eignen, zum Beispiel aufgrund einer Verletzung – und zu der ich aus Ermangelung anderer Möglichkeiten jetzt auch zählte. Forrester und Robinho ebenso. Alle anderen Kompanien waren ja gerade im Einsatz und wurden erst in ein paar Monaten zurückerwartet. Erst dann könnten wir einer der Kampfkompanien zugeteilt werden.

Auf dem Appellplatz staunte ich nicht schlecht: Einer der Legionäre hielt einen Esel an einer Leine. Ich konnte es im ersten Moment kaum fassen. Was zum Teufel hatte ein Esel hier verloren? Noch dazu trug das Tier eine aufwendig gestaltete Decke in den Farben der Fremdenlegion – Grün und Rot – mitsamt dem Regimentswappen auf dem Rücken. An seinen Fesseln waren weiße Manschetten befestigt. Die sorgfältig gekämmte graubraune Mähne fiel dem Vierbeiner in die

Stirn. Inmitten der uniformierten Legionäre war es ein absurder Anblick.

»Was hat es denn mit dem Esel auf sich?«, fragte ich Caporal Bondé nach dem Appell.

»Das ist Caporal-Chef Tapanar, das Maskottchen des Regiments«, lautete die überraschende Antwort, und die Brust des Belgiers wölbte sich stolz, als er von dem Tier sprach. Wollte der mich verarschen? Ich hatte seinen merkwürdigen Sinn für Humor schließlich schon erlebt.

»Caporal-Chef …?«, wiederholte ich daher ungläubig.

»Oui, Mahler. Caporal-Chef Tapanar. Das ist sein Dienstgrad.«

Ich unterdrückte mit Mühe ein Lachen – denn der Caporal meinte das offensichtlich todernst.

»Warum denn ausgerechnet ein Esel, Caporal?« Ich fand die Frage durchaus berechtigt. Ein Esel ist ja nicht gerade ein Sinnbild für Kampfkraft. Dabei war mir vollkommen bewusst, dass ich damit unter Umständen einen Monolog à la Demonio auslöste. Ich ging das Risiko ein.

»Das, Légionnaire«, setzte der Caporal an und breitete dabei seine Arme aus, als würde er mir großzügig Zugang zu geheimem Wissen und zur Erleuchtung gewähren, »das ist die Tradition.«

»Aha, très intéressant, Caporal«, antwortete ich ehrerbietig. Die Tradition – das wusste ich schließlich seit dem Museumsbesuch in Aubagne – steht in der Fremdenlegion ganz weit oben auf der Liste.

»Im 19. Jahrhundert«, fuhr er fort, da er mich offenbar aufgrund meines Interesses einer ausführlichen Antwort für würdig erachtete, »als das Regiment in Algerien stationiert war, bewegten sich die Legionäre auf Maultieren durch die Sahara.«

Aha. Tapanar war also gar kein Esel, sondern ein Muli.

»Merci, Caporal.« Na, das war ja kürzer ausgefallen als befürchtet. Jetzt war mir aber auch klar, warum ein Hufeisen Teil des Regimentswappens ist.

Nach dieser kleinen Geschichtsstunde zitierte Caporal Bondé uns Neuankömmlinge zu sich. Mit den Worten »Hitlär kaputt. Hände hoch«, hielt er mir einen Schrubber hin. Robinho bekam einen Putzeimer in die Hand gedrückt, Forrester einen Wischmopp. Unser Auftrag: Reinigung – und zwar gründlichst! Die Putzsachen waren so abgenutzt, dass ich mir einige Tage später meinen eigenen Schrubber, Besen und Putzeimer kaufte und meinen Namen darauf schrieb.

Wir machten uns unverzüglich an die Arbeit. Die Unterkünfte befanden sich größtenteils in fünfstöckigen Bauten aus dem 19. Jahrhundert und aus den siebziger Jahren. Endlos lange Flure, von denen die Türen zu einzelnen Stuben abgingen. Ich begann an der einen Seite des obersten Flurs zu schrubben, Forrester wischte am anderen Ende. Robinho war irgendwo in einem der Treppenhäuser zugange. Nach dem Flur waren die Zimmer dran. Anfangs fand ich die Arbeit noch irgendwie entspannend. Drei Stunden später war ich mit dem Stockwerk durch. Ab ins nächste! Dort fing ich wieder von vorne an – und so langsam nervte es schon. Besonders sinnlos erschien mir die Arbeit, weil ich wusste, dass in den nächsten Monaten ohnehin kein Mensch in diesem Gebäude leben würde. Es war eher unwahrscheinlich, dass die Truppen schnell zurückkehrten.

Es war so eintönig, dass ich begann, mir die merkwürdigsten Geschichten auszudenken. Wenn ich einen leeren Schlafsaal betrat, stellte ich mir vor, was die Legionäre, die sonst hier wohnten, in diesem Moment wohl taten: Wahrscheinlich ist der, der sonst in dem Bett neben der Tür schläft, gerade auf Patrouille in Afghanistan unterwegs. Vielleicht ist er sogar in ein Gefecht verwickelt, liegt hinter einem Felsen und schießt auf die Taliban.

Und der mit dem Schlafplatz direkt am Fenster denkt gerade an den großen Baum auf dem Hof, den er von seiner Pritsche aus immer vor dem Einschlafen sehen kann.

In meiner Phantasie bevölkerte ich das ganze Gebäude mit den Legionären, die in Afghanistan waren.

Was die Sache aber nicht unbedingt besser oder erträglicher machte, im Gegenteil. Mein Kopfkino machte mir umso schmerzlicher meine eigene jämmerliche Situation bewusst: Meine wichtigste Waffe war der Schrubber. Ich war damit beschäftigt, durch die fast leere Kaserne zu feudeln. Ab und zu sah ich Caporal Bondé am Ende eines Gangs oder im Treppenhaus vorbeihuschen. Oder es hallte ein fernes »Jawoll, mein Führer!«, gefolgt von seinem Gelächter, durch die menschenleeren Flure. In den Pausen unterhielt ich mich mit Forrester und Robinho über die Langeweile. Die beiden empfanden es ähnlich wie ich. Besonders Forrester wirkte bedrückt. Jeder Tag begann morgens um halb fünf mit dem Wecken. Zuerst hieß es Zähne putzen, Stube reinigen, Müll wegbringen und dann ab zum Appell. Für Frühstück blieb uns eine Viertelstunde. Danach Kompanie putzen. Laub aufsammeln, einige Runden um den Sportplatz joggen, Liegestütze machen und zwischendurch immer mal wieder singen. Vor dem Mittagessen gab es noch zwei Stunden Unterricht: Funk- und Fernmeldetechnik, Waffenausbildung, Französisch, solche Sachen – und manchmal auch einfach Marschieren oder Bügeln. Nach der Mittagspause war mal wieder Putzen angesagt, Marschieren und Sport. Und um 18 Uhr marschierten wir singend zum Abendessen. So ging es wochenlang.

Eines Tages, der Herbstwind ließ schon die verwelkten Blätter der Platanen über das Kasernengelände tanzen, wurde ich eingeteilt, das ganze Laub und den Dreck aufzusammeln. Mit einer Mülltüte in der Hand suchte ich sorgfältig die Wege und Rasenflächen ab. Am Himmel zogen dunkle Wolken nach Norden und es fing an zu regnen.

Hinter dem Hauptgebäude befand sich Tapanars Gehege. Es war richtig groß und von einem hüfthohen Zaun umgeben.

»Bonjour, Caporal-Chef Tapanar«, sagte ich leise. Schon als Kind habe ich gern mit Tieren geredet, ich habe kein Problem damit. Damals war es vorwiegend mein Kater Tommy, den ich sehr mochte. Ich hatte den Eindruck, dass er irgendwie immer verstand, was ich ihm sagen wollte. Damit hatte er meinen Eltern etwas voraus.

Tapanar kam langsam auf mich zu. Er war sehr zutraulich. Sein graues Fell hatte die gleiche Farbe wie der wolkenverhangene Himmel. Ich streckte eine Hand aus.

»Légionnaire Mahler langweilt sich«, erzählte ich ihm.

Tapanar sah mich an. Die feuchte Schnauze berührte meine Hand.

»Meine Waffe ist der verdammte Schrubber. Was soll ich tun?«

Ich strich mit der Hand über das Fell an seinem Hals. Tapanar drehte seinen Kopf zur Seite.

»Scheiße, Caporal-Chef, ich brauch' mehr Action …«

Tapanar schnaubte.

Bonne année

Der Sergent der Wache nahm sein Maßband aus der Tasche und zog es direkt vor meinem Gesicht in die Länge. Er ließ es sich wirklich nicht nehmen, die Abstände zwischen den Bügelfalten meiner Uniform nachzumessen. Und er war penibel. Wenn sie nicht auf den Millimeter genau waren, wäre mein Ausgang gestrichen.

Allein das Hemd der Uniform muss an den vorgeschriebenen Stellen fünfzehn verschiedene Falten haben. Einige in exakt 3,5 Zentimeter, andere in 5,3 Zentimeter Abstand voneinander. Das Bügeln der verflixten Uniform hatte Robinho, Forrester und mich den ganzen Nachmittag gekostet. Jetzt wollten wir endlich los und einen Abend gemeinsam in Nîmes verbringen.

Korrekte Bügelfalten sind für alle Legionäre Pflicht. Dahinter steckt diese Geschichte: Im Zweiten Weltkrieg trugen die französische Armee und die Fremdenlegion sehr ähnliche Uniformen, zum Teil aus amerikanischem Bestand. Damit die Legionäre schneidiger aussahen als die regulären Soldaten, dachte man sich diese speziellen Bügelfalten aus.

Ich fragte mich allerdings, wie zum Teufel sie die seinerzeit ohne ein vernünftiges Dampfbügeleisen hingekriegt haben. War so schon schwer genug!

Der Sergent kniff ein Auge zusammen und starrte auf das Maßband, das er vor meine Brust hielt. Dann ließ er es – *schrrrrttt!* – automatisch wieder aufrollen und wünschte uns allen einen schönen Abend. Inspektion bestanden!

Von der Kaserne aus brauchten wir nicht einmal zehn Minuten bis in die Innenstadt von Nîmes. Ein leichter Nieselregen hatte eingesetzt und ließ den Asphalt glänzen.

Drei Wochen später waren wir wieder zu dritt auf dem Weg in die Stadt. Diesmal war es ein besonderer Abend: Silvester. Sogar die Fremdenlegion hatte an diesem Abend eine Ausnahme von ihren strengen Regeln gemacht: Wir sollten in Zivilkleidung ausgehen. Der Caporal hatte uns befohlen, auf gar keinen Fall in Uniform die Kaserne zu verlassen. Wir sollten nicht auffallen, warum auch immer. Konnte mir nur recht sein – so blieb mir wenigstens das elende Bügeln erspart. Robinho, Forrester und ich steuerten die erstbeste Bar an: Le Napoléon. Als ich die Tür öffnete, schallte uns bereits laute Rockmusik entgegen.

»Hier sind wir richtig«, meinte ich zu Forrester, der hinter mir stand.

Die Bar war traditionell eingerichtet. Rote Polstermöbel, viele Spiegel und Schirmlampen. »Gemütlich«, sagte Robinho.

»Was will man mehr«, antwortete ich. Ich bestellte beim Barkeeper drei Whiskey-Cola.

»Auf das neue Jahr!«, prosteten wir uns zu. »Und auf unsere erste Mission!«

In der Kneipe tummelten sich viele Leute in unserem Alter.

Die Musik kam von einem CD-Player hinter dem Tresen. Einen DJ gab es wohl nicht. Als »Born in the USA« von Bruce Springsteen lief, bemerkte ich, dass Forrester nachdenklich vor sich hinstarrte.

»Alles klar, Forrester?«, fragte ich ihn.

»Yo, musste nur gerade an zu Hause denken. Shit.«

Mehr sagte er nicht dazu und ich fragte auch nicht weiter nach. War seine Sache.

Dann wurde ich auf eine hübsche Frau aufmerksam. Sie musste etwa in meinem Alter sein: blond, sportliche Figur, funkelnde grüne Augen. Ich lächelte sie an, sie lächelte zurück. Robinho, der bisher wenig gesagt hatte, stieß mich mit dem Ellbogen in die Seite und raunte mir zu: »Los, Mahler, lad die Kleine ein.«

Mit zwei Whiskey-Cola in der Hand ging ich zu ihr hinüber.

»Hi, ähm, je suis —«, ich stockte. Beinahe hätte ich mich als Stefan vorgestellt. »Je suis Karl.«

»Enchantée! Michelle«, erwiderte sie.

Ich sah in ihre grünen Augen. Hübsch, sehr hübsch.

»Merci, Enchantée«, erwiderte ich. Ich dachte, Enchantée sei ihr Name – dabei bedeutet es: »Sehr erfreut!« Erst nach einer Weile kam ich dahinter, dass sie Michelle hieß.

»Merci, Enchantée?«, fragte die vermeintliche Enchantée verwirrt. Ich wusste echt nicht weiter. Mein Französisch reichte immer noch nicht für eine Unterhaltung mit Zivilisten. Ich leierte etwas herunter, an das ich mich noch aus Chungs Lektionen erinnerte.

»Was? Du willst mir ein Essen verkaufen?« Michelle lachte vergnügt.

Mist, eigentlich hatte ich sie zum Essen einladen wollen. Entschuldigend hob ich die Hände und schüttelte den Kopf: »Non, non … ähm …« Hektisch winkte ich Forrester heran. Er musste mir jetzt aus der Patsche helfen, denn von uns dreien sprach er am besten Französisch.

»Forrester, das ist Michelle«, stellte ich die beiden vor. Forrester fing sofort ein Gespräch mit ihr an und sagte, dass wir Legionäre seien.

»Michelle arbeitet in einer Firma für Solarenergie«, erklärte er mir kurz darauf.

»Super«, war alles, was mir dazu einfiel. Robinho hatte sich inzwischen zum Flipperautomaten verzogen. Vielleicht sollte ich das Flirten lieber sein lassen und ihm Gesellschaft leisten. Michelle gefiel mir zwar, aber ich hatte keine Ahnung, wie ich mich mit ihr verständigen sollte.

»Sie sagt, dass ihre Mutter mal einen Freund hatte, der Legionär war«, grinste Forrester. Der Kerl versprühte seinen Charme, und es sah so aus, als würde er mich ausbooten. Ich musste eine Entscheidung treffen. Wenn ich das Mädchen kennenlernen wollte, musste ich das selbst in die Hand nehmen, sonst würde Forrester garantiert bei ihr landen. Es blieb mir nichts anderes übrig, als einfach draufloszureden. Ich sagte, was mir gerade einfiel. Nonsens wahrscheinlich. Doch zu meinem Erstaunen schien sie das lustig und anziehend zu finden.

Später zogen wir zu viert weiter in eine Disko. Ich tanzte mit Michelle zu lauter französischer Rockmusik und fühlte mich richtig gut. Der Kontakt zu Frauen hatte mir in den letzten Monaten gefehlt.

Ich war gerade mit ihr auf der Tanzfläche, als sich von hinten eine Hand auf meine Schulter legte. »Hitlääär kaputt!« – den blöden Spruch konnte ich trotz der lauten Musik hören. Caporal Bondé zwinkerte mir zu – »Jawolll, mein Führer!« – und schaute dann Michelle amüsiert an. Sie lächelte irritiert.

Nîmes war für mich eine kleine Welt. Wenn man ausgeht, trifft man unweigerlich Legionäre. Die Bewohner der Stadt sind unseren Anblick gewohnt. Nach ein paar Tänzen und etlichen Whiskey-Cola landete Michelle in meinen Armen, und wir knutschten.

»Bonne année 2010!«, wünschte sie mir, als wir vor der Disko standen, und gab mir einen Kuss.

»Wollen wir uns bald wiedertreffen?«, fragte ich mutig.

»Oui!« Michelle gab mir ihre Telefonnummer, und wir verabredeten uns für das nächste Mal, wenn ich Ausgang hatte. Im Nieselregen kehrte ich zurück zur Kaserne.

Schon einen Tag später rief ich sie an, und wir trafen uns bei ihr zu Hause. Bald waren wir ein Paar, und ich schlief bei ihr, wenn ich über Nacht Ausgang hatte. Michelle hatte eine kleine Wohnung, in der sie mit ihrer sechsjährigen Tochter Zoé lebte. Zoés Vater hatte sie schon vor Jahren verlassen.

Ich muss sagen, dass ich meine Französischkenntnisse vor allem Zoé verdanke. Sie besaß einige dieser Kinderbücher, in denen etwas abgebildet ist und worunter die entsprechende Bezeichnung steht, zum Beispiel »der Bauer«, »das Haus«, »die Ente«. Solche Sachen. Beim Spielen und Lesen mit der Kleinen lernte ich mehr Französischvokabeln als in meiner ganzen Zeit mit Chung!

Michelle hatte kein Problem damit, dass ich Legionär war – und dass es nur eine Frage der Zeit war, bis ich auf eine Mission gehen würde. Das hoffte ich jedenfalls.

Kampfkompanie

Stiefel knallten über den Appellplatz. Dazwischen laute Kommandos und Gesang. Ich musterte die Afghanistan-Veteranen, die in die Kaserne einmarschierten, genau. Die Legionäre waren braungebrannt und strotzten geradezu vor Energie. Das waren andere Typen als in meiner Kompanie. Nacheinander zogen die fünf Kampfkompanien laut singend an mir vorbei. Ich stand mit der Unterstützungskompanie – natürlich mitsamt Caporal-Chef Tapanar – auf dem Appellplatz.

Es ist in der Fremdenlegion Brauch, dass die Zuhausegebliebenen auf dem Appellplatz antreten, wenn eine Kompanie von einer Mission zurückkehrt. Und die Heimkehrer singen beim Einzug in die Kaserne ihr jeweiliges Kompanielied.

In der Legion gibt es Lieder für alles. Jedes Regiment hat ein eigenes, dann jede Kompanie und außerdem gibt es noch Lieder für besondere Gelegenheiten: im Biwak, beim Marschieren und an Feiertagen. Die wichtigsten sollte ein Legionär auswendig beherrschen. Ich habe in meiner Zeit bei der Fremdenlegion Dutzende Lieder gelernt und auch bis zum Abwinken gesungen. Es gab Vorgesetzte, die wollten bei jeder Gelegenheit *un chant* hören – selbst dann, wenn man schon 30 Kilometer marschiert war. Mir ging das manchmal ziemlich auf die Nerven.

Die zurückgekehrten Legionäre erfüllten die Gebäude, die so lange leer gestanden hatten, wieder mit Leben. Man hörte laute Stimmen und das Trampeln von Schritten auf den Fluren. Türen knallten, Männer lachten oder fluchten. Mit einem Mal wuselte der gesamte Stützpunkt wie ein Bienenstock. Die Warteschlange an der Essensausgabe war jetzt zehnmal so lang wie bisher.

Ich hoffte, dass ich bald in eine der Kampfkompanien versetzt werden würde. Caporal Bondé sagte, nach jeder Mission gebe es »Ausfälle«, die dann durch neue Legionäre ersetzt werden müssen, und außerdem endete auch die Dienstzeit einiger alter Legionäre ganz regulär nach fünf Jahren. Er sollte recht behalten. Zunächst vermutete ich, dass er mit »Ausfälle« Verletzte oder Tote meinte.

Von einem Sergenten erfuhr ich dann, was der Caporal wirklich gemeint hatte, als er von »Ausfällen« sprach: In den ersten drei, vier Wochen nach einem Kampfeinsatz desertiert eine gewisse Zahl von Legionären – pro Kompanie meistens etwa fünf Leute.

Die Gründe dafür sind unterschiedlich. Dass die Männer nach sechs Monaten Einsatz genügend Geld angespart und seit langem wieder Urlaub haben, schafft günstige Voraussetzungen für eine Desertion. Einige werden von ihren Familien dazu überredet, nicht mehr zur Legion zurückzukehren. Andere bringt die brutale Realität des Kampfeinsatzes dazu, ihr Leben als Fremdenlegionär noch einmal grundsätzlich zu überdenken.

Dieses Mal war es wohl besonders schlimm. Der Sergent sprach sogar von einer richtigen Desertionswelle. Abgesehen davon scheiden regelmäßig Leute aus der Legion aus, weil ihre Dienstzeit endet. Auch die müssen natürlich durch Neue ersetzt werden.

Für mich war es ein absoluter Glücksfall, denn das bedeutete im Klartext: Die Kompanien brauchten neue Leute. Ich wurde in den 1. Zug der 4. Kompanie versetzt. Bingo! Endlich war ich den blöden Schrubber und die Langeweile los. Robinho war im gleichen Zug, Forrester kam in die 2. Kompanie. Trotzdem würden wir uns in unserer Freizeit oft sehen können.

Zuerst führte ein Lieutenant den Zug, der später Kompaniechef werden sollte. Etwas später wurde er durch Sergent-Chef Coureur abgelöst. Der blieb dann auch den Großteil meiner Dienstzeit in der Kompanie. Coureur sah aus wie ein professioneller Soldat: streng und gefährlich. Er war der Typ Legionär, den man im Fremdenlegionärsjargon *chat maigre* nannte. Eine Katze: sportlich, zäh und dabei total tiefenentspannt.

Ich war froh, endlich Teil der Kampfkompanie zu sein. Das war ja mein größter Wunsch gewesen. Daher gab ich mein Bestes. Als Neulinge hatten Robinho und ich natürlich anfangs keinen guten Stand. »Frischfleisch, Frischfleisch!«, grölten die Legionäre, die schon länger dabei waren, als wir das erste Mal in die neue Unterkunft kamen. Wir wurden zwar von den anderen akzeptiert. Doch es fing schon damit an, dass Legionäre, die nur ein halbes Jahr länger bei der Truppe waren als ich, ansagten, was ich zu tun hätte. Für alle im Zug war es selbstverständlich, dass Robinho und ich die Arbeiten übernahmen, die sonst keiner machen wollte. Müll rausbringen,

Zimmer aufräumen, Waschräume säubern, solche Dinge eben. Mir war das ziemlich egal, denn ich hatte sowieso monatelang geputzt und Drecksarbeiten erledigt. Und als Neuer fängt man eben ganz unten an.

Explosiv

»Mahler, wir wollen dich an einer zusätzlichen Waffe ausbilden«, sagte mein Zugführer nach dem Appell an einem Montagmorgen zu mir. »Als Spezialist.«

Spezialist – das klang vielversprechend. Ich war begeistert! Vielleicht Scharfschütze? Das würde mir gefallen. Ich hatte deren großkalibrige Gewehre schon immer extrem cool gefunden. Außerdem sind sie Experten, was Tarnung und die Bewegung hinter den feindlichen Linien angeht. Das hatte ich schon damals bei der Bundeswehr mitbekommen.

Am nächsten Tag wurde ich zur Ausbildung als Eryx-Schütze abkommandiert. Was zum Teufel, dachte ich, ist »Eryx«?

Der Schießplatz, auf dem der Lehrgang stattfand, ist etwa eine Autostunde von Nîmes entfernt und liegt mitten in einer grünen Heidelandschaft. Gemeinsam mit Legionären, die ebenfalls als Spezialisten ausgebildet werden sollten, kam ich dort an. Fasziniert schaute ich mir die unterschiedlichen Waffen an, die auf der Schießbahn zu sehen waren: großkalibrige Maschinengewehre, extrem kleine, schallgedämpfte Maschinenpistolen, Granatwerfer, die man aus der Hand abfeuern konnte, und vieles mehr. Ich freute mich auf das zusätzliche Training und die Schießübungen.

Ein Sergent stellte nach der Reihe jede Waffe vor: die Bordkanone, die Panzerabwehrwaffe Milan, der AT4-Raketenwerfer und die Mörsergruppe. Zum Schluss blieb er vor einem dunkelgrünen Rohr, aus dem zwei Handgriffe ragten, stehen. An beiden Enden war es mit dicken Kunststoffabdeckungen verschlossen. Das Ding sah überhaupt nicht wie eine Waffe aus.

»Das«, er zeigte auf das grüne Rohr, »ist die Eryx.«

Ich war ein wenig enttäuscht. Das sollte mein neues Spezialgerät sein? Sah ja nicht sonderlich spektakulär aus. Trotzdem ging ich näher ran, um sie mir anzuschauen.

»Eine Panzerabwehrrakete«, beantwortete der Sergent meinen fragenden Blick. »Die Handgriffe dienen als Abschussvorrichtung.«

Aha, großes Kaliber ja, Scharfschütze definitiv nein, lautete mein vorläufiges Fazit.

Bei der Eryx handelt es sich zwar um eine Panzerabwehrrakete, sie kann aber auch auf Gebäude und befestigte Stellungen abgefeuert werden. Mein Ausbilder erklärte mir, dass die effektive Reichweite bei 600 Metern liegt. Der Sprengkopf durchschlägt 1,40 Meter dicken Beton oder 90 Zentimeter Stahl.

»Wow«, sagte ich, nun doch beeindruckt. »Das ist ja eine kleine Atombombe.«

»Sehr effektiv«, antwortete der Ausbilder, ein gutmütiger Südamerikaner. Er ging erstaunlich gelassen mit so viel geballter Zerstörungskraft um. »Wenn du die Eryx in ein Haus feuerst, killt sie alles darin. Siebentausend Grad Hitze und die Druckwelle der Explosion machen alles platt.«

Der Lehrgang dauerte drei Wochen – viel Theorie und Trockenübungen am Simulator. Man kann die Eryx mittels Steuerdüsen lenken. Die Rakete ist über einen extrem dünnen Kupferdraht mit der Ziel- und Steuereinheit verbunden. Fast wie in einem Video-Game, das ich als Jugendlicher gespielt hatte. Man schießt die Eryx von der Schulter aus ab und kann sie anschließend präzise auf das anvisierte Ziel lenken.

Zum Abschluss des Lehrgangs sollte ich meinen ersten scharfen Schuss abfeuern. Bislang hatte ich lediglich im Simulator trainiert.

Ich stand an der Schießbahn, in rund 600 Metern Entfernung befand sich ein ausgemusterter französischer Panzer. Den sollte ich in die Luft jagen.

»Mahler«, sagte der Südamerikaner, »wehe, du schießt vorbei. Ein Projektil kostet über 14 000 Euro. Streng dich an, Junge!«

Wahnsinn! Ein einzelner Schuss im Wert eines Kleinwagens. Nun wurde ich doch ein bisschen nervös. Das durfte ich auf keinen Fall vermasseln! Besonders da viele Offiziere zuschauten. Es kam nicht oft vor, dass mit der Eryx geschossen wurde, da wollten sie sich das mal live ansehen.

Durch die Zieloptik nahm ich den Panzer ins Visier. In meinem Sichtfeld erschien ein schwarzes umgekehrtes V mit einem Punkt in der Mitte. Ein Assistenzschütze setzte das Rohr mit der Rakete auf meine Abschussvorrichtung. Ich maß mit einem Entfernungsmesser die Entfernung zum Ziel: exakt 589 Meter. Ich visierte den Panzer auf ein Drittel seiner Höhe an. Dort, so hatte ich gelernt, ist die Panzerung am dünnsten.

Ich umfasste die beiden Griffe der Abschussvorrichtung fest mit den Händen. Mit rechts entsichern und abfeuern, dann mit links (Höhe) und rechts (beide Richtungen) die Flugbahn justieren, ging ich die Punkte im Kopf noch einmal durch. Meine Hände schwitzten. Ich packte die Steuerungshebel fester.

Ich trug schon meinen Gehörschutz. Wenn der Ausbilder noch etwas sagte, kam seine Stimme nur gedämpft bei mir an. Ich sah, wie er sich ebenfalls zwei gelbe Schaumgummipfropfen in die Ohren schob. Ich signalisierte laut und deutlich, dass ich bereit war – »Prêt!« –, und schaute in das Okular der Zielvorrichtung. Mein Helm rutschte mir dabei in die Stirn. Ich ließ einen Griff kurz los und schob den Helm wieder zurecht. Ich war richtig nervös.

»Tir!«, gab der Ausbilder mit einem Handzeichen den Befehl zum Abschuss.

Ich atmete einmal tief durch, klappte einen kleinen Schalter nach oben, entsicherte damit die Waffe und drückte den Abzug. Mit einem Knall schoss die Rakete aus dem Rohr. Ich musste mich beherrschen, um meinen Kopf nicht instinktiv zur Seite zu drehen, und zwang mich, weiter durch die Zieloptik zu blicken.

Sekundenbruchteile später gab es einen richtig lauten Knall: Nach 18 Metern zündeten die Triebwerke der Rakete. Ich verfolgte auf meiner Anzeige in der Zieloptik, wie sich das Projektil rasend schnell seinem Ziel näherte. Die Markierungen tanzten hin und her. Mit meiner linken Hand korrigierte ich den Kurs ein wenig. Doch nun lag der Punkt auf einmal neben dem Panzer. Mist, das war zu viel gewesen! Ich steuerte mit der rechten Hand schnell wieder in die Gegenrichtung, diesmal wesentlich vorsichtiger. Gerade noch rechtzeitig. Hoffte ich jedenfalls.

Bamm! Die Explosion entlud sich in wenigen hundert Metern Entfernung, gelb-rote Flammen züngelten in den Himmel, dichter Rauch und Staub stiegen auf.

»Muito bem, Mahler«, lobte mich der Südamerikaner auf Portugiesisch.

Ich strahlte übers ganze Gesicht. Abgefahren – was für eine Sprengkraft! Ich hatte gerade innerhalb weniger Sekunden mehr als 14 000 Euro in Flammen und Rauch aufgehen lassen.

Mir gefiel meine neue Waffe.

Tattoo

Eines Tages, auf der Rückfahrt vom Truppenübungsplatz nach Nîmes, hing ich meinen Gedanken nach. Ich wollte mir schon seit Jahren ein Tattoo stechen lassen, immer wieder spielte ich mit dem Gedanken. Schon in meiner Zeit vor der Fremdenlegion, als Zivilist. Doch bisher war mir kein passendes Motiv eingefallen. Ich wollte kein 08/15-Tattoo – meine Tätowierung sollte zu mir und zu meiner Persönlichkeit passen.

In der Fremdenlegion sind zum Beispiel Totenköpfe mit Barett oder Képi blanc groß in Mode. Die siebenflammige Granate – das Symbol der Fremdenlegion seit ihrer Anfangszeit – ist ebenfalls beliebt.

Einige Legionäre ließen sich auch ihre Matricule eintätowieren, meist im Nacken, auf Schulter, Ober- oder Unterarm. Oder zwei gekreuzte Famas schmückten ihren Oberkörper. Es gab wirklich alles.

Bei Paraden und Zeremonien kamen bei den Legionären unter den kurzen Ärmeln der Tropenuniform die wildesten Tätowierungen zum Vorschein. Da kam es schon mal vor, dass jemand vor unserem kommandierenden General salutierte und dabei auf seinem Unterarm den Schriftzug »Born to kill« präsentierte, geschmückt mit einem Totenkopf.

Was die Tattoos angeht, gibt es in der Fremdenlegion eine regelrechte Subkultur. Sie gehören bei vielen Legionären quasi zur Uniform. Die Fremdenlegion erlaubt Tätowierungen – an jedem Körperteil. Theoretisch wäre es sogar möglich, sich »Legio Patria Nostra«, das Motto der Fremdenlegion, mit Tinte permanent auf die Stirn gravieren zu lassen. Es bedeutet übrigens so viel wie: »Die Legion ist unser Vaterland.«

Doch mir persönlich hatte bisher keines der Motive gefallen, die bei den anderen Legionären so beliebt waren. An diesem Tag kam mir nun die sprichwörtlich zündende Idee für mein perfektes Tattoo-Motiv: Feuer! Ich war fasziniert von der Energie und der Zerstörungskraft, die in ihm stecken. Es kann zerstören, aber auch Leben retten und Wärme spenden – je nachdem, wie man es einsetzt. Ich verfolgte den Gedanken weiter. Mir wurde bewusst, dass es sich mit meiner Persönlichkeit genauso verhält. So, wie man mit mir umgeht, bekommt man die entsprechende Seite zu sehen. Ich trage beide Seiten in mir. Das war es!

Ich sprach mit Robinho über die Idee.

»Cool, Mahler«, sagte er. »Gute Idee. Ich weiß auch schon, was für ein Tattoo ich mir stechen lasse. Ich lass mir das Symbol der Fremdenlegion auf den Rücken tätowieren. Das Ding muss richtig groß sein!«

»Old school, Robinho, aber gut«, erwiderte ich. »Hat auch was mit Feuer zu tun – und einen breiten Rücken hast du ja. Aber sag mal: Stört es dich nicht, dass dann jeder sehen kann, dass du bei der Fremdenlegion bist?«

»Nee, gar nicht. Das beeindruckt die Leute.«

»Hm, also für mich wäre das nichts. Ich möchte nicht, dass jeder sofort weiß, wo ich herkomme. Außerdem will ich lieber ein individuelles Tattoo, das so sonst keiner hat.«

Beim nächsten Ausgang besuchten Robinho und ich ein Tattoo-Studio in Nîmes. Kameraden von uns waren bereits dort gewesen und mit beeindruckenden Ergebnissen zurück-gekehrt.

Der Inhaber war früher bei der französischen Luftwaffe gewesen. Im Laden standen überall Vitrinen, die mit Legions-souvenirs gefüllt waren: Abzeichen, Barette, Messer und ande-rer Kram. Alles Geschenke zufriedener Kunden.

»Ich möchte etwas mit Feuer«, erklärte ich ihm auf Fran-zösisch.

»Branding?«, fragte er und winkte ab. »Nee, nee, so was mach ich nicht.«

»Nee, die Tätowierung soll was mit Feuer zu tun haben«, erklärte ich.

»Ah, oui. D'accord. Und wo? Kopf, Brust, Rücken?«, fragte er nach.

»Hm, weiß nicht genau. Aber es soll gut aussehen, wenn ich eine Waffe abfeuere.«

»Verstehe. Da wären Hand und Unterarm geeignet«, emp-fahl er. »Ich hatte schon Legionäre hier, die haben sich nach jeder Mission den Abzugsfinger tätowieren lassen. Sternchen drauf. Hatten wohl jemanden umgelegt.«

»Die Hand weniger«, bestimmte ich. Ich wollte mir die

Möglichkeit offenlassen, das Tattoo unter dem Ärmel zu verbergen. »Auf jeden Fall soll es mehrfarbig sein. Rot und gelb wie Flammen.«

Der Tätowierer fertigte als Nächstes nach meinen Vorstellungen eine Skizze an, wie das Flammentattoo aussehen könnte: Vom rechten Handgelenk züngelten Flammen in unterschiedlicher Höhe aufwärts, bis zum Ellbogen. Ich stellte mir vor, wie es wäre, wenn ich die Hand am Abzug hatte. Ziemlich gut, fand ich.

»Wie lange wird das denn so in etwa dauern?«, wollte ich wissen.

»In einem Rutsch geht das nicht. Ich würde sagen, drei Sitzungen. Jeweils vier Stunden.«

In der ersten Session begann der Tätowierer am Unterarm, in Höhe meines Ellbogens.

»Da ist die Haut dicker, und es tut nicht so weh«, meinte er. Blut floss trotzdem reichlich. Und als ich später in die Kaserne zurückging, war mein Arm total geschwollen.

Die Prozedur am Handgelenk war am schmerzhaftesten. Das grenzte wirklich an Folter. Aber am Ende hatten sich die Schmerzen mehr als gelohnt. Stolz sah ich mir mein Tattoo im Spiegel an. Perfekt!

Robinhos Riesen-Tattoo war auch ziemlich beeindruckend. Das Zeichen der Fremdenlegion reichte von der Taille bis zu den Schulterblättern. Darüber stand »Légion étrangère«. »Nicht schlecht, mein Freund«, sagte ich. »Jetzt kann jeder sehen, wo es langgeht.«

Zu allem bereit

Wie jede andere Kampfeinheit des 2. Infanterieregiments, musste die 4. Kompanie jederzeit einsatzbereit sein, und unser Zugführer wollte, dass sein Zug zu den Besten gehörte. Also übten wir auf Teufel komm raus. Wir spielten unter anderem Gefechtstaktiken mit dem VAB durch.

Das Véhicule de l'Avant Blindée – kurz VAB – ist ein Radpanzer, der zehn Legionäre plus Fahrer und Bordschützen aufnehmen kann. Im Einsatz bewegen sich die Legionäre des 2. Infanterieregiments oft mit dem VAB. Das Fahrzeug hat eine flache, gedrungene Silhouette mit vier großen, gummibereiften Rädern. Auf dem Dach ist ein schweres Maschinengewehr montiert.

Ich bekam richtig Platzangst, als ich das erste Mal in einem solchen Gefährt saß. Die Sitze sind parallel zur Fahrtrichtung an den Längsseiten angebracht. Es ist so eng, dass die Insassen ihre Beine nach dem Reißverschlussprinzip ineinanderschieben müssen, damit alle reinpassen. Das Knie meines Gegenübers befand sich also unmittelbar vor meinen Genitalien.

Eines Tages wurden wir mit Bussen nach Toulon gekarrt. In Toulon, rund zwei Autostunden von Nîmes entfernt, befindet sich ein großer Hafen der französischen Marine. Vorher waren bereits die Radpanzer auf Tiefladern dorthin transportiert worden.

Im Hafen gingen wir an Bord der *Siroco*. Das 160 Meter lange Schiff ist dazu gedacht, Truppen im Kampfeinsatz an Land zu bringen. Mehrere Kompanien – einige Hundert Mann – finden mit ihrer Ausrüstung darauf Platz. Außerdem sind vier Hubschrauber und acht Landungsboote für insgesamt acht VAB an Bord.

Uns wurde gesagt, dass wir auf einer Insel landen würden, für eine Übung mit dem VAB. Die Fahrzeuge waren bereits an Bord der Landungsboote im Heck der *Siroco*. Das große Dock, wo die Landungsboote startklar gemacht werden, war in grelles Neonlicht getaucht. Das Gebrüll der Schiffsmotoren schallte von den Metallwänden des Schiffs wider.

Mit einem leicht mulmigen Gefühl im Magen nahm ich meinen Platz im Radpanzer ein. Die Tür schlug zu, ich lauschte konzentriert den Geräuschen um mich herum. Ich muss zugeben, dass ich mich mit meiner Platzangst nicht sonderlich wohl dabei fühlte, in einem Panzer eingeschlossen zu sein, der auf einem Landungsboot festgemacht war, das sich seinerseits im Bauch eines großen Schiffs befand. Es war irgendwie beklemmend. Wie auf dem tiefsten Deck einer großen Autofähre, nur extremer.

Plötzlich drangen das Kreischen einer Winde und das Klappern von Metall durch die Panzerung. Robinho saß mir gegenüber. »Die Heckklappe wird geöffnet«, erklärte er in ruhigem Plauderton. Es war mir offensichtlich anzusehen, dass mir das Ganze nicht ganz geheuer war. Ich hatte keine Ahnung, woher er wusste, was draußen geschah.

»Hoffentlich schwimmt das Ding …«, erwiderte ich.

Sollten wir tatsächlich sinken, wäre das unser sicherer Tod. Keiner von uns würde es rechtzeitig aus dem Panzer schaffen. Alle trugen ihre volle Ausrüstung; zusätzlich war jeder Zentimeter mit Waffen und Munition vollgepackt.

Auf einmal wankte der Boden unter meinen Füßen. Ich zuckte unwillkürlich zusammen. Das Fahrzeug vibrierte. Die Schaukelbewegungen wurden heftiger.

»Das Dock wird geflutet«, sagte Robinho ruhig. Bevor wir an Bord gegangen waren, hatte ich gesehen, dass das Heck der *Siroco* aus einer beweglichen Rampe besteht. Das Landungsboot würde das Schiff über die herabgelassene Rampe verlassen und dann Kurs auf die Küste nehmen.

»Jetzt schwimmen wir«, kommentierte Robinho weiter. Ihm schien das Geschunkel überhaupt nichts auszumachen. Klar, dachte ich, den Portugiesen liegt die Seefahrt im Blut.

Etwa eine Viertelstunde später gab es einen heftigen Ruck. Ich wurde sogar leicht zur Seite geschleudert. Was war passiert? Waren wir aufgelaufen oder gegen ein Hindernis geprallt? Bis in den Panzer hinein waren ein lautes Rasseln und das Klatschen von Wasser zu hören.

»Wir sind da«, sagte der Sergent. Er war als Einziger über Funk mit der Außenwelt verbunden. »Los geht's!«

Das Landungsboot hat eine Rampe am Bug, die am Ufer herabgelassen wird. Über die Rampe können Personen und Fahrzeuge das Boot verlassen. Wegen des Tiefgangs der Landungsboote fahren diese jedoch nicht ganz an den Strand, sondern stoppen ein Stück vorher im seichten Wasser.

Der Motor des Radpanzers heulte auf. Wir fuhren los. Ich spürte, dass wir absackten, und dachte: Jetzt sind wir im Wasser. Instinktiv schaute ich auf meine Füße und war froh, dass sie noch im Trockenen standen. Der Motor lief auf Hochtouren. Kurz darauf fühlte es sich an, als hätten wir wieder festen Boden unter den Rädern.

»Alle raus!«, befahl der Sergent.

Die Tür am Heck wurde geöffnet. Ich war froh, aus der Kiste rauszukommen und nahm mein Gewehr in die Hand. Als ich ausstieg, blendete mich für einen kurzen Moment das Sonnenlicht. Ich sah mich um. Wir befanden uns oberhalb eines Strands. Dahinter begann das tiefblaue Meer, weiße Schaumkronen bildeten sich dort, wo der Wind die Wellen berührte. Unser Landungsboot war schon wieder auf dem Rückweg zur *Siroco*, die weit draußen auf offener See schwamm.

Noch während ich mich umschaute, hörte ich ein Sirren. Ich schlug mit der Hand auf meinen Nacken. Die Überreste einer Stechmücke – eine von Tausenden – klebten auf meiner Handfläche. Na toll! Die nächste tolle Nachricht, zumindest für die fliegenden Plagegeister: Wir würden die ganze Nacht auf der Insel verbringen.

Als es dunkel wurde, rollte ich meinen Schlafsack neben dem VAB aus. Ich legte mich hin und wurde fast augenblicklich von einem Schwarm Mücken attackiert. Ich zog die Kapuze fest über den Kopf. Im Dunkeln hörte ich die Brandung, die Flüche meiner Kameraden und das Klatschen, wenn jemand nach den Mücken schlug. Das ging so, bis es allmählich hell wurde.

Am Morgen waren unsere Gesichter und Hände total zerstochen. Uns blieb nichts weiter übrig, als darauf zu warten, dass wir wieder von der mückenverseuchten Insel abgeholt würden. Gegen Mittag kehrte das Landungsboot zurück und brachte uns zurück zur *Siroco*. Bis heute weiß ich weder, wie diese Insel heißt, noch, wo sie genau liegt.

Es musste einen Grund dafür geben, dass wir mit der *Siroco* Landemanöver geübt hatten. Irgendetwas lag in der Luft. Vielleicht eine Mission oder ein großangelegtes Manöver? Zurück in Nîmes, sprach ich meinen Caporal darauf an.

»Caporal, wissen Sie, wo es als Nächstes hingeht?«

»In die Hölle, Mahler«, grinste er mich an.

»Super! Bin dabei. Wann geht's los?«

Meine Antwort gefiel ihm, und er fuhr fort: »Kann sein, dass wir schon bald auf Mission gehen. Nach Afghanistan sollten wir eigentlich für ein Jahr in Nîmes bleiben. Das spezielle Training spricht aber eher dafür, dass wir schon bald wieder aufbrechen.«

Kaufrausch

»Was meint ihr«, fragte Robinho, »sollen wir uns bessere Ausrüstung zulegen?« Ich hatte ihm und Forrester erzählt, was mir der Sergent-Chef gesagt hatte. Forrester war zwar in einer anderen Kompanie, doch auch er glaubte, dass sie bald ins Ausland verlegt würden. Die Wahrscheinlichkeit, dass eine Mission bevorstand, elektrisierte uns förmlich. Darauf wollten wir so gut wie möglich vorbereitet sein.

»Absolut«, erwiderte ich, »ein Teil der Sachen, die wir haben, ist totaler Schrott.«

Zum Beispiel war der Schlafsack, den uns die Legion gegeben hatte, viel zu groß und zu schwer. Er nahm im Rucksack viel zu viel Platz ein. Außerdem wärmte er nicht genügend. Der Rucksack war ebenfalls nicht zu gebrauchen. Die Tragegurte saßen schlecht auf den Schultern – vollbepackt macht sich das schnell bemerkbar, es drückt und scheuert. Zudem war er miserabel verarbeitet. Bei meinem begannen sich bereits nach ein paar Monaten die Nähte aufzulösen. Also, Qualität ist in meinen Augen was ganz anderes.

Die Verarbeitung der Standardausrüstung der Fremdenlegion, fand ich, war ein generelles Problem: Irgendwie war alles B-Qualität. Es gab beispielsweise diese kleinen Taschen, die sich am Koppel befestigen lassen; die lösten sich – besonders wenn sie nass geworden waren – mit der Zeit in ihre Bestandteile auf. Einen atmungsaktiven Wüstenstiefel haben wir erst gegen Ende meiner Dienstzeit bekommen. Bis dahin gab es nur die klobigen Kampfstiefel der Legion. In heißem Klima sind die für die Füße ziemlich ungesund. Man schwitzt, und es bilden sich Blasen an den empfindlichen Stellen.

Oder der Tragegurt für das Famas: Man denkt, das wäre ein total unwichtiges Teil. Stimmt aber nicht. So ein Gewehr wiegt auch etwas – trotz Plastik –, und wenn man es stundenlang umgehängt bei sich trägt, merkt man, dass der Gurt, den die Fremdenlegion verwendet, einfach zu dünn und zu starr ist. Er rutscht hin und her und das Gewicht verteilt sich nicht richtig, der Gurt schneidet ein. Die meisten Sachen, die wir bekamen, waren für den Einsatz in Europa entwickelt worden, dabei gab es schon viel modernere Ausrüstung für den Einsatz in heißen Klimazonen zu kaufen.

»Ja! Habt ihr gesehen, was für coole Sachen die Legionäre haben, die in Afghanistan waren?«, fragte Forrester.

»Allerdings«, gab ich zurück. Mir war aufgefallen, dass sie jede Menge modernes Equipment besaßen.

Das war also beschlossene Sache.

Als wir das nächste Mal Ausgang hatten, fuhren wir mit der Bahn nach Toulouse. Die einfache Fahrt dauert ungefähr drei Stunden. Dort gibt es einen Laden, in dem Outdoor- und Militärbedarf verkauft wird. Als wir die Räume des USMC-PRO betraten, staunte ich nicht schlecht: Das Geschäft war riesig. Es erstreckte sich über mehrere Etagen. Vom Stiefel bis zum Helm war hier alles zu finden – außer Schusswaffen.

Wir verbrachten Stunden in dem Geschäft und schauten uns zig Ausrüstungsgegenstände an.

Zuerst steuerten wir die Abteilung mit den Rucksäcken an, denn wir alle drei wollten Ersatz für das untaugliche Fremdenlegions-Modell. Ich suchte mir einen hochwertigen 120-Liter-Rucksack mit gut gepolsterten Schultergurten aus, dessen Tragegestell viel besser ausbalanciert war als bei unserem Standard-Rucksack. Dieses Modell hatte sogar abnehmbare Seitentaschen, die sich zu einem Daypack zusammenfügen ließen. Praktisch, wenn man mal nur das Nötigste mitnehmen will. Forrester und Robinho entschieden sich auch dafür.

Ich wollte unbedingt noch einen vernünftigen Schlafsack, der sich auf ein kleines Packmaß zusammenpressen ließ, aber trotzdem für Temperaturen bis minus 25 Grad Celsius geeignet war. Warme Füße selbst bei Eiseskälte und mehr Platz im Rucksack – dafür legte ich gerne 200 Euro auf den Tisch. Aber ich hatte noch mehr auf meinem Wunschzettel: Knieschoner, eine hochwertige Fleecejacke und ein gutes Paar Stiefel. Außerdem Karabinerhaken, ein Seil, einen gepolsterten Tragegurt für das Famas, einen Trinkrucksack, Handschuhe und eine Kampfmittelweste, bei der sich die Taschen an den richtigen Stellen befinden.

In der Kampfmittelweste – nicht zu verwechseln mit der ballistischen Schutzweste – wird alles verstaut, was man im Einsatz schnell zur Hand haben muss: Kompass, Funkgerät, Medic Kit, Messer, Ersatzmagazine für das Famas, Handgranaten und so weiter. Sie wird über der Schutzweste getragen. Bei dem Modell à la Fremdenlegion war das Problem, dass man die Anordnung der Taschen nicht schnell variieren konnte, wenn man das wollte. Die moderneren Westen haben ein System, mit dem sich die Taschen einfach aus- und wieder einhaken lassen. Außerdem war die privat gekaufte wesentlich besser verarbeitet.

Alles in allem kostete mich dieser Spaß 1400 Euro, obwohl ich 10 Prozent Legionsrabatt bekam. Das war mehr als mein monatlicher Sold! Aber das war es mir wert. Sollten wir tatsächlich in Kürze unseren ersten richtigen Kampfeinsatz haben, war ich perfekt ausgerüstet. Hoffte ich zumindest.

Komischerweise hatte ich den Eindruck, dass die Legionäre, die schon länger dabei waren, mir wegen der neuen Sachen mehr Respekt entgegenbrachten. Später wurde mir klar, dass sie in der Verbesserung meiner persönlichen Ausrüstung ein Anzeichen für meine Motivation sahen.

»Du meint es also ernst«, sagten einige und schlugen mir anerkennend auf die Schulter. Aber ich war einfach nur gern gut vorbereitet – denn regelmäßiges Training und gute Ausrüstung machen den größten Teil des Erfolgs im Einsatz aus.

Allerdings kann ich nicht bestätigen, dass man einen Legionär oder dessen Motivation daran messen oder beurteilen kann, wie viel Geld er für sein persönliches Equipment ausgibt. Meine Kameraden, die aus Ländern der Dritten Welt stammten, schickten jeden Cent, den sie bei der Fremdenlegion verdienten, nach Hause zu ihren Verwandten. Aus unseren Gesprächen wusste ich, dass der Sold oftmals die einzige Einnahmequelle für die Großfamilie in der Heimat war. Da gab es viele hungrige Mäuler zu stopfen. Das war ihre Motivation. Den Luxus, die eigene Ausrüstung aufzubessern, hatten diese Jungs nicht. Ihnen blieb daher nichts anderes übrig, als mit dem Zeug von der Fremdenlegion irgendwie zurechtzukommen.

Afrika

Die Hitze traf mich wie ein Faustschlag, als ich aus dem Flugzeug stieg. Es fühlte sich an, als würde ich vor einer geöffneten Ofentür stehen. Afrikanische Morgensonne. Wegen der hohen Luftfeuchtigkeit klebte mir die Uniform in kürzester Zeit am Körper. Das Sonnenlicht blendete mich. Doch ich war zum ersten Mal in meinem Leben in Afrika und schaute mich daher trotzdem neugierig und aufgeregt um. Hinter der Landebahn sah ich smaragdgrüne Palmen, deren Spitzen sich in der Luft wiegten. Ein schöner Anblick.

Meine Kompanie war in den Senegal geflogen, um in Dakar einen französischen Marine- und Armeestützpunkt zu verstärken. Es war wahrscheinlich, dass wir von hier aus an die Elfenbeinküste geschickt werden würden. In dem westafrikanischen Land war ein Bürgerkrieg ausgebrochen. Nach einer verlorenen Wahl weigerte sich der bisherige Staatschef, zurückzutreten. Teile der Armee putschten. Beim Briefing vor unserem Abflug hatte ein Offizier gesagt, das Land würde ins Chaos abdriften und Frankreich stünde kurz vor einer Intervention.

Am Flughafen von Dakar warteten mehrere Busse der französischen Armee. Nachdem ich eingestiegen war, schlief ich ein – die Vorbereitungen der letzten Tage waren dermaßen anstrengend gewesen – und wachte erst auf der Marinebasis wieder auf. Es stank nach Abfall, Rauch und faulen Eiern.

»Willkommen in Bel Air«, sagte Sergent-Chef Coureur. Bel Air – na, dem Gestank nach zu urteilen wohl eher nicht. Später erfuhr ich, dass neben dem Stützpunkt eine heruntergekommene Fabrik für Palmöl steht. Darum stank es so.

Wir brachten unsere Waffen in die Waffenkammer. Danach bauten wir unsere Funkgeräte auf, die wir aus Nîmes mitgebracht hatten. Erst Stunden später bekamen wir eine Unterkunft. Ich fiel augenblicklich aufs Bett, trank noch etwas Wasser und schlief dann erschöpft ein. In der Fremdenlegion wird alles nach dem Prinzip »Waffe vor Material, Material vor Mensch« gehandhabt. Als Erstes kümmert man sich um die Waffen, als Letztes – wirklich als Allerletztes – um sich selbst.

Unser Quartier lag neben dem Sportplatz. Es sah aus wie ein Wohngebäude aus den siebziger Jahren. Jeweils sechs Mann waren in einem Raum untergebracht. Es gab zwei Stockwerke; aus den Fenstern der zweiten Etage konnte man das Meer sehen. Es schimmerte hellblau und grün in der Ferne.

Vor unserer Abreise hatte der Sanitäter Malariatabletten verteilt. Bei der Gelegenheit hatte er auch empfohlen, uns in den Tropen erst einige Tage zu akklimatisieren, bevor wir etwas Anstrengendes unternahmen. Ja, genau – bei der Fremdenlegion wohl eher unwahrscheinlich. Erwartungsgemäß begannen wir in Dakar schon am ersten Tag mit dem Sportprogramm. Die auf der Basis stationierten französischen Marineinfanteristen staunten nicht schlecht, als sie uns in der mörderischen Mittagshitze Runden um den Sportplatz drehen sahen. Zum Glück kippte niemand um. Aber ich merkte schon, dass ich wegen der Hitze und der Luftfeuchtigkeit viel schneller als sonst aus der Puste kam. Ich schätze, ich war um ein Drittel weniger leistungsfähig.

Bis auf das veränderte Klima war der Dienst im Stützpunkt aber nichts Besonderes: Sport, Exerzieren und Waffenübungen – eigentlich kein großer Unterschied zu dem, was wir bisher in Nîmes getan hatten. Daher war ich gespannt darauf, wie die Welt hinter dem Kasernentor aussah. Beim ersten Ausgang wollte ich mit Robinho und Terenk in die Innenstadt fahren. Terenk war in meinem Zug, ein Ungar und ein toller Typ. Er war noch im Alter von neununddreißig Jahren – die Altersgrenze liegt bei vierzig – in die Fremdenlegion eingetreten. Dass er mittlerweile über vierzig war, sah man ihm nicht an. Er war muskulös, fit, aber eher kurz gewachsen.

Im Senegal durften wir nur mindestens zu zweit die Kaserne verlassen. Wahrscheinlich aus Sicherheitsgründen, allerdings habe ich nie davon gehört, dass in Dakar jemandem etwas passiert wäre. Wahrscheinlich mussten sich eher die Einheimischen vor betrunkenen Legionären in Acht nehmen. Mir war es egal, allein wäre ich ohnehin nicht losgezogen. Ich wollte lieber mit meinen Freunden zusammen die Stadt erkunden. Vor dem Tor warteten immer mehrere Schrottkisten mit einem Taxi-Schild auf dem Dach an der Straße.

Da wir in Dakar auch in Zivilkleidung ausgehen durften, trug ich Jeans und ein weißes T-Shirt – eine willkommene Abwechslung zur Uniform. Trotzdem erkannte jeder die französischen Soldaten und die Legionäre an ihren kurzgeschorenen Haaren und dem meist athletischen Äußeren.

Als wir den Stützpunkt verließen, wurden wir augenblicklich von einer Horde Schwarzer umringt. Einer redete laut auf mich ein. Obwohl Französisch die offizielle Sprache im Senegal ist und ich mittlerweile zumindest vieles kapierte, verstand ich kein Wort von dem, was er sagte. Ich konnte es mir aber denken, weil er vehement versuchte, mich in Richtung eines Taxis zu lotsen. Das war sicher sein Vehikel. Ein anderer – wahrscheinlich sein Konkurrent – fing lauthals an, mit ihm zu streiten und meine Aufmerksamkeit zu erregen. Auch er wollte mich zu einem Fahrzeug bringen. Die beiden Irren kämpften regelrecht um mich. Die hatten sie doch nicht alle!

Ich sah mich nach meinen Kumpels um. Robinho lehnte mittlerweile an einem grünen Peugeot ohne Windschutzscheibe und verhandelte mit dem Fahrer. Terenk konnte ich nirgends entdecken.

»Stopp!«, rief ich und drohte meinen beiden Peinigern mit der Faust. Widerwillig ließen sie von mir ab, und ich ging rüber zu dem grünen Peugeot. Der Kofferraum stand halb offen und war notdürftig mit einem dicken Strick zugebunden. Und da war auch Terenk – er saß bereits im Wagen.

»10 Euro«, verlangte der Fahrer und hielt dabei komischerweise zehn Finger in die Höhe. Er trug ein knallgelbes T-Shirt, auf dem FC Barcelona stand. Der Senegal hat zwar eine eigene Währung, aber Euro wurden gern genommen, wir mussten also nicht extra Geld wechseln. Robinho drehte sich wortlos um und ging. Der Fahrer rannte ihm hinterher. Terenk stieg wieder aus.

»2,50 Euro«, bot Robinho ihm an.

»D'accord!«

Ich zwängte mich mit Terenk auf die Rückbank. Auf den Sitzen lag eine verschlissene Plastikplane. Der Wagen war innen total staubig – kein Wunder, bei fehlender Windschutzscheibe, und auch die Seitenscheiben ließen sich nicht mehr nach oben kurbeln. Aber mit geschlossenen Fenstern hätte man es in der Bullenhitze wahrscheinlich gar nicht ausgehalten. Eine Klimaanlage hatte die Schrottkarre bestimmt nicht.

Auf ging es in die Stadt. Aus dem Auspuff kam dichter schwarzer Qualm. Heißer Wind zog durch den Wagen und wirbelte Staub in mein Gesicht. Entlang der Straße hatten fliegende Händler ihre Stände aufgebaut. Autos und Mopeds drängten sich auf der Fahrbahn und hupten wild. Dakar ist eine typisch afrikanische Großstadt: laut, dreckig und bunt.

Die Straße, auf der wir fuhren, war nur stellenweise asphaltiert. Unser Taxi rumpelte über Geröll und braune Erde. Der Kadaver eines Esels lag vor einer Hecke. Doch die Menschen gingen einfach um ihn herum und beachteten ihn nicht. Ich musste an Caporal-Chef Tapanar denken. Er hatte es in Nîmes definitiv besser als seine Verwandten hier.

Während wir im Stau vor einer Unterführung hielten, lehnte sich ein Händler durch die fensterlose Beifahrertür in den Wagen. »Neues iPhone, originalverpackt, 10 Euro«, bot er an.

»Bullshit, das ist bestimmt ein Fake«, kommentierte Terenk. »Ein iPhone für 10 Euro. Dass ich nicht lache. Daran ist nicht mal die Verpackung original, Mann!«

Ein Mofa, auf dem drei Jugendliche saßen, fuhr vorbei. Einer von ihnen hatte ein Radio in der Hand, aus dem lauter Hip-Hop schallte. Das Mofa schlängelte sich zwischen den Fahrzeugen hindurch. Ein Eselskarren, auf dem Metallschrott lag, zog langsam neben uns her.

»Militaire gut«, sagte unser Fahrer. »Massage mit Happy End? Girl?«

»Non merci, lieber in ein Restaurant«, antwortete Robinho.

Das Taxi hielt vor einer Reihe von Häusern, die aussahen, als gäbe es in jedem eine Bar. Es waren zwei- oder dreigeschossige Kästen aus unverputztem Mauerwerk. Überall hingen bunte Lichterketten und Werbeplakate für Bier. Der Bürgersteig war mit einer schattenspendenden Balustrade aus Plastik überdacht. Mitten auf der Straße qualmte ein Müllhaufen. Die Sonne brannte vom Himmel. An den Ecken standen Einheimische und drehten die Köpfe in unsere Richtung.

Vor einem Haus hing eine verdreckte Leuchtreklame mit dem Schriftzug »Le Viking«. Das Neonlicht flackerte. Neben dem Eingang stand ein Wachmann mit einem großen Holzknüppel in der Hand und einem aufgedruckten Sheriffstern auf seinem T-Shirt. Als wir näher kamen, hielt er uns die Tür auf. In dem halbdunklen Raum erkannte ich einen Tresen. Davor standen ein paar schwarze Mädchen in knallbunten, sehr knappen Miniröcken. Einige drehten sich zu uns um und musterten uns genau.

Die Bar war spärlich eingerichtet: ein paar Tische und Stühle und ein riesiger Kühlschrank. An einer Wand hing eine niederländische Fahne. Unter der Decke drehten sich langsam mehrere Ventilatoren und verquirlten die heiße Luft. Fliegen schwirrten um sie herum. Ich setzte mich in einen der Bambussessel.

»Wir trinken erst mal was, oder?«, sagte Robinho und winkte entschlossen dem Kellner. Der Mann trug eine schwarze Hose, ein weißes Hemd mit einer eleganten schwarzen Weste darüber. In der heruntergekommenen Umgebung sah das total fehl am Platz aus. Als er am Tisch stand, sah ich, dass seine bloßen Füße in alten orangefarbenen Flip-Flops steckten. Ich grinste. Robinho bestellte drei Bier und kurz darauf stellte uns der Kellner drei Flaschen auf den Tisch. Gläser – Fehlanzeige. Na ja, war vielleicht auch besser so. Ich hatte bisher noch nie afrikanisches Bier getrunken und war gespannt, wie es mir schmecken würde. Auf dem gelben Etikett stand in schwarzen Buchstaben »Flag«. Gut gekühlt war es schon einmal, ein prima Anfang. Ich wischte die Wassertropfen von der Flasche, prostete meinen beiden Kameraden zu. Unsere Flaschen klirrten gegeneinander. Das Bier schmeckte köstlich.

»Ob wir wohl lange in Dakar bleiben?«, wollte Terenk von uns wissen.

»Ich hoffe nicht«, antwortete ich. »In Dakar ist doch nichts los.«

»Abwarten«, sagte Robinho.

Ich bestellte eine weitere Runde »Flag«.

Drei Mädchen verließen die Theke und setzten sich unaufgefordert zu uns.

»Hello, militaire«, säuselte eine von ihnen und beugte sich zu mir rüber. Sie sah ziemlich gut aus. Ihre strahlend weiße Zähne waren ein Kontrast zu ihrer sehr dunklen Hautfarbe. Der neonfarbene Mini und das enge Oberteil standen ihr super und betonten ihre tolle Figur. Ziemlich sexy. Auf ihrer Oberlippe hatten sich winzige, glitzernde Schweißperlen gebildet. Alle Mädchen trugen komischerweise Perücken. Keine Ahnung, warum sie das schick fanden.

»Wie heißt du?«, fragte sie mich.

»Goofy«, log ich. Die Marinesoldaten im Stützpunkt hatten uns geraten, den Leuten in Dakar niemals unseren richtigen oder den Legionsnamen zu verraten. Es sei schon vorgekommen, dass welche von ihnen dort auftauchten und behaupteten, derjenige schulde ihnen Geld. Und sie konnten sehr hartnäckig sein. Sie machten ein riesiges Theater und verlangten, einen Offizier zu sprechen. Der wusste zwar genau, was los war, musste sich aber trotzdem damit befassen. Darauf hat ein Offizier natürlich total Bock. Also, bloß nicht den richtigen Namen nennen!

»Und wie heißt du?«, wollte ich von dem Mädchen wissen.

»Quinze Euro«, lächelte sie mich an.

Das war mehr als direkt. Für schlappe 15 Euro konnte ich sie also flachlegen, wenn ich wollte. Doch daran hatte ich absolut kein Interesse.

»Au revoir«, sagte ich daher knapp. Sie verstand und ging ohne ein weiteres Wort davon. Auch die beiden anderen standen auf, da weder Robinho noch Terenk an einer schnellen Nummer interessiert waren. Klar, sie war ziemlich hübsch gewesen. Dennoch ziehe ich es vor, Frauen mit meinem Charme zu überzeugen statt mit meinem Geldbeutel. Außerdem war ich ja mit Michelle liiert.

Mir war klar, dass es hier in Dakar, vor allem in der Nähe des Stützpunkts, viele Nutten gab, die sich geradezu um die hier stationierten Soldaten und Fremdenlegionäre rissen. Die Legionäre haben schließlich immer genug Geld, das sie kaum für andere Dinge ausgeben können als für ihr persönliches Vergnügen. Und jeder definiert Vergnügen eben anders.

Über eine spezielle Prostituierte mit dem merkwürdigen Namen Sucette hatte ich schon kurz nach meiner Ankunft wahre Horrorgeschichten gehört. *Sucette* heißt »Schnuller« auf Französisch und *sucer* bedeutet »blasen«. Ich denke, der Rest erklärt sich von selbst …

In Dakar hatten die Legionäre zusammen mit den übrigen Soldaten regelmäßig Nachtwache am Eingang der Kaserne. Die Marinesoldaten, die schon länger da waren, warnten uns eindringlich vor dieser Sucette. Sie sei die hässlichste Frau unter der Sonne: keine Zähne im Mund, ein entstelltes Gesicht, eine schiefe Nase, wahrscheinlich sogar eine Hexe oder so. Deswegen würde Sucette auch nur nachts arbeiten. Sie streune im Dunkeln vor der Wache herum und bot an, den Soldaten auf dem Parkplatz einen zu blasen. Sie rieten uns zu absoluter Vorsicht. »Wer weiß, was man sich bei der alles einfangen kann«, meinte einer von ihnen, »am Ende verhext sie dich noch. Der traue ich alles zu.«

Ich fand das ziemlich absurd und hatte die Geschichte bald wieder vergessen. Eines Nachts jedoch stand ich vor dem Wachhäuschen – und schwitzte. Selbst nachts sanken die Temperaturen hier selten unter 30 Grad. Es war nicht viel los, ab und zu fuhren Autos an der Kaserne vorbei. Doch dann bemerkte ich eine Gestalt, die sich im Dunkeln näherte. Ich schaute genauer hin und erkannte die Umrisse und den Gang einer Frau. Sie kam zu mir ans Wachhäuschen, blieb aber außerhalb des Lichtkegels.

Mit abgewandtem Gesicht fragte sie nach einer Zigarette. Ihre Stimme klang merkwürdig glucksend.

»Sorry«, sagte ich. »Ich rauche nicht.«

Während ich das sagte, drehte sie sich um. Im ersten Moment war ich geschockt, denn selbst im Dämmerlicht bot sie einen grauenhaften Anblick. Es sah so aus, als wären ihre Kieferknochen mehrfach gebrochen gewesen und danach nur schlecht wieder zusammen gewachsen. In ihrem Gesicht schien nichts mehr an der richtigen Stelle zu sein, sie war total entstellt. Wie aus einem üblen Horrorfilm. Erschrocken wich ich einen halben Schritt zurück, doch ich hatte mich schnell wieder unter Kontrolle. Ich weiß nicht, was dieser armen Frau zugestoßen war, vielleicht hatte sie einen schweren Unfall, ist misshandelt worden oder einem Krokodil zu nahe gekommen. Keine Ahnung. Jedenfalls tat sie mir leid.

Ich ging wieder einen Schritt auf sie zu und sah sie direkt an. Zuerst wusste ich nicht recht, was ich jetzt sagen sollte. Doch dann fiel mir die Geschichte von Sucette wieder ein. Was ihr Aussehen anging, hatten die Marinesoldaten jedenfalls nicht übertrieben.

»Du musst Sucette sein«, sagte ich daher.

»Oui, oui. Woher weißt du das?«, gluckste sie.

Sie freute sich aufrichtig darüber, dass ich sie kannte. Und ich freute mich darüber, dass diese vom Schicksal geschlagene Frau sich noch so kindlich freuen konnte.

Wir fingen beide an zu lachen – es war irgendwie befreiend.

Nicht lange nach meiner Begegnung mit Sucette lief die *Siroco* wieder in Dakar ein. Mein Sergent-Chef bestätigte, was ich ohnehin schon vermutet und insgeheim gehofft hatte: Unsere Kompanie würde an Bord gehen und in Richtung Elfenbeinküste abdampfen. Ich war nicht traurig darüber, Dakar zu verlassen, ganz im Gegenteil. Ich war gespannt darauf, was mich wohl an der Elfenbeinküste erwarten würde.

Die grau gestrichenen Aufbauten der *Siroco* waren ein vertrauter Anblick, ein bisschen wie Heimat. Das letzte Mal hatte ich das Schiff im Hafen von Toulon gesehen. Unsere Unterkünfte lagen tief unter Deck. Sie waren sehr eng und spartanisch eingerichtet. Wir machten es uns so gemütlich wie möglich, und die *Siroco* nahm Kurs auf die Elfenbeinküste. In der Zwischenzeit machten wir Sport und Nahkampftraining auf dem Flugdeck der Helikopter. Einmal wurde dort auch am Abend ein Film gezeigt. Die Matrosen hatten eine große Leinwand aufgespannt. Unter dem afrikanischen Sternenhimmel war das ziemlich romantisch. Ansonsten lag ich in meiner Freizeit auf dem Bett und starrte die Decke an.

Bis wir dort ankämen, würde es eine Weile dauern, und voraussichtlich würden wir nicht gleich an Land gehen, sondern lediglich vor der Küste auf und ab kreuzen. So lange, bis klar war, wie sich die Situation im Land entwickelte, ob also ein Eingreifen erforderlich war oder nicht.

Fremdenlegion auf Stand-by, sozusagen.

Sticheleien

Wann sind wir denn endlich da, fragte ich mich wie ein quengelndes Kind auf der langen Autofahrt in die Ferien. Ich wollte endlich runter von dem Kahn, raus aus den engen Kabinen. Wir hingen jetzt schon seit vier Wochen auf der *Siroco* herum. An Bord gab es keine Möglichkeit, zu telefonieren oder E-Mails zu schreiben. Es war ein ganz anderes Leben als in der Kaserne, wo man regelmäßig Ausgang hat. Ich war komplett von der Außenwelt abgeschnitten und langweilte mich unsäglich. Meistens dachte ich an den bevorstehenden Einsatz oder an Michelle.

Ich gammelte wieder einmal auf meiner Pritsche herum und hing meinen Gedanken nach. Ich spürte die Vibration der Schiffsmotoren und ab und zu ein sanftes Schaukeln. Einfach liegen zu bleiben war der beste Weg, um der Enge und dem

Gedränge in der kleinen Kabine zu entgehen. Unser gesamter Zug – ohne die Offiziere, dreißig Mann – war auf 40 Quadratmetern zusammengepfercht. Die Betten lagen in drei Etagen übereinander. Jeder Quadratzentimeter war mit Waffen, Ausrüstung und Wasserflaschen zugestellt.

Ich fragte mich zum x-ten Mal, wie weit unterhalb der Wasserlinie unsere Kabine wohl lag. Es gab keine Bullaugen. Nur graue Wände aus Stahl. Und dahinter der Atlantik.

Eine Gruppe von Legionären spielte auf einer umgedrehten Munitionskiste Karten. Ihre Stimmen drangen durch das Wummern der Schiffsmotoren gedämpft zu mir herüber.

»Hey, Arschloch«, hörte ich einen von ihnen sagen. »Warum bist du eigentlich nicht in Albanien geblieben?«

Ich erkannte die Stimme. Sie gehörte Karol, einem Polen. Blond und blass, insgesamt irgendwie ein komischer Typ. Wir hatten nie viel miteinander geredet.

»Meinst du mich?«, gab jemand in gereiztem Ton zurück.

»Siehst du noch andere Scheiß-Albaner hier, Mann?«

»Fick dich!«

Je länger wir auf dem Schiff waren, desto öfter kam es zu Reibereien. Die Enge und die Warterei auf den Einsatz zerrten bei vielen an den Nerven.

»Fick dich selbst«, gab der Pole zurück. Ich schluckte meine Malariatablette und hörte weiter zu. Karol gähnte und sagte laut: »Hurensohn!« Offenbar war er aufgestanden, ich hörte schlurfende Schritte. Wahrscheinlich ging er zu seinem Bett.

Ich glaubte auch zu wissen, mit wem er da Streit anzetteln wollte. Das musste der Albaner sein, der schon länger im Zug war. Er war groß und hatte meistens eine Sonnenbrille in die Stirn geschoben. Auch mit ihm hatte ich bisher wenig Kontakt gehabt.

Ich drehte mich so, dass ich die beiden Kontrahenten sehen konnte. Ich hatte richtig geraten. Der Albaner war mittlerweile auch aufgestanden und starrte feindselig zu Karols Bett hinüber. Beide trugen eine gefleckte Uniformhose und ein olivgrünes T-Shirt. Der Albaner ging auf den Polen zu. Der richtete sich halb auf. Die Legionäre, die bis jetzt mit ihnen zusammengesessen hatten, traten zurück – so weit es in der engen Kabine möglich war.

»Sag das noch mal!«, forderte der Albaner ihn auf.

»Hurensohn!«, fluchte der Pole.

Oh, oh, dachte ich. Wenn nicht bald etwas geschah, würde die Situation eskalieren und in eine Schlägerei ausarten.

In der Hand des Albaners blitzte plötzlich etwas auf. Er machte eine schnelle Bewegung in Richtung seines Gegners und hieb mehrmals auf den Liegenden ein. Im nächsten Moment brüllte der Pole wie am Spieß und fasste sich mit einer Hand ans Bein. Dann sackte er mit dem Oberkörper zurück aufs Bett, mit schmerzverzerrtem Gesicht.

»Shit!«, fluchte er lauthals. Aus Karols Oberschenkel ragte ein Messergriff. Seine Hose färbte sich an der Stelle bereits dunkel von seinem Blut.

Total geschockt sprang ich auf. Zwei Legionäre hatten den Albaner bereits gepackt und hielten ihn zurück. Der Pole stöhnte und umklammerte seinen Oberschenkel.

Krass – das ging über die Rempeleien, die öfter mal vorkamen, weit hinaus. Für einen kurzen Moment herrschte in der Kabine betretenes Schweigen. Dann fluchten einige und beschimpften die Kontrahenten, was sie doch für Idioten seien. Jemand lief los, um einen Vorgesetzten oder den Sanitäter zu holen.

Kurz darauf kamen Sergent-Chef Coureur und Sergent Meilleur in die Kabine.

»Was ist das denn für eine Scheiße hier!«, war das Erste, was Meilleur sagte. Coureur schüttelte nur ungläubig den Kopf. Meilleur war eigentlich ein gemütlicher Typ. Allerdings war auch er durchtrainiert, wusste, worauf es ankam, und wurde von allen respektiert.

Coureur befahl zwei Legionären, Karol zur Sanitätsstation zu bringen. Er humpelte, von ihnen gestützt, aus der Kabine.

Der Albaner durfte den Raum nicht verlassen. Ich fragte mich, was der Sergent-Chef wohl wegen dieser Gewalttätigkeit unternehmen würde.

Der Albaner versuchte, etwas zu sagen, doch Coureur schnitt ihm mit einer wütenden Geste das Wort ab. Er sollte gefälligst die Klappe halten. Ich sah an Coureurs Gesichtsausdruck, wie angepisst er war. Es war totenstill in der Kabine, keiner sagte ein Wort. Nach kurzer Zeit kam der Pole mit einem Verband um den Oberschenkel zurück. Er humpelte.

»War zum Glück nur ein Einhandmesser. Ist nicht tief reingegangen«, sagte er. »Keine Arterie verletzt. Der Sanitäter meint, in zwei bis drei Wochen ist es verheilt.«

»Ihr könnt froh sein, dass es nur eine Stichwunde ist«, sagte Coureur.

»Ich will keinen Streit in meinem Zug«, fuhr er leise und beherrscht fort. »Solange wir auf See sind, kann ich niemanden in den Bau schicken.«

Coureur wollte keine langwierigen Komplikationen mit dem Militärgericht. Ihm ging es nur darum, dass sein Zug funktionierte und Ruhe herrschte. Er regelte solche Angelegenheiten lieber intern. Besonders der Albaner hatte allen Grund dazu, ein Verfahren zu vermeiden. Schlimmstenfalls würde man ihn von der Mission abziehen und in Frankreich in den Bau stecken. Aber auch der Pole war gut beraten, wenn er es nicht an die große Glocke hing. Innerhalb des Zugs wurden die Sachen untereinander geregelt, das war sozusagen ein ungeschriebenes Gesetz. Ein Verfahren vor dem Militärgericht könnte zudem ein schlechtes Licht auf Coureur werfen. Es würde heißen, er hätte seine Leute nicht im Griff. Und wenn sich der Pole dem Willen des Sergent-Chefs nicht beugte, würde ihn dieser höchstwahrscheinlich für lange Zeit schikanieren.

Also saßen die beiden mit versteinerter Miene da und ignorierten sich. Ich sage nur: Wenn Blicke töten könnten ... Ich glaube, hätte man ihnen jetzt den Rücken gekehrt, sie hätten sich gegenseitig gekillt.

»Baut in Zukunft keinen Scheiß mehr, sonst überstelle ich euch dem Militärgericht, wenn wir wieder an Land sind«, drohte Coureur und ging. Für ihn war die Sache damit erledigt.

»Und wischt gefälligst das Blut weg!«, bellte Sergent Meilleur, bevor auch er den Raum verließ.

Der Albaner verdrückte sich danach unauffällig irgendwohin. Vielleicht hatte er Freunde in einem anderen Zug. Karol verzog sich stöhnend auf sein Feldbett.

Eines war klar: Wir mussten unbedingt von diesem Schiff runter, sonst würden bald noch mehr Legionäre den Koller kriegen und sich gegenseitig an die Gurgel gehen. Diese aggressive Energie könnte man doch viel besser im Kampfeinsatz nutzen, dachte ich, und hoffte, dass es bald losgehen würde.

Nulleinhundert

Coureur sagte, dass wir in der kommenden Nacht in der Elfenbeinküste landen würden. In, nicht *an* der Küste? Also im Landesinneren, wunderte ich mich.

»In Abidjan«, fuhr der Sergent-Chef fort. Er erklärte uns, dass wir mit den Hubschraubern einfliegen würden und eine bestimmte Zone sichern sollten. Selbstverständlich wurde uns damals gesagt, was das für eine Zone war und was es damit auf sich hatte. Darüber darf ich jedoch nicht mehr verraten, es unterliegt noch immer der Geheimhaltung.

Die *Siroco* hatte vier Super-Puma-Helikopter an Bord. Ich warf einen Seitenblick auf Robinho: Der grinste übers ganze Gesicht, so wie ich. Allein der nächtliche Hubschrauberflug würde spannend sein. Wir hatten in Frankreich geübt, wie man sicher in einen Heli einsteigt – in einer Reihe, so dass der Pilot einen sehen kann, dabei möglichst nicht in den Heckrotor laufen –, und ihn im Einsatz möglichst schnell und geordnet wieder verlässt.

»Wenn wir landen«, fuhr Coureur fort, »müssen wir die Zone sofort sichern. Wir sind auf uns allein gestellt.«

Selbst wenn wir unter schwerem Beschuss einfliegen müssten, wäre das für mich okay gewesen. Ich konnte es kaum noch erwarten.

»Start ist um Nulleinhundert«, sagte Coureur zum Schluss.

Damit meinte er, dass wir um ein Uhr morgens losfliegen würden. Die militärische Angabe der Uhrzeit besteht darin, die Ziffern von 0000 bis 2359 zu verwenden.

Nach dem Abendessen kontrollierte ich noch einmal meine Ausrüstung. Ich wollte sichergehen, dass ich wirklich alles mitnahm, was ich eventuell brauchen würde. Das konzentrierte Überprüfen machte mich irgendwie ruhiger, fokussierter. Meine anfängliche Anspannung aufgrund des bevorstehenden Einsatzes legte sich merklich.

Ich überprüfte, ob alle sechs Ersatzmagazine für das Famas gefüllt waren, und befestigte die Magazintaschen an meiner Kampfmittelweste. Ich packte zusätzliche Munition – sechshundert Schuss für unser Maschinengewehr AANF1, jeder Legionär nahm welche dafür mit –, Wasser und Gefechtsrationen für zwei Tage in meinen Rucksack. Zu guter Letzt hängte ich noch zwei Handgranaten an meine Weste.

Jeder im Zug war mit seinem Equipment beschäftigt. Ich sah, wie Robinho sein Medic Kit ausbreitete und zwei Tourniquets außen an seiner Weste befestigte.

»So kommt man im Ernstfall schnell dran und muss nicht erst suchen«, erklärte er mir. »Und für den Fall, dass eins nicht reicht, habe ich noch ein Zweites dabei.«

Ich folgte seinem Beispiel und befestigte ebenfalls eine Aderpresse in Schulterhöhe. Jeder musste ein Tourniquet sichtbar in Schulterhöhe befestigen. Ein Patch, auf dem meine Blutgruppe, A+, stand, hatte ich bereits außen an meine Weste geklebt.

Heute Nacht wird es ernst, dachte ich. Mein erster Kampfeinsatz! Wir würden mitten in einem Bürgerkrieg landen. Da konnte alles Mögliche passieren. Zum Glück überwog das Gefühl einer positiven Anspannung meine Angst vor dem Einsatz.

»Hoffen wir mal, dass wir das Medic-Zeug nicht brauchen«, sagte ich zu Robinho.

Zuletzt bemalte jeder von uns sein Gesicht mit grünen und schwarzen diagonalen Streifen aus Tarnschminke. Im Dunkeln würde ich so mit meiner Umgebung verschmelzen.

Um Mitternacht kam Coureur zu uns und sagte, wir sollten uns bereitmachen. Ich legte erst die kugelsichere Weste an, darüber zog ich die Kampfmittelweste, zuletzt hängte ich mir das Famas um.

Über dem Dock für die Landungsboote befindet sich das Flugdeck. Dort standen vier Hubschrauber bereit. In der Dunkelheit waren die Maschinen nur schemenhaft zu erkennen. Die Nacht war warm. Ich schwitzte jetzt schon unter meiner schweren Ausrüstung, während ich mit den anderen am Rand des Flugdecks stand.

Die Plattform wurde nur spärlich mit rotem Licht beleuchtet. Ich sah einen der Piloten vorbeigehen. An seinem Helm war ein Nachtsichtgerät montiert. Durch die Fenster der Pilotenkanzeln konnte ich das schwache Leuchten der Instrumente im Inneren der Helikopter erkennen. Der Geruch von Kerosin vermischte sich mit der salzigen Meeresluft.

Sergent-Chef Coureur machte ein Zeichen. Ich setzte meinen Helm auf und schob den Gehörschutz ins Ohr. Die Turbinen aller vier Maschinen starteten gleichzeitig. Zuerst drehten sich die Rotoren nur langsam. Dann wurden sie schneller. Ich spürte den heißen Wind im Gesicht. Um mich dagegen zu schützen, drehte ich mich um und schaute aufs Meer. Die Wasseroberfläche war schwarz, dafür standen der Vollmond und unzählige Sterne am Himmel. Vom Festland oder anderen Schiffen war weit und breit nichts zu erkennen.

Das schwache Rotlicht der *Siroco* war neben dem Mond die einzige Lichtquelle hier draußen. Ich war von dem Anblick fasziniert – ein besonderer Moment, der sich mir einprägte: Ich stand mit dreißig schwerbewaffneten Legionären unter dem afrikanischen Sternenhimmel und war kurz davor, in feindliches Gebiet zu fliegen.

Meilleur sprach mit einem der Bordschützen der Helikopter und winkte uns zu sich. In einer Reihe gingen wir auf die Maschine zu. Direkt unter dem Rotor nahm mir der Wind den Atem, und der Lärm war trotz Gehörschutz ohrenbetäubend. Aus Sicherheitsgründen – vier voll betankte Helikopter auf einem engen Flugdeck – stiegen wir erst ein, nachdem die Piloten die Kiste so weit zum Laufen gebracht hatten, dass wir abfliegen konnten. Außerdem hat die Besatzung so im Inneren mehr Platz, um ihre eigene Ausrüstung zu verstauen.

Meilleur schob eine in Plastik eingeschweißte Landkarte unter seine Weste. Wir stiegen durch die Seitentüren in den Helikopter.

Im Inneren ist Platz für zehn Legionäre samt Equipment. Zwei Reihen von Segeltuchsitzen sind Rücken an Rücken im mittleren Teil der Kabine angebracht. Die zwei Bordschützen – der Hubschrauber hat auf beiden Seiten ein schwenkbares Maschinengewehr, das sie bedienen – halfen uns beim Einsteigen. Ich setzte mich auf einen der Segeltuchsitze, den Rucksack auf den Knien, das Gewehr mit dem Lauf nach unten zwischen den Knien. Ich versuchte mich anzuschnallen, doch der Gurt war nicht weit genug, um ihn über der Weste zu schließen. Ich wollte jeden Moment des Aufbruchs bewusst erleben und hatte keine Lust, jetzt an dem blöden Gurt herumzufummeln. Ich ließ ihn einfach offen. Falls es Turbulenzen gab – oder der Pilot unter Beschuss ein Ausweichmanöver fliegen sollte –, musste ich mich eben irgendwo festhalten.

Sobald alle an Bord waren, setzten die Bordschützen ihre Nachtsichtbrillen auf und stellten sich hinter die Maschinengewehre, die aus der Seitentür ragten. Der Pilot schob einen Hebel über seinem Kopf nach vorn, und augenblicklich wurde das Kreischen der Rotoren lauter. Der Hubschrauber vibrierte heftig. Mein Sitz rüttelte hin und her. Der Helikopter hob ein Stück vom Boden ab und drehte dann zur Seite.

Wieder änderte sich das Geräusch der Rotoren, die Nase des Hubschraubers zeigte jetzt nach unten. Ich konnte die Wasseroberfläche durch die Scheiben der Pilotenkanzel sehen. Das hieß, wir standen beinahe senkrecht in der Luft. Dann machte der Helikopter einen Satz nach vorne und flog geradeaus.

Die Bordschützen schwenkten ihre Maschinengewehre in Richtung Meer. Sie waren damit beschäftigt, Munitionsgurte einzulegen. Die Spitzen der Projektile glänzten im Mondschein.

Ich beugte mich nach vorn, um meine Kameraden zu sehen. Mit den Camouflage-Gesichtern sahen aber alle irgendwie gleich aus. Weiße Augenpaare glotzten aus dem Halbdunkel. Ich hatte keine Ahnung, wo Robinho saß. Doch den Typen neben mir erkannte ich: Das war der Albaner. Sein Einhandmesser hatte er an seiner Weste befestigt.

Ich versuchte, mit den Fingern den Tragegurt meines Famas zu entwirren und war für einen kurzen Moment abgelenkt.

Plötzlich durchzuckten helle Blitze die Dunkelheit. Sie kamen aus dem Hubschrauber. Für einen Moment dachte ich, wir würden abstürzen. Dann erkannte ich, dass es das Mündungsfeuer der Maschinengewehre war. Aus beiden Läufen zuckten lange Flammen und leere Patronenhülsen flogen herum. Wegen des Gehörschutzes und des Motorenlärms hatte ich nichts gehört, sondern nur die Lichtblitze gesehen. Die Bordschützen hingen hinter ihren Waffen und feuerten. Ich hatte aber keine Ahnung, worauf. Einer von ihnen hob den Daumen in unsere Richtung. Aha, alles okay. Ich beruhigte mich. Wahrscheinlich war es nur ein Test gewesen, und sie hatten nach dem Laden ihre Maschinengewehre ausprobiert. Das Gleiche macht auch der Bordschütze des Radpanzers immer zu Beginn einer Fahrt.

Der Helikopter ging tiefer, nahe an die Wasseroberfläche.

Der Mondschein spiegelte sich auf den Wellen. Wir flogen enge Kurven, und manchmal kam ein zweiter und dritter Hubschrauber von der *Siroco* ins Blickfeld.

Wie weit es wohl noch bis zur Küste war? Meilleur hatte gesagt, eine Viertelstunde vor dem Ziel würde der Crew-Chief – einer der Bordschützen – drei Mal hintereinander fünf Finger seiner Hand heben. Bei zehn Minuten zwei Mal, und so weiter. Bei zwei Fingern müssten wir uns bereitmachen, den Hubschrauber blitzschnell zu verlassen. Rucksack greifen und sofort raus. Der Heli würde nicht einmal aufsetzen und sofort wieder abfliegen, denn in Bodennähe wäre er ein gefundenes Fressen für Heckenschützen: Er ist groß und träge und daher ein leicht zu treffendes Ziel, besonders während des Anflugs.

Unser Ziel rückte immer näher. Ich war nervös und hatte einen ganz trockenen Mund. Ich griff nach dem Mundstück meines Trinkrucksacks, der auf Schulterhöhe hinten an meiner Weste befestigt war. Das Wasser war warm. Kein Wunder, der Beutel war ja auch zwischen meinem Rücken und dem Sitz eingeklemmt. Ich kontrollierte noch einmal alle Taschen der Kampfmittelweste und bewegte meine Beine, damit sie nicht einschliefen. Bei der Landung musste ich schnell genug hochkommen.

Plötzlich stieg der Hubschrauber steil in die Höhe. Unter uns lag noch immer das Meer. Kein Land in Sicht. Und das Mondlicht schien kurz darauf nun aus einer anderen Richtung zu kommen. Als Nächstes sank die Maschine schnell nach unten. Merkwürdigerweise entluden die Bordschützen ihre Maschinengewehre, lehnten sich auf beiden Seiten aus der Tür und sahen nach unten.

Das konnte ich mir nicht erklären. Wir hatten den Einsatz ganz anders besprochen. Auch meine Kameraden verdrehten die Köpfe, um zu sehen, was los war. Irgendetwas lief offenbar nicht nach Plan. Wir waren nicht an der Elfenbeinküste, sondern immer noch auf See.

»Was soll das?«, ich beugte mich zu meinem Nebenmann und brüllte ihm ins Ohr. »Wo sind wir?«

Er hob ratlos die Handflächen nach oben und zuckte mit den Schultern. Plötzlich tauchte die Silhouette eines großen Schiffs unter dem Helikopter auf – und schon in der nächsten Sekunde landeten wir auf dem Flugdeck der *Siroco*. Irrtum ausgeschlossen.

»Was geht denn ab? Ist der Heli im Arsch?«, fragte ich bei einem der Bordschützen nach. »Warum sind wir wieder hier?«

Ich konnte nicht glauben, dass wir wirklich wieder auf dem Schiff waren.

Er nahm seinen Helm ab. Die Nachtsichtbrille hatte Abdrücke um seine Augen herum hinterlassen und schweißnasses Haar hing ihm ins Gesicht.

»Der Einsatz wurde abgeblasen.«

Verdammt! Dass so etwas häufiger vorkam, erfuhr ich erst irgendwann später. Aber genau deshalb sagte man uns auch nie, ob es ein echter Einsatz war oder nur eine Übung. Für mich jedenfalls war es jedes Mal real.

Schmuggler

Ich stand in der geöffneten Flugzeugtür. Nach zwei Monaten auf dem Schiff und drei Monaten im Senegal würde ich endlich wieder europäischen Boden unter den Füßen haben. Ich brauchte einen Moment, um das zu realisieren. Ich war immer noch enttäuscht wegen des abgebrochenen Einsatzes an der Elfenbeinküste. Meine Kompanie war eben aus Dakar zurückgekehrt, in einem Airbus der französischen Luftwaffe. Jetzt stand ich auf dem Militärflugplatz in der Nähe von Nîmes und schaute zum Himmel. Seit Monaten sah ich zum ersten Mal wieder Wolken. In Afrika war der Himmel nur gleißend hell gewesen, ohne Farben – als hätte sie die Sonne weggebrannt.

Neben der Landebahn standen Busse und Lastwagen bereit. Ich verlud mein Gepäck auf einen der Laster und stieg in den nächstgelegenen Bus. Robinho saß neben mir. Es war Frühling in Europa: grüne Bäume, saftiges Gras, kühle Luft und blauer Himmel. Ich hatte das Gefühl, wieder zu Hause zu sein.

In Nîmes marschierten wir singend in die Kaserne, wie es die Tradition vorschreibt. Laut schallte das Lied der 4. Kompanie, die »Schwarze Rose von Oran« über den Appellplatz. Das Lied stammt aus den fünfziger Jahren, als viele Deutsche bei der Fremdenlegion in Algerien dienten. Ich war einer der wenigen, die den deutschen Text verstanden:

»Im Hafen kehr'n die Legionäre
Bei der Schwarzen Rose ein.
Sie pfeifen auf Geld und Ruhm und Ehre,
Denn schon bald kann alles anders sein.«

Danach kam der Refrain:

»Schwarze Rose von Oran
Küss' noch einmal deinen Legionär.
Schwarze Rose von Oran
Vielleicht siehst du ihn nicht mehr.
Schwarze Rose, Schwarze Rose
Küss' noch einmal deinen Legionär.
Schwarze Rose, Schwarze Rose
Vielleicht siehst du ihn nicht mehr.«

Nach dem Singen hielt der Colonel – Befehlshaber des Regiments – eine kurze Rede. Er sagte, wir hätten unsere Mission erfüllt.

Kunststück, ist ja nicht viel passiert, dachte ich.

Anschließend ging ich mit meinen Kameraden zu einer der Hallen. Dort sollten wir unser Gepäck abholen. Unsere Rucksäcke und Taschen waren von den Lastwagen abgeladen worden und lagen in großen Stapeln auf dem Boden herum. Ich wollte schnell mein Zeug heraussuchen und verschwinden, denn ich freute mich schon seit unserer Ankunft auf eine ausgiebige Dusche.

»Stopp!«, rief plötzlich ein Soldat, der aus dem hinteren Teil der Halle auftauchte. Ich schaute ihn an und blieb stehen. Keine Ahnung, was der wollte. An seinem Oberarm stand auf einer weißen Binde »Police Militaire«.

»Jeder nimmt sein Gepäck«, fuhr er fort, »und leert den Inhalt auf den Tischen da hinten aus.«

Tatsächlich, im rückwärtigen Teil sollten wir unsere Sachen auf dem Boden auspacken – und dort standen auch weitere Militärpolizisten.

»Euer Gepäck«, rief der Militärpolizist mit lauter Stimme, »wird von uns durchsucht. Wer Waffen, Drogen, Diamanten oder Ähnliches – von dem er denkt, dass der Zoll es nicht mag – dabeihat, sagt es besser sofort!« Zunächst sagte keiner etwas.

»Was ist mit Macheten?«, fragte Robinho den Militärpolizisten. Viele Legionäre hatten sich aus Dakar handgefertigte Macheten als Souvenir mitgebracht.

»Macheten sind okay«, antwortete er.

Ich hatte nichts zu befürchten. Das Einzige, was ich aus Afrika mitgebracht hatte, war ein weißes T-Shirt, das ich von einem Straßenhändler in Dakar gekauft hatte. Vorne drauf stand »G-Star«. Es hatte nur zwei Euro gekostet, aber der Stoff war richtig gut. Später hatte ich entdeckt, dass auf den Knöpfen des Shirts »Gucci« eingraviert war. Das fand ich witzig. Fast jeder Legionär hatte billige Kopien solcher Markenprodukte aus dem Senegal mitgebracht. Terenk zum Beispiel hatte ein paar Badelatschen, auf denen oben Puma zu sehen war, auf deren Sohle aber das Nike-Symbol prangt.

Ich kippte seelenruhig den Inhalt meines Rucksacks und des Seesacks auf einen der Tische. Es war ein wirres Durcheinander. Ein Militärpolizist mit dünnen Gummihandschuhen durchwühlte meine Sachen gründlich. Die Hemden und Hosen tastete er sorgfältig entlang der Nähte ab. Obwohl es deutlich aus den ganzen Uniformklamotten herausstach, interessierte sich der Militärpolizist nicht für mein Gucci-G-Star-T-Shirt.

Wie erwartet fand er nichts. Eilig stopfte ich alles wieder in den Rucksack, nachdem er mit mir fertig war.

Bei den anderen Legionären wurde die Militärpolizei ebenso wenig fündig. Waffen, Drogen oder Diamanten hatte keiner in der Kompanie dabei. Lediglich einige Stangen unverzollter Zigaretten aus Dakar wurden gefunden. Harmlos.

Im Grunde eine total unsinnige Aktion, denn das Risiko, Drogen aus dem Ausland einzuschmuggeln, muss kein Legionär auf sich nehmen. Man kann sie sich schließlich auch in der Heimat, in der Kaserne besorgen. Das funktioniert genauso wie auf dem Schulhof. Wer etwas kaufen will, weiß, von wem er es bekommen kann. Es finden sich immer Mittel und Wege. Nach einem Auslandseinsatz ist immer sehr viel Geld im Umlauf. Ich bekam während einer Mission das Zweieinhalbfache meines Solds, rund 3000 Euro im Monat. An Orten wie dem Senegal oder auf der *Siroco* kann man allerdings nicht viel davon ausgeben, also hortet man es eben. Nach fünf Monaten im Einsatz summiert sich das also auf satte 15 000 Euro.

Pizza Speciale

Ein paar Tage nachdem wir in die Kaserne zurückgekehrt waren, hatte ich Ausgang und kam gerade von einem Besuch bei Michelle zurück. Ich passierte den Nebeneingang, als ein Pizzabote mit seinem knatternden Moped vorfuhr und hielt. Die Legionäre dürfen sich in der Freizeit Essen in den Stützpunkt liefern lassen, man muss es nur in Empfang nehmen und bezahlen. Ein Lieferservice ist also an sich kein ungewohnter Anblick.

»Légionnaire Ramores?«, las der Pizzabote von seinem Lieferschein ab und sah die Wache fragend an.

Als ich vorbeigehen wollte, kam ein weiterer Legionär aus meinem Zug vom Ausgang zurück. Girolamo, ein großer, schlaksiger Italiener, war bereits seit einigen Jahren in der Fremdenlegion. Es hieß, er hätte in Afghanistan des Öfteren seinen Mut gezeigt. Er war meistens gut gelaunt und hilfsbereit.

Wir beide kannten Ramores, er war schließlich im Nachbarzug. Aber ich konnte den Typen nicht ausstehen: Ramores war linkisch, faul und zu nichts zu gebrauchen. Er mogelte sich durch, wo er nur konnte, und drückte sich, wann immer es ging, vor seinen Aufgaben. Das kotzte mich richtig an, vor allem, weil er irgendwie immer damit durchkam. Mit dem Typen wollte ich nichts zu tun haben. Mir war scheißegal, ob und wie er an seine Pizza kam. Sollte er doch seinen faulen Hintern selbst zum Tor schwingen, ich würde ihn sicher nicht bedienen.

Eine kluge Entscheidung, wie sich im Nachhinein herausstellen sollte.

Girolamo sah das offensichtlich anders. Hatte wohl eine sozialere Ader als ich. Er bezahlte die Pizza anstandslos und nahm sie mit in unsere Unterkunft. Später erzählte er mir, was sich dann ereignet hatte: Als er die Tür zu Ramores' Zimmer öffnete, lag dieser gerade mal wieder faul auf dem Bett.

»Hey, Ramores«, rief er. »Ich hab' deine Pizza.«

Ramores sprang auf wie von der Tarantel gestochen. Girolamo war total erstaunt, er hatte den Kerl noch nie mit solcher Geschwindigkeit etwas tun sehen. Hektisch und offensichtlich nervös grabschte Ramores nach der Schachtel.

»He, he … nicht so schnell, Kumpel.« Girolamo trat einen Schritt zurück und zog ihm den Pizzakarton weg. »Macht 11 Euro, Mann.«

Genervt holte Ramores einen 20-Euro-Schein aus der Hosentasche.

»Hier, behalt den Rest«, sagte er, warf ihm das Geld hin und riss die Pizzaschachtel an sich.

Girolamo kramte derweil in seinen Taschen nach Wechselgeld. Das Letzte, was er wollte, war, Ramores das Gefühl zu geben, er habe ihm etwas geschenkt.

Ramores schien total ausgehungert zu sein, so gierig riss er den Karton auf. Eigentlich schwer vorstellbar bei so einem trägen Typen. Trotzdem benahm er sich so, als wäre er gerade nach fünf Wochen von der Farm zurückgekehrt. Er zerfetzte den Deckel der Pappschachtel regelrecht. Der geschmolzene Käse von der Pizza blieb daran kleben und zog lange Fäden.

»Lass dich von mir nicht stören, Ramores. Fang ruhig schon an zu essen«, sagte er leicht genervt. »Bin gleich so weit. Irgendwo hab ich noch 'nen Euro …«

»Mann, vergiss es einfach«, zischte Ramores ihn an. »Zieh Leine und lass mich in Ruhe!«

Jetzt wurde Girolamo endgültig misstrauisch und rührte sich nicht von der Stelle. Er wollte wissen, was los war. Als Ramores begriff, dass er nicht gehen würde, hob er die ganze Pizza hoch. Auf dem Boden der Pizzaschachtel lagen drei kleine Plastikbeutel, die irgendeine Substanz enthielten. Jetzt fiel bei Girolamo der Groschen und ihm wurde schlagartig klar, warum Ramores sich so merkwürdig aufführte. Das waren Drogen – Kokain, Amphetamine, meistens Gras, was auch immer.

»Sag mal, hast du sie noch alle?«, fuhr ihn Girolamo an.

»Hier«, Ramores hielt ihm die Pizza hin. »Die kannst du haben. Für deine Mühe. Und jetzt verpiss dich!«

Der Italiener war stinksauer auf Ramores und stellte ihn zur Rede.

»Ich will deine Scheiß-Pizza nicht, du Arsch! Ist dir klar, was passiert wäre, wenn die mich mit dem Zeug erwischt hätten?«

Klare Sache: Er wäre mit Sicherheit im Militärknast gelandet und für einige Zeit dortgeblieben.

»Hättest die Pizza ja nicht annehmen müssen«, antwortete Ramores patzig.

»Cazzo«, fluchte der Italiener, drehte sich um und ging.

Drogenhandel in der Kaserne war keine Seltenheit.

Dass Drogen per Pizzakurier kamen, war mir allerdings neu. Nachdem ich von dieser Geschichte gehört hatte, machte ich einen großen Bogen um die Lieferungen vom Pizza- und Döner-Express. Und tatsächlich flog die Sache irgendwann auf: Gegen Ende meiner Dienstzeit wurde es verboten, sich Essen in die Kaserne liefern zu lassen. Ein ahnungsloser Legionär – er musste neu dazugekommen sein – landete sogar für ein paar Tage im Knast, nur weil er sich eine Pizza bestellt hatte. Auch ohne extra Drogenbeilage. Tja, dumm gelaufen.

Mit Drogendelikten geht die Legion im Grunde relativ locker um – vorausgesetzt, sie ereignen sich am Heimatstandort. Die Übeltäter bekommen meist ein paar Tagen Arrest aufgebrummt. Sobald sie den abgesessen haben, ist der Fall erledigt. Wiederholen sich solche Dinge zu oft in der Karriere eines Legionärs, muss er damit rechnen, bei Beförderungen übergangen zu werden. Und seine Chancen, auf eine Mission zu gehen, sinken ebenfalls.

Strafen, die über fünfzehn Tage Arrest hinausgehen, müssen nämlich vom Colonel persönlich verhängt werden. Das bedeutet für den Übeltäter, dass er damit zum Rapport beim Regimentskommandeur muss. Und der Zugführer hat damit zum einen nicht nur mehr Arbeit, zum anderen kann es sogar negativ auf ihn zurückfallen, wenn es am Ende noch heißt, er hätte seine Legionäre nicht unter Kontrolle. Darum werden in den meisten Fällen Strafen unterhalb dieser Grenze aufgebrummt – oder die Dinge werden »intern« geklärt.

Drogenmissbrauch im Einsatz ist schon eine andere Nummer, denn derjenige stellt dort eine potenzielle Gefahr für seine Kameraden dar. Wenn jemand seine fünf Sinne nicht beieinanderhat, kann mit scharfen Waffen und bei Feindberührung zu viel schiefgehen. Wird ein Legionär auf einer Mission mehrfach bekifft oder stoned erwischt, schickt man ihn so schnell wie möglich nach Frankreich zurück – meist versucht man, solche Sachen irgendwie intern zu klären. In Frankreich sitzt er seinen Arrest ab und verliert seinen Anspruch auf den erhöhten Sold – rausgeschmissen werden kann er deswegen allerdings nicht so einfach. Der Vertrag mit der Fremdenlegion ist für beide Parteien nur sehr schwer kündbar. Das durchzusetzen würde einen hohen bürokratischen und zeitlichen Aufwand bedeuten. Wenn die Fremdenlegion einen Legionär schnell loswerden will, bleibt den Vorgesetzten meist nichts anderes übrig, als ihm das Leben dermaßen zur Hölle zu machen, dass er von sich aus desertiert.

Letztlich ist es in der Legion mit Drogen so wie im Zivilleben auch: Wer sie nehmen will, wird eine Möglichkeit finden, welche zu bekommen. Und solange er nicht auffällt und weiterhin funktioniert, wird er in Ruhe gelassen. Besonders streng wird in der Fremdenlegion jedenfalls nicht dagegen vorgegangen.

Im Verdachtsfall müssen sich die Legionäre einem Drogentest unterziehen. Dabei muss der Verdächtige in Anwesenheit der Militärpolizei eine Urinprobe abgeben. Auf der Toilette pinkelt derjenige also in einen Becher, und der Militärpolizist steht mit im Raum und überwacht die Prozedur. Es war jedoch ein offenes Geheimnis, dass sich einige Kameraden fremden, »sauberen« Urin geben ließen. Sie bewahrten ihn in einem verknoteten Kondom in ihrer Hose auf. Bei der Abgabe des Urintests füllten sie das Röhrchen für die Probe unauffällig mit dem Inhalt des Kondoms. Da viele Vorgesetzte wie gesagt Probleme mit den Legionären lieber »intern« regelten, anstatt ein offizielles Verfahren einzuleiten und damit die Aufmerksamkeit auf sich zu lenken, fanden solche Drogentests aber nur selten statt. Wenn dabei ein Legionär positiv getestet wird, ist die Sache offiziell. Daran hat niemand großes Interesse.

In Nîmes bekam man ständig Marihuana, Kokain oder Speed angeboten. Ich persönlich habe mit Drogen nie etwas am Hut gehabt, ich nehme nicht einmal Vitamintabletten. Trotzdem kann ich nachvollziehen, warum viele Legionäre zu Drogen greifen. Schon vor dem Einsatz an der Elfenbeinküste hatte sich bei uns allen auf der *Siroco* eine Menge Adrenalin angestaut. Wir waren extrem angespannt und hatten keine Gelegenheit bekommen, diese überschüssige Energie abzubauen.

Auch mir fiel es schwer, die verpasste Mission an der Elfenbeinküste zu vergessen und auf Normalmodus umzuschalten. Schließlich war ich kurz davor gewesen, mitten in einem Bürgerkrieg zu landen, und hatte mich mental darauf eingestellt. Dann wurde auf einmal nichts draus. Mein Ventil für die Anspannung war Sport. Ich trainierte und lief einfach mehr als sonst und kam so wieder runter.

Das funktioniert bei mir immer gut, anderen fiel es schwerer. Sie befanden sich immer noch im Kriegszustand und mussten irgendwie Dampf ablassen. Manche griffen dann eben zu diversen Drogen.

Ich persönlich legte immer großen Wert darauf, meinen Körper fit und clean zu halten, schließlich wollte ich länger bei der Fremdenlegion bleiben. Alle Legionäre – auch diejenigen, die in der Verwaltung arbeiten – müssen ihre körperliche Fitness nämlich alle sechs Monate unter Beweis stellen.

Der CCPM-Test – Contrôle de la condition physique du militaire – findet an zwei aufeinanderfolgenden Tagen statt. Er beginnt mit einem 8000-Meter-Lauf im Kampfanzug mit Waffe, Helm und Weste. Zusätzlich trägt man dabei einen 10 Kilo schweren Rucksack auf dem Rücken. Man hat maximal eine Stunde Zeit, um die Strecke zu schaffen. Dann kommen Situps – mindestens fünfundfünfzig in zwei Minuten –, Liegestütze, Kniebeugen und Klimmzüge an die Reihe. Alles auf Zeit, in der man eine bestimmte Anzahl erreichen muss: sieben Klimmzüge, dreißig Kniebeugen, dreißig Liegestütze. Beim Seilklettern dürfen nur die Arme benutzt werden, um sich 7 Meter in die Höhe zu ziehen. Ohne mit den Füßen zu schieben, ist das wesentlich schwerer.

Bei einem Lauf über zwölf Minuten – diesmal im Sportzeug und ohne Rucksack – wird von jedem Legionär erwartet, dass er mindestens 3000 Meter zurücklegt. Den Abschluss bilden 100 Meter Schwimmen und übergangslos 10 Meter Tauchen.

Auch dafür gibt es gewisse Vorgaben. Ich habe das meistens in etwa anderthalb Minuten hingekriegt. Wer den Test nicht schafft, muss ihn so lange wiederholen, bis er ihn besteht.

Was Ramores betrifft, war mir schon aufgefallen, dass er immer dann, wenn wieder der Test anstand, einen Vorwand hatte, um nicht daran teilnehmen zu müssen. Entweder sollte er in der Offiziersmesse helfen, oder er brachte ausgerechnet an dem Tag dienstliche Post nach Aubagne.

Komischerweise habe ich auch nie mitbekommen, dass er den versäumten Termin nachholen musste. Keine Ahnung, wie er das hingekriegt hat.

Mich kotzte es jedenfalls an, in einem Zug so ein »Kameradenschwein« zu haben, das sich nicht fit hielt – vor allem in einer Kampfkompanie. Im Einsatz müssen wir schließlich auf jeden Mann zählen können. Da kann man keinen gebrauchen, der ständig hinterherhinkt oder dem man per Räuberleiter über jedes Hindernis helfen muss, weil er es nicht aus eigener Kraft schafft, seinen verwöhnten Luxuskörper hinaufzuwuchten. Das war auch der Grund, warum er in den ganzen fünf Jahren keinen einzigen Einsatz hatte und immer im Regiment zurückbleiben musste.

3
Vom Légionnaire zum Caporal

Hasenjagd

»Da! Dort hinten! Da läuft er …«, schrie Sergent Francizek
und streckte den Arm aus. Ich schaute in die Richtung. Francizek rannte los, in einem Affenzahn den Hügel hinunter. Wir
hinterher. Neunundzwanzig angehende Caporäle. Seit einer
Woche war ich Élève Caporal.

Ich war zum Caporalslehrgang nach Castel abkommandiert
worden. Die Ausbildung dauert acht Wochen, wobei man hier
zu Anfang zwei Wochen auf einer Farm verbringt. Allerdings
ist das eine andere als die, die ich während der Grundausbildung kennengelernt hatte. Sie heißt Ferme Bertrandou. Wir
befanden uns gerade im umliegenden Gelände. Die Farm bestand aus einem Haupt- und einem flachen Nebengebäude,
nichts Besonderes. Darin wohnten allerdings nur unsere Ausbilder. Wir Élèves Caporaux kampierten in Zelten auf einer
anderen Erhebung.

Die Gegend war sehr hügelig. Viele steile Erhebungen, auf
denen Bäume wuchsen. Keuchend kam ich neben dem Sergenten zum Stehen. Er zeigte bereits auf die nächste Erhebung.

»Los, los!«, rief Francizek. »Er entkommt uns!«

Die Élèves Caporaux rannten los. Caporal ist der nächst-
höhere Dienstgrad über dem Légionnaire 1e Classe. Er entspricht ungefähr dem eines Stabsgefreiten bei der Bundeswehr. Allerdings hat ein Caporal in der Fremdenlegion ganz
andere Aufgaben. Er trägt wesentlich mehr Verantwortung.
Einfach gesagt, funktioniert die Umsetzung eines Befehls in
der Fremdenlegion so: Der Capitaine sagt seinen Zugführern,

meistens irgendwelche Lieutenants oder Adjudanten, was gemacht werden soll. Dann gibt der Zugführer die Befehle im Beisein des Sergent-Chefs, des stellvertretenden Zugführers also, an seine Gruppenführer, die Sergenten, weiter und die an den Caporal du jour. Letztlich sind es die Caporäle, die dafür sorgen müssen, dass ein Befehl von den Legionären ausgeführt wird.

»Wo ist er?« Francizek schaute sich um. »Oh, ich weiß … Er versteckt sich.« Der Sergent drehte sich langsam um die eigene Achse und spähte konzentriert in jede Richtung. Ich nutzte die kurze Verschnaufpause, um wieder zu Atem zu kommen. Wir liefen bereits seit ein paar Stunden im Kampfanzug hinter ihm her.

Nachdem ich unspektakulär – lediglich eine Frage der Dienstzeit und guter Führung – vom Légionnaire 2e Classe zum 1e Classe aufgestiegen war, hatte man mich für den Caporalslehrgang vorgesehen. In den Augen der Legion sollte jeder Legionär nach anderthalb bis zwei Jahren den Caporalslehrgang absolvieren und bestehen. Die Härte des Einstiegstests ließ mich schon ahnen, was mir bei dem Training blühen würde: 100 Meter schwimmen auf Zeit, dann sofort 10 Meter tauchen, 8 Kilometer laufen mit 10 Kilo Gepäck samt Helm, Rucksack und Gewehr. Plus Theorie. Ich musste einen Aufsatz auf Französisch schreiben zum Thema »Wie sieht es mit der englischen Sprache in Frankreich aus?«. Keine Ahnung, wer sich diese beschissene Frage ausgedacht hat. Ich habe einfach zwei Seiten vollgeschrieben und nie wieder etwas über mein »Werk« gehört. Kann aber nicht ganz verkehrt gewesen sein, denn am Ende hatte ich das zweitbeste Testergebnis.

Francizek suchte immer noch die Gegend ab. Der Sergent war Pole und schätzungsweise damals Ende zwanzig. Er hatte jede Menge Tattoos an Armen und Beinen – und die meiste Zeit ein fettes Grinsen im Gesicht Das war total irritierend. Ich wusste nie, wann er etwas ernst meinte und wann nicht.

Mal verarschte er uns, und von einem Moment auf den anderen war er dann plötzlich todernst und machte Druck.

»Er wartet bestimmt auf uns«, sagte der Sergent laut. Alle Élèves Caporaux schauten ihn an. Während des Aufenthalts auf der Ferme Bertrandou trugen wir immer Camouflage im Gesicht. Nach einiger Zeit wird die Schminke hart. Das fühlt sich ziemlich ekelhaft an. Meine Haut und die Lippen waren davon aufgerissen. Ich hätte zu gern mal geduscht und mir das Zeug abgewaschen. Ausgiebige Körperhygiene war aber auf der Ferme Bertrandou nicht vorgesehen. Nur die Bartstoppeln mussten wir abrasieren, besser gesagt, notdürftig abschaben. Danach kam sofort wieder Tarnschminke drauf.

»Wenn er wartet«, fuhr der Sergent fort, »warten wir eben auch.«

Ich stemmte die Ellbogen in die Seiten und streckte mich. Durch das ständige Laufen war ich total verspannt. Meine Muskeln, Sehnen und Bänder schmerzten.

»Während wir warten, müssen wir aber Liegestütze machen«, sagte der Sergent mit irrem Blick. »Das will der Hase von uns.« Francizek hörte sich an, als hätte er nicht mehr alle Tassen im Schrank. Doch Widerstand war zwecklos, daher ging ich auf die Knie. Ich war der Einzige aus meiner Kompanie, der am Lehrgang teilnahm. Die Élèves Caporaux um mich herum stammten aus allen Regimentern der Fremdenlegion. Die Fallschirmjäger und die Infanteristen des 2e REI gaben, was das Laufen betraf, am meisten Gas.

»Da!«, rief der Sergent zwanzig Liegestütze später plötzlich aufgeregt. »Ich kann ihn sehen. Der Hase läuft wieder den Hügel hinauf!« Francizek nannte das, was wir hier machten, »Hasenjagd«. Doch wir rannten keinem echten Hasen hinterher – es war noch bescheuerter: Niemand außer Francizek konnte den Hasen sehen. Denn es gab ihn lediglich in seiner Phantasie.

Und wieder rannten wir. Bergauf, bergab. Auf der Kuppe des nächsten Hügels blieb ich erschöpft stehen. Ich hatte tierischen Durst. Francizek wandte den Blick vom Horizont ab und starrte in unsere schwarz-grünen Gesichter. Der Anblick schien ihn sehr zu amüsieren, denn sein Grinsen wurde tatsächlich noch breiter.

»Ich weiß, dass ihr mich hasst«, feixte er fröhlich. »Aber da müsst ihr jetzt durch!«

Mehr Verschnaufpause gönnte uns der Pole nicht. Weiter ging die Hasenjagd, und Francizek lief voran. Er wirkte total durchgedreht. Immerhin gab er sich Mühe, uns zum Weitermachen zu motivieren.

Meine Uhr hatte ein eingebautes GPS, sie kann anzeigen, wie weit ich gelaufen bin. An diesem Tag gab der Akku nach 19,5 Kilometern den Geist auf – doch wir waren längst noch nicht fertig – wir waren weiter auf Hasenjagd.

Eine unwillkommene Abwechslung war das Schleppen eines Baumstamms. Der wog 120 Kilogramm und konnte nur von vier bis sechs Legionären getragen werden. Diesen Baumstamm schleppten wir überall herum, auch beim Singen hatten wir ihn auf unseren Schultern. Wir gaben ihm den Namen »Jenny« – ein Name, der mich bis heute verfolgt. Meine Tochter werde ich niemals so nennen …

Baumschleppen, Hasenjagd: Ich riss mich zusammen. Ich wollte nicht als Erster aus dem Lehrgang fliegen, weil ich nicht mehr konnte. Meine Kameraden hatten ebenfalls Schmerzen und sicher genauso großen Durst wie ich. Manche stöhnten und schleppten sich mühsam vorwärts.

Das Wichtige ist, die Schmerzen nicht zu zeigen, sich durchzubeißen und einfach weiterzumachen. Ich dachte an schöne Dinge aus meiner Kindheit – meistens an meinen Kater Tommy –, um mich abzulenken. Ich weiß nicht, wie ich darauf kam, aber es funktionierte. Ich vergaß tatsächlich den Schmerz und die Erschöpfung.

Heute weiß ich: Wenn ich glaube, dass ich nicht mehr kann, sind tatsächlich erst etwa siebzig Prozent meiner Leistungsfähigkeit ausgeschöpft. Da geht also immer noch was.

Es ist nur eine Frage des Willens. Ohne den funktioniert der Körper nicht.

Nachtorientierungsmarsch

Ein weißer Blitz – blendend hell. Ich riss die Augen weit auf. Doch um mich herum war alles schwarz. Ich wusste nicht, wo ich war. Ein plötzlicher Ruck, es riss mich vorwärts. Ich stolperte weiter, verwirrt, todmüde. Ich glaubte, Stimmen zu hören, konnte sie aber nicht zuordnen. Meine Beine bewegten mich stolpernd voran, ich schloss die Augen. Ich konnte sie einfach nicht mehr offen halten. Eine Viertelsekunde später nickte ich ein. Meine Füße liefen weiter.

Wieder ein greller Blitz, direkt vor meinem Gesicht. Ich zuckte zusammen, riss vor Schreck die Arme hoch. Etwas hielt mich von hinten zurück. Gleichzeitig wurde ich vorwärts gezogen. Orientierungslos fragte ich mich: Wo bin ich, was ist hier los? Dann erkannte ich die Stimmen einiger meiner Kameraden. Langsam dämmerte es mir, während mein Geist allmählich erwachte: Wir waren doch zu diesem Nachtorientierungsmarsch aufgebrochen … Schien eine Ewigkeit her zu sein. Träge sah ich mich um. Ich konnte nicht viel erkennen.

Über mir ragten die dunklen Baumwipfel unbewegt in den nächtlichen, sternenklaren Himmel auf. Also kein Gewitter. Die weißen Blitze, die ich gesehen hatte, kamen demnach vom Schlafentzug. Aha, Halluzinationen. Die Symptome kannte ich mittlerweile. In den letzten acht Tagen und sieben Nächten hatte ich genau acht Stunden und vierzig Minuten geschlafen.

Das weiß ich so genau, weil ich mir jeden Tag auf einem kleinen Zettel notiert habe, was wir bei der Legion gemacht haben – selbst auf der Ferme Bertrandou. Hasenjagd tagsüber, danach Nachtmärsche bis zum Morgengrauen, zwischendurch auch wieder Jenny schleppen und viel singen. Unterricht gab es auch noch, aber die meisten schliefen gleich ein – und wir mussten wieder auf Hasenjagd gehen. Ich war todmüde und erschöpft.

Vor und hinter mir spürte ich meine Kameraden. Wieder ein Ruck an meiner Hüfte, und meine Füße trotteten mechanisch der Silhouette meines Vordermanns hinterher. Ich erinnerte mich: Um wenigstens im Gehen etwas Erholung zu bekommen, hatte ich mich mit einem Karabiner und einem Stück Seil an seine Koppel gehängt. So brauchte ich nur einen Fuß vor den anderen zu setzen und konnte ausruhen.

Die anderen neun Élèves Caporaux hatten es genauso gemacht und sich jeweils zu zweit oder zu dritt aneinander gekoppelt. Derjenige, der an der Spitze lief, musste wach bleiben, aufpassen und durfte nicht – unter gar keinen Umständen! – die Orientierung verlieren. Gar nicht so einfach. Wenn der Anführer unaufmerksam war oder einnickte, landeten die anderen im Graben, im Gebüsch oder stürzten einen Hang hinunter. War alles schon mehrmals vorgekommen. Mal abgesehen davon, dass so ein Sturz höllisch weh tat, müssten wir die ganze Mission wieder von vorne beginnen, sollte er dadurch die Orientierung vollends verlieren. Darum wechselten wir sicherheitshalber alle halbe Stunde die Frontmänner aus.

Bei einem Nachtorientierungsmarsch geht es darum, verschiedene Punkte – in unserem Fall fünf – nacheinander zu erreichen. Beim Caporalslehrgang bekamen wir dazu einen Kompass und Richtungsangaben plus Entfernung, zum Beispiel »400 Meter in Richtung 800 Millième, dann 2000 Meter in 3200 Millième«. Millième sind militärische Gradangaben. Ein Vollkreis ist im Uhrzeigersinn von 0 bis 6400 Millième unterteilt. Die Gradangaben bezeichnen den Winkel von der Nordrichtung zum Ziel, das man ansteuern will. 3200 Millième entsprechen also 180 Grad – und damit Süden. Dieses System wurde entwickelt, um der Artillerie möglichst präzise Angaben machen zu können. In der Regel erstreckt sich so ein Marsch über 30 bis 40 Kilometer. Nachts ist es logischerweise schwer, sich visuell zu orientieren. Also zählt man Schritte. Das funktioniert aber nur, wenn man seine Schrittlänge ganz genau kennt. Bei mir sind 100 Meter 66 Doppelschritt im Gehen und 44 Doppelschritt im Laufen auf ebener Erde – mit Rucksack und Steigung kann ich 10 Prozent der Schrittzahl dazuzählen. Bergauf und bergab muss man extra abmessen, da die Schrittlänge sich dabei verändert. Am besten misst man jeweils mit und ohne Rucksack. Bei dem Verfahren kommt es wirklich auf Genauigkeit an, sonst klappt es nicht.

Der Caporal-Chef, der die Märsche befehligte, war ein richtiges Arschloch. Ein kleiner, fetter Südamerikaner. Anders als Francizek, der auf seine verrückte Art ganz okay war, war dieser Typ ein bösartiger Bastard. Er nahm uns willkürlich das wenige Essen weg, das wir bekamen – ausschließlich Gefechtsrationen –, und verkürzte die Essenszeit. Einmal schickte er mich mit dem schwersten MG, das auf der Farm zu finden war, einem Browning Kaliber 12,7 Millimeter, im Laufschritt auf einen Hügel. Ich hasste den Kerl aus tiefster Seele. Eigentlich hasste ihn jeder der angehenden Caporäle.

Bei den Nachtorientierungsmärschen war der Südamerikaner allerdings gar nicht mit von der Partie. Der faule Sack schlief seelenruhig auf der Farm. Er hatte eine besondere – zugegeben ziemlich clevere – Methode, um im Nachhinein zu kontrollieren, ob wir auch wirklich alle fünf Punkte erreicht hatten: Jede Gruppe bekam ein Blatt Papier mit auf den Weg. An jedem Checkpoint war ein kleines Werkzeug versteckt, mit dem man ein Symbol aus dem Papier ausstanzen konnte. Stern, Kreis, Raute und so. Jedes Mal etwas anderes – schummeln ausgeschlossen.

Wie immer hatte er uns in »Binome«, Buddy-Teams zu jeweils zwei Mann, aufgeteilt. Nachdem wir alle unsere Richtungsangaben erhalten hatten, ging es los. Das war vor sechs Stunden gewesen. Seither waren wir schon rund 20 Kilometer gelaufen. An den gesamten Weg kann ich mich gar nicht mehr richtig erinnern, mal ging es bergauf, mal bergab, durch struppiges Dickicht, das mir das Gesicht zerkratzte, durch ein ausgetrocknetes Flussbett, in dem wir alle ins Straucheln gerieten vor lauter Müdigkeit.

Irgendwann war ich dann an der Reihe, die Führung zu übernehmen und meinen Kameraden hinter mir mitzuziehen. Ich hakte den Karabiner auf und ging an die Spitze. Mein bisheriger Frontmann erklärte mir, wo wir uns seiner Ansicht nach derzeit befanden. Wenn seine Einschätzung richtig war, lag mehrere hundert Meter vor uns der nächste Wendepunkt. Ich konzentrierte mich, zählte sorgfältig jeden Schritt. Die Müdigkeit war wie weggeblasen. Ich wusste, dass mein Kamerad, der hinter mir ging, sich jetzt ganz und gar auf mich verließ. Ich würde ihn nicht enttäuschen, nahm ich mir vor. Wir marschierten.

Fünfzig Schritte, fünfundfünfzig, sechzig … Im Dunkeln schimmerte etwas vor uns durch die Bäume. Wir gingen schnurstracks darauf zu. Was mochte das wohl sein? Egal, nur nicht ablenken lassen, ich würde es früh genug erfahren. Ich zählte weiter. Achtzig, fünfundachtzig, neunzig – *platsch!* Plötzlich stand ich im Wasser. Verdammte Scheiße, das schimmernde Etwas war ein See! Ich stand am Ufer eines großen Sees! Ich fluchte lautstark, mein Buddy hinter mir kam zum Stehen, dann sackten wir erschöpft auf den Boden.

»Verfluchte Scheiße, hier muss es eigentlich sein!«, sagte ich zu dem Spanier, mit dem ich ein Zweimannzelt teilte. Auf der Farm schliefen nur die Ausbilder im Gebäude. Die Auszubildenden waren in Zelten auf einem Biwak-Platz untergebracht. Da wir aber so gut wie nie schliefen, standen die Zelte meist leer. Die kurze Zeit auf der Farm war so anstrengend, dass ich mich heute kaum noch an einzelne Gesichter – wir trugen sowieso ständig Camouflage – oder Namen erinnere.

»Wo genau ist denn die Position?«, wollte der Spanier wissen.

»Na, eigentlich noch 4 Meter geradeaus«, sagte ich.

»Da stimmt doch was nicht«, meinte er. »Das wäre ja im See. Kann doch nicht sein. Oder glaubst du …?«

In dem Moment hatten wir den gleichen Gedanken.

»Dem fiesen Bastard ist alles zuzutrauen. Ich geh' nachsehen«, sagte ich und zog mir Stiefel und Uniform aus. Dann watete ich in den See hinein. Das Wasser war ziemlich kalt, machte mich aber wach. An der Stelle, wo der Tacker liegen konnte, ging es mir bis zur Hüfte. Wahrscheinlich, dachte ich, hat das Arschloch von Caporal-Chef das Ding einfach vom Ufer aus reingeworfen. Ich ging in die Knie und tastete vorsichtig den Grund ab. Mist, da war nichts!

Ich spürte leise Verzweiflung in mir hochsteigen. Sosehr ich den Bastard auch hasste, ich hoffte inständig, dass das Schwein den Tacker auf dem Grund des Sees versenkt hatte. Denn die Alternative wäre weitaus schlimmer: Wenn ich hier nichts fand, bedeutete das, dass wir uns verirrt hatten. Dann müssten wir den ganzen Weg bis zum letzten Checkpoint zurücklaufen und das Spielchen noch einmal von vorne beginnen. Den hatten wir ja erreicht, wenn wir einen Fehler gemacht hatten, dann auf dem Abschnitt, der gerade hinter uns lag. Zwischen den einzelnen Wendepunkten lagen mehrere Kilometer. Und den Letzten mussten wir auch erst mal wiederfinden. Ob ich dafür noch die Kraft hätte? Spielte im Grunde keine Rolle, denn zur Farm zurückzukehren, ohne jeden einzelnen Checkpoint erreicht zu haben, war ohnehin keine Option.

Fieberhaft suchte ich mit den Fingern zwischen Sand, Schlamm und Wasserpflanzen. Ab und zu war auch mal ein Stein dabei. Ich betastete alles sorgfältig, was eventuell das gesuchte Werkzeug sein konnte. Es schien ewig zu dauern. Ich fand nichts, da war nichts, Scheiße! Doch endlich, endlich ergriff ich etwas Kantiges und zog das Ding aus dem Wasser. Ja – es war der beschissene Tacker! Mir fiel ein Stein vom Herzen, ich stieß einen krächzenden Jubelschrei aus. Wir hatten uns also doch nicht verlaufen. Ich watete bibbernd zurück zum Ufer und machte ein Loch in unser Papier. Aha, sternförmig diesmal. Dann warf ich das Ding mit einer gewissen Genugtuung wieder in den See.

Ich zog – nass, wie ich war – meine Uniform wieder an. Die nächsten Stunden fror und zitterte ich vor mich hin. Es war Mitte April, also nachts empfindlich kühl, dazu der Schlafentzug und die allgemeine Erschöpfung. Das war keine angenehme Kombination.

Ein Kamerad übernahm ab jetzt die Führung, und ich klinkte mich hinter ihm ein. Wir marschierten wieder. Der nächste Orientierungspunkt lag mitten in einem Gestrüpp. Im Dunkeln mussten wir ewig suchen, bis einer von uns den Tacker fand.

Kurz vor Morgengrauen erreichten wir dann wieder die Ferme Bertrandou. Der chilenische Caporal-Chef saß auf der Veranda des Hauptgebäudes, warm eingepackt, mit einer dampfenden Tasse Kaffee in der Hand. Ich freute mich nicht gerade darüber, seine Visage zu sehen, aber ich war froh, dass wir endlich angekommen waren. Von den anderen beiden Gruppen war weit und breit nichts zu sehen. Ich konnte es kaum erwarten, mich auf mein Feldbett zu werfen. Doch der Bastard hatte noch etwas auf Lager: »Ihr könnt erst in eure Zelte, wenn die letzte Gruppe hier ist!«

Das konnte unter Umständen noch Stunden dauern. Mir war es in meinem aktuellen Zustand sogar egal. Ich wollte mich nur ausruhen. Rücken an Rücken setzten der Spanier und ich uns auf den Boden, wo wir gerade standen. Auf diese Weise stützt man sich gegenseitig. Die anderen taten dasselbe. Die Gruppe saß dicht beieinander.

»Verfickt noch mal, jemand sollte den Bastard umbringen«, machte einer meiner Kameraden seinem Ärger Luft.

»Wie würdest du es denn machen?«, fragte ein anderer.

»Ich würd' ihn eiskalt abstechen …«, phantasierte der Erste.

»Aber was, wenn er sich wehrt?«

»Ich hab' 'ne viel bessere Idee«, mischte sich ein Dritter ein und sagte mit verschwörerischer Stimme: »Das fette

Schwein fährt doch immer auf seinem Mountainbike durchs Lager …«

Wir lauschten ihm alle gespannt. Unter den Élèves Caporaux waren auch Legionäre aus einem der Pionierregimenter. Und die Pioniere sind Experten im Umgang mit Sprengstoff. Er war einer von ihnen. Als er weitererzählte, fuhr er sich mit der Hand über den kahlen Schädel.

»Also ich würde es so machen: Eine Ladung Sprengstoff unter dem Sattel verstecken. Dann würde ich einen Draht mit dem Dynamo verbinden und eine Zündkapsel anschließen. Die kommt dann in den Sprengstoff. Und beim nächsten Mal, wenn er seine Runde dreht – *bumm!*«

»Genial!«

Verschwörerische Blicke wanderten zwischen dem Bike, das an der Veranda lehnte, dem Caporal-Chef auf seinem Stuhl und dem Pionier. In diesem Moment hätten wir den Typen wirklich am liebsten kurzerhand gekillt. Allein der Gedanke daran brachte uns, die wir hier total erschöpft auf dem Boden saßen, so zum Grinsen, dass die verkrustete Tarnschminke aufplatzte und zu bröckeln begann.

Zombies

Aus dem Spiegel starrte mich ein Zombie an: unreine, fleckige Haut mit einem unnatürlichen Teint, eingefallene Wangen, hervorstehenden Wangenknochen, die Augen tief in den Höhlen. Ich konnte kaum glauben, dass ich das war. Und das nach nur einer Woche auf der Ferme Bertrandou. Ich sah total fertig aus und war echt geschockt über meinen Zustand.

Die letzte Woche der Caporalsausbildung fand zum Glück wieder in Castel statt. In Castelnaudary ist ja das Ausbildungsregiment der Fremdenlegion stationiert: Sowohl die Grundausbildung wie auch die Lehrgänge zum Caporal und zu weiteren Dienstgraden finden dort statt. Außerdem werden in Castel die Sanitäter ausgebildet und die Lkw-Führerscheine gemacht. Viele Legionäre kommen im Lauf ihrer Karriere also immer mal wieder hierher.

In Castel war es dann nicht mehr so mörderisch anstrengend wie auf der Farm. Am ersten Wochenende nach unserer Rückkehr hatten wir sogar einen Sonntag frei – den ganzen Tag! Ich ging ins Foyer und kaufte mir ein Kilo Cornflakes. Dann legte ich mich ins Bett. Wenn ich aufwachte, aß ich Cornflakes. Sonst tat ich nichts. Ich kam langsam wieder zu Kräften und konnte auch regelmäßig schlafen.

In Castel habe ich auch gelernt, warum die grüne Krawatte zur Uniform der Legionäre gehört. Im Jahr 1945 hat eine Einheit der Fremdenlegion, die an der Seite der Alliierten kämpfte, ein deutsches Depot erobert. Dort lagerten Tausende grüner Krawatten. Die Legionäre banden sich alle eine um, weil sie fanden, dass es schick aussah. Irgendwann wurde es offiziell. Seither gehört eine grüne Krawatte zur Paradeuniform der Fremdenlegion.

Apropos Paradeuniform: Der 30. April fiel in die Zeit, in der ich auf dem Caporalslehrgang in Castel war – der Jahrestag der Schlacht bei Camerone und der höchste Feiertag der Legion. Die große Parade findet im Hauptquartier in Aubagne statt. Gefeiert wird aber auch an den Standorten der Regimenter. In Castel gab es eine Parade auf dem Appellplatz, bei der sämtliche Kompanien aufmarschierten. Anschließend begann die Party. An diesem Tag wird die Kaserne sogar für Zivilisten geöffnet und es gibt Verkaufsstände mit Bier, Wein, Paella und anderes. Es gibt sogar eine Hüpfburg für Kinder. Das Ganze nennt sich Kérmes – Kirmes auf Deutsch. Für die Fremdenlegionäre gehört traditionell ein anständiges Besäufnis zu Camerone dazu. Bei diesem Ereignis wird es sogar geduldet, wenn sich ein Legionär bis zum Umfallen betrinkt.

Als Élève Caporal musste ich an diesem Tag natürlich kräftig mit anpacken.

»Du da«, sagte Sergent Francizek und zeigte mit dem Finger auf mich. Er war mit uns nach Castel gekommen. Er konnte sich unsere Namen anscheinend schlecht merken. »Du bist doch Deutscher, oder?«

Oh nee, hoffentlich kommt jetzt nichts Blödes, dachte ich. Hasenjagd mit den Kindern der Zivilisten zum Beispiel.

»Als Deutscher«, fuhr er fort, »arbeitest du natürlich am Bierstand.«

Das fand ich gar nicht so schlecht. Am Camerone-Tag stand ich also hinter einem provisorisch aufgebauten Tresen – ein Holztisch unter einem Partyzelt – und zapfte Kronenbourg-Bier. Nebenan wurde Paella aus einer großen Pfanne verkauft. Die Stände lagen auf dem freien Gelände vor den Fahrzeughallen. Die Sonne schien, und ich glaube, die Hälfte aller Einwohner von Castelnaudary war in die Kaserne gekommen. In regelmäßigen Abständen schaute Francizek vorbei.

»Wie wäre es mit einem Bier, Sergent?«, fragte ich ihn jedes Mal. »Geht aufs Haus!«

Francizek nahm das Glas und prostete mir zu.

»Santé, Mahler!« Nachdem er ein paar Mal da gewesen war, hatte er sich meinen Namen gemerkt. Sein Gang wurde allerdings zunehmend unsicher.

»He«, sprach mich jemand von der Seite an. Ich öffnete gerade einen Karton mit frischen Gläsern. »Du bist auch Deutscher?« Ein Rekrut stand vor mir, der auf das Namensschild an meiner Uniform zeigte. Er sah ziemlich jung aus und zwinkerte mir zu, als seien wir während einer Pause auf dem Schulhof.

»Engagé Volontaire«, sprach ich ihn förmlich an. Seine lockere, fast respektlose Art gefiel mir ganz und gar nicht. »Pass auf, wie du mit mir redest, und quatsch mich nicht so an, als wäre ich dein Kumpel.«

Er starrte mich total verdattert an: »Sorry. Ich dachte doch nur, weil du auch Deutscher …«, stammelte er.

»Du bist hier nicht auf dem Ponyhof. Gewöhn dir an, ein wenig Respekt zu zeigen!«

Er nickte wortlos, drehte sich dann aber um und rief lauthals: »Mama, Papa! Kommt doch mal!«

Hatte ich richtig gehört?

Tatsächlich trotteten ein älterer Mann und eine Frau auf meinen Bierstand zu. Sie sahen irgendwie so aus, wie ich mir Lehrer, die in Frankreich Urlaub machen, vorstelle: Freizeitkleidung, helle Hosen mit Cargotaschen und Goretexjacken.

»Der Legionär da ist auch Deutscher«, sagte der Junior zu seinen Eltern und zeigte schon wieder mit dem Finger auf mich.

»Ach wirklich, Jonas? Wie schön für dich.«

Die beiden musterten mich nun neugierig von oben bis unten.

»Guten Tag, junger Mann«, sagte der ältere Mann schließlich und hielt mir seine Hand hin.

»Élève Caporal Mahler«, stellte ich mich förmlich vor. Im Nachhinein muss ich sagen, dass ich damals ziemlich streng war. Das lag wohl an den Auswirkungen der Caporalsausbildung. Der Mann zog die Hand zurück. Es wäre cool, dachte ich, wenn jetzt der verrückte Francizek zum Stand käme, um ein Bier zu trinken. Da hätten sie gleich einen realistischen Eindruck. Ich ahnte, dass sie mir jede Menge Fragen stellen wollten, auf die ich aber keine Lust hatte. Nicht einmal ein kleines bisschen. Ich wollte sie loswerden, so schnell wie möglich.

Mit einem kurzen »Ich brauch' jetzt 'ne Paella« verzog sich Jonas an den Nachbarstand.

Die Eltern erklärten mir, dass sie den ganzen Weg aus Deutschland gekommen seien, um ihren Sohn zu sehen. Er hatte sie vom Handy eines Legionärs – der Besitz von Mobiltelefonen ohne Fotofunktion ist ab einer gewissen Dienstzeit erlaubt – angerufen und gesagt, dass er in Castel sei.

»Sagen Sie«, fragte mich sein Vater, »glauben Sie, er kommt hier zurecht?«

Teufel noch mal, woher sollte ich das denn wissen? Trotzdem gab ich ihm eine Antwort: »Am Anfang ist es etwas hart. Wenn man in ein Regiment kommt, wird es besser.« Das stimmte natürlich nicht, aber was würde es ihnen helfen, wenn sie das jetzt schon wüssten?

»Wann bekommt er denn das erste Mal Urlaub?«, wollte die Mutter wissen.

»Wenn er Glück hat, in etwa einem Jahr«, spekulierte ich aufs Geratewohl. Den ersten längeren Urlaub bekommt ein Legionär erst irgendwann – je nachdem, wie seine Vorgesetzten planen – nach der Grundausbildung. Die beiden sahen sich erschreckt an.

»Ist es eigentlich gefährlich?«

Ach du Scheiße, was waren das bloß für weltfremde Typen? Damals wurde noch in Afghanistan gekämpft. Klar war das gefährlich! Außerdem ist die Ausbildung verletzungsintensiv. Schusswaffen und Sprengstoff stehen ebenfalls in dem Ruf, nicht ganz ungefährlich zu sein. Und wenn man sich blöd anstellt – was in Jonas' Fall meiner Meinung nach durchaus zu erwarten war –, ist man zudem der Brutalität von Vorgesetzten und Kameraden ausgesetzt.

»Er ist hier in guten Händen«, log ich. »Machen Sie sich keine Sorgen.« Im Geiste zogen die Gesichter des Ungarn, des Tschechen und all der anderen Irren, die ich in der Grundausbildung kennengelernt hatte, an mir vorbei. Ich wollte die Eltern einfach beruhigen. Immerhin zeigten sie Interesse an ihrem Sohn und hatten sich die Mühe gemacht, hierherzukommen. Das respektierte ich. Helfen würde es ihm nicht.

Mit einem fröhlichen »Na zdrowje!« ging Francizek an den beiden vorbei und bestellte ein Bier.

»Das«, sagte ich, »ist mein Sergent.«

Ich hoffe, die Eltern haben nicht mitbekommen, was sich an diesem Tag noch ereignete. Am Abend fehlte ein Kolumbianer aus meinem Ausbildungszug. Niemand hatte ihn seit dem Mittag mehr gesehen. Wir mussten die gesamte Kaserne durchsuchen und fanden ihn schließlich mit anderen Kumpels besinnungslos irgendwo auf der Wiese rumliegen. Scheiße. Der Typ war total zugekokst.

Macho

Endlich wurde ich Caporal. Nach acht Wochen waren am Ende des Lehrgangs zweiundzwanzig von neunundzwanzig Anwärtern übrig. Sieben waren verletzt ausgeschieden oder durch die theoretische Prüfung gerasselt. Der Kolumbianer hatte es zwar auch geschafft, wurde aber wegen seiner Kokserei am Camerone-Tag nicht zum Caporal ernannt – disqualifiziert, sozusagen.

Zurück in Nîmes, packte ich fast vierzig Bierdosen in einen Rucksack und machte die Runde bei meinen Vorgesetzten in der Kompanie.

»Caporal Mahler meldet sich zum Dienst«, stellte ich mich bei Sergent-Chef Coureur vor. Er gratulierte mir, zumal ich im Lehrgang als Zweitbester abgeschnitten hatte. Ich gab ihm ein Bier – nahm auch selbst eins – und wir tranken auf mein Wohl. Weiter ging es zum Nächsten.

»Caporal Mahler meldet sich …«

Das wiederholte sich mindestens zwanzig Mal, so richtig kann ich mich nicht mehr daran erinnern. Zwischendurch kotzte ich auf der Toilette. Das hielt mich aber nicht davon ab, die Vorstellungsrunde zu Ende zu bringen. Am Ende war ich total besoffen. Wenn man befördert wird, gehört das Ritual, bei den Vorgesetzten auf diese Weise vorzusprechen, eben einfach dazu.

Als Caporal bekam ich läppische 40 Euro mehr Sold im Monat – und ich hatte mehr Verantwortung zu tragen. In der Kampfkompanie hat ein Caporal zwei bis drei Leute unter sich. Das System, nach dem in der Fremdenlegion Befehle umgesetzt werden, beruht im Wesentlichen auf den Caporaux: Der

Sergent sagt dem Caporal, was gemacht werden soll – weiter kümmert er sich nicht. Er verlässt sich darauf, dass der Caporal den Befehl an die Legionäre weitergibt und dafür sorgt, dass er umgesetzt wird. Es ist logisch, dass dies nur funktioniert, wenn ein Caporal von seinen Leuten auch respektiert wird und er sich auf sie verlassen kann.

Falls etwas schiefgeht, ist es der Caporal, der Ärger bekommt. Er steht für seine Leute gerade. Es ist wie ein Faustschlag ins Gesicht, wenn ein Caporal von einem Vorgesetzten gesagt bekommt: »Du hast deine Männer nicht im Griff!« Und er hat ein richtig dickes Problem an der Backe, denn seine Legionäre machen offensichtlich, was sie wollen, und er muss es ausbaden.

Ein Caporal muss sich also vor allen Dingen Respekt verschaffen, sonst ist er verloren. Deswegen sind die Caporaux die Machos in der Legion. Die Männer fürs Grobe.

Auch mir stand als frischgebackener Caporal eine ziemlich harte Prüfung bevor. Kurz nachdem ich wieder in Nîmes war, erhielt ich den Befehl, zusammen mit einem Sergenten und einem Busfahrer elf Legionäre in Aubagne abzuholen. Wir machten uns mit einem Militärbus auf den Weg ins Hauptquartier. Die Legionäre kamen frisch aus der Grundausbildung und waren ins 2. Infanterieregiment versetzt worden. Der Sergent ging in die Verwaltung, um die Papiere der Neuen abzuholen, ich sollte mich in der Zwischenzeit um sie kümmern. Es war Sommer, grandioses Wetter. Ich war braungebrannt, infolge der Caporalsausbildung total durchtrainiert und hatte mir eine Glatze schneiden lassen. Alles in allem war ich ziemlich gut gelaunt.

Auf den Sauhaufen, der dann auf einmal vor mir stand, war ich allerdings gar nicht vorbereitet. Dafür, dass sie gerade aus der Grundausbildung kamen, sahen sie ziemlich unfit aus – kein bisschen Haltung. Ich sah zum ersten Mal Leute, die nach der Grundausbildung noch immer Übergewicht hatten. Erstaunt fragte ich den Caporal, der sie aus Castel begleitet hatte, ob das auch wirklich die richtigen Legionäre seien. Er ging mit mir ein paar Schritte, bis wir außer Hörweite der Gruppe waren.

»Das ist ein übler Sauhaufen«, bestätigte er meinen ersten Eindruck von der Truppe.

»Konntet ihr die nicht besser auf Vordermann bringen?«, wollte ich wissen.

»Wenn es nach mir gegangen wäre, hätte ich sie geschliffen, bis sie nicht mehr gewusst hätten, wo oben und unten ist. Aber ...«

»Na, wo lag denn dann das Problem?«, unterbrach ich ihn empört.

Er sah sich nervös um, ob auch wirklich niemand lauschte, »Der Zugführer vom Ausbildungszug ist das Problem«, vertraute er mir an. »Der will unbedingt befördert werden. Da versauen ihm Verletzte und Deserteure die Statistik. Er steht gut da, wenn er einen ganzen Zug ohne Ausfälle durch die Grundausbildung bringt.«

»Scheiße«, kommentierte ich.

»Allerdings. Die haben jede Nacht durchgeschlafen, und zu essen gab es, so viel sie wollten.«

»Na toll, aber dann weiß ich Bescheid«, meinte ich. »Komm, lass uns zurückgehen, bevor sie noch auf dumme Gedanken kommen.«

»Ach, noch etwas«, sagte mein Kollege. »Da ist ein Italiener dabei. Auf den musst du aufpassen. Der macht nur Ärger. Ein richtiger Bastard.«

Als wir wieder vor dem Zug standen, musterte ich die Neuankömmlinge genauer. Sie sahen wirklich schweinemäßig aus. Das ärgerte mich. Deswegen sagte ich auch zur Begrüßung, dass die lockeren Zeiten ab jetzt vorbei seien. Im 2. REI ginge es anders zu als in der Grundausbildung.

»Falls es jemand noch nicht begriffen hat«, sagte ich mit lauter Stimme, »anders als in Castel, hat niemand mehr die Aufgabe, euch alles beizubringen. Wir zwingen euch zu nichts, schließlich seid ihr ja freiwillig hergekommen. Wenn ihr es nicht hinkriegt, ist das euer Problem. Ihr müsst es ausbaden.«

»Capisce. Alles klar«, laberte mich jemand an. »Nehmen Sie doch erst mal eine Zigarette.«

Das musste der Italiener sein. Ein etwa 2 Meter großer, schlaksiger Typ. Er hatte ein schiefes Grinsen im Gesicht und hielt mir eine einzelne Zigarette hin. Ich sagte nichts, sondern schlug nur wortlos seine Hand zur Seite.

Doch der Typ grinste einfach weiter.

»Runter auf den Boden! Hör auf mit mir zu reden, als wären wir beste Freunde – aber das bringe ich dir schon noch bei. Fünfzig!«, befahl ich. Wenn der mir blöd kam, sollte er die Konsequenzen spüren und Strafliegestütze machen. Meinetwegen, bis ihm die Arme abfielen. Instinktiv wusste ich, dass ich den Kerl von Anfang an auf Distanz halten musste. Den lockeren Umgang mit mir musste man sich erst durch Leistung verdienen. Und seine Kameraden würden ihn schon zurechtstutzen, wenn er auch ihnen durch sein Benehmen dauerhaft Strafliegestütze und Ähnliches bescherte.

Die anderen Rekruten waren sichtlich geschockt und verwirrt. Bislang war wohl keiner so mit ihnen umgesprungen.

»Im Regiment werden wir aus euch schon richtige Legionäre machen! Cartonnage nennt sich das«, grinste ich. Cartonnage ist Legionsslang und bedeutet »jemanden zusammenfalten« oder »kleinkriegen«.

Das war allerdings ein ziemliches Stück Arbeit. Anstatt mit zweien oder dreien – wie es im normalen Alltag der Kampfkompanie der Fall ist – hatte ich es auf einmal mit elf Leuten zu tun. Ich musste ihnen die Kaserne zeigen, darauf achten, dass sie pünktlich zum Schießtraining erschienen und ihren Papierkram erledigten.

Ich zog sogar zusammen mit der Gruppe in einen Schlafsaal. Als Erstes befahl ich, dass jeder sämtliche Kleidungsstücke bügeln musste, auch Socken und Sportzeug – jeder Fetzen, der sich irgendwie bügeln ließ. Dafür hatten sie eine Nacht

163

lang Zeit. Sie durften erst schlafen gehen, wenn der Letzte sein Zeug in Ordnung gebracht hatte. Am nächsten Morgen, kündigte ich an, würde ich die Spinde penibel kontrollieren.

Der Spind eines Legionärs wird nach einem genau festgelegten System eingeräumt. Zivilsachen und Nahrungsmittel haben darin nichts zu suchen. Auf der obersten Ablage liegt das Képi blanc, links und rechts davon die Epauletten für die Paradeuniform, darunter die blaue Bauchbinde. Darunter hängen die verschiedenen Uniformen: der Kampfanzug, die Ausgehuniform. Das Barett wird in der rechten seitlichen Hosentasche des Kampfanzugs untergebracht. Zuunterst liegen Sportzeug und Handtücher – vorschriftsmäßig gefaltet, so dass man den Schriftzug »Légion étrangère« auf dem Sportpulli lesen kann.

Damit ich in Ruhe schlafen konnte, ließ ich eine Verlängerungsschnur bis in den Flur legen. Dort standen drei Bügelbretter mit Bügeleisen. Um ein Uhr nachts wachte ich auf. Im Halbdunkeln sah und hörte ich, dass einige von den Typen in ihren Betten schliefen. Ich stand auf und ging nach draußen: Lediglich drei Mann waren am Bügeln.

»Was ist denn hier los? Warum schlafen die anderen?«, fragte ich die drei.

»Ja, wahrscheinlich … vielleicht … haben sich jedenfalls hingelegt«, drucksten sie herum.

Das war mir jetzt wirklich zu blöd. Also machte ich alle Lichter im Schlafsaal an und fing lautstark an, die Spinde zu kontrollieren. Nicht einmal die Hälfte der Gruppe hatte ihr Zeug fertig. Ich war stinksauer: Wollten die mich verarschen? Wütend warf ich alle Klamotten aus den Schränken auf den Boden.

»Sportsachen anziehen und in zwei Minuten auf dem Hof antreten!«, brüllte ich. Erschrocken und eingeschüchtert versammelte sich meine Truppe auf dem stockdunklen Hof.

»So«, sagte ich, »das ist meine letzte Warnung. Wir brechen hier ab und machen keinen Sport. Geht wieder nach oben, und bringt eure Sachen in Ordnung. Morgen will ich sehen, dass alles picobello ist. Falls nicht, laufen wir ab sofort jede Nacht 20 Kilometer, das garantiere ich euch.«

Viel Schlaf bekamen sie in der Nacht nicht mehr ab. Am Morgen sagte ich, jeder müsse sich einen Eimer, Besen und Wischmopp kaufen. Das wäre ihr wichtigstes Handwerkszeug in der näheren Zukunft. So hatte ich damals auch im Regiment angefangen, und es hatte mir nicht geschadet. Damals fand ich es zum Kotzen, aber dann hatte ich erkannt, dass man als Legionär ganz unten anfängt. Warum sollten die Neuen es leichter haben als ich?

»Es ist ein guter Einstieg«, sagte ich, »wenn man sich das Putzzeug selber kauft.«

Mit dem Putzen ist es ähnlich wie mit dem Bügeln. Es ist ein fester Bestandteil des Systems Fremdenlegion. Damit hat ein Vorgesetzter immer eine Möglichkeit, den Legionären Druck zu machen, sie zu beschäftigen und zu bestrafen. Mal ist eine Bügelfalte nicht an der richtigen Stelle, mal liegt irgendwo noch Staub; so einfach geht das.

Ich hörte ein Maulen aus der Gruppe.

»Wenn jemand ein Problem mit mir hat«, rief ich, »dann soll er es jetzt sagen, und wir klären das sofort. Unter uns.«

Alle schwiegen. Nur der Italiener grinste. Vielleicht grinste er auch nicht, jedenfalls sah er mich für meinen Geschmack zu direkt an.

»Spann mal den Bauch an«, sagte ich zu ihm und gab ihm einen Mike-Tyson – einen Faustschlag in den Magen. Er stöhnte, blieb aber stehen. Er rang nach Luft. Dann fragte ich, ob es ein Problem zwischen uns gibt. Er verneinte und hielt fortan sein Maul.

In der Fremdenlegion ist es verboten, Untergebene ins Gesicht zu schlagen. Brust-, Bauch- und Nackenschläge dagegen sind eine verbreitete »pädagogische Maßnahme«, um den ein oder anderen zu motivieren. Man nennt es auch »CBF« – *coup de bon fonctionnement.*

Nach den anfänglichen Schwierigkeiten lief es dann mit den meisten aus meiner Gruppe etwas besser. Ich gab mir Mühe, ihnen etwas mit auf den Weg zu geben. Ich hätte es mir auch leichtmachen können, denn drei Wochen später wäre ich sie ohnehin wieder losgeworden. Aber so läuft das in der Legion nicht. Das hätte am Ende ein schlechtes Licht auf mich werfen können. Wenn einer von denen später in der Kompanie negativ auffiele, wäre garantiert die erste Frage: »Wer hat den am Anfang betreut? Aha, der Mahler.« Das wollte ich nicht.

Doch der Italiener blieb ein Problem. Er war ein richtiger »Bananiere«: jemand, der vollkommen Banane ist und immer Scheiße baut. Sogar seine Kameraden aus der Gruppe beschwerten sich mittlerweile über ihn. Ich sah, dass es nicht anders ging, und sagte, wir müssten dem Kerl eine Abreibung verpassen. Ich habe ihn dann in die Realität zurückgeboxt – das musste ja nicht bis zum Offizier durchdringen. Danach konnte er fünf Wochen lang nichts tragen. Wenn jemand fragte, sollte er sagen, dass er auf einer Treppe ausgerutscht war. Das war der interne Code für: »Ich hab welche aufs Maul bekommen.« Damit hatte ich mich jedenfalls vor der Gruppe behauptet.

So richtig auf Vordermann brachte diese Typen aber leider niemand mehr. Nach einem Jahr waren von den elf noch genau drei bei der Fremdenlegion. Alle anderen waren desertiert.

Desertion wird – außer im Einsatz und wenn man die Waffe mitnimmt – ziemlich locker gesehen. Ich habe keinen Fall erlebt, in dem die Fremdenlegion Deserteure verfolgt hätte. Im Gegenteil, sie ist froh darüber, Problemfälle auf diese Weise einfach loszuwerden. Gleich zu Beginn meiner Karriere als Caporal merkte ich ja selbst, wie schwierig es ist, Leute, die nicht motiviert sind, auf den richtigen Weg zu bringen.

Europapark

Der weiße Nissan Micra schlitterte um die Kurve. Steinchen spritzten unter den Rädern zur Seite. Neben der Straße ging es 50 Meter in die Tiefe. Ich saß auf dem Beifahrersitz und lachte. Michelle fuhr und lachte ebenfalls. Der Fahrtwind verwirbelte ihr blondes Haar. Sie sah gut aus. Ich hielt meinen Arm aus dem geöffneten Fenster. Die Schatten der Bäume und das glitzernde Sonnenlicht rasten abwechselnd über mein Flammentattoo.

Ich hatte zwei Wochen Urlaub. Es war das erste Mal, seit ich vor mehr als anderthalb Jahren in die Fremdenlegion eingetreten war, dass ich so lange am Stück frei bekam. Michelle, Zoé und ich fuhren auf direktem Weg ans Meer, Richtung Côte d'Azur. Michelle musste fahren, denn meinen Führerschein hatte ja die Legion einbehalten. Zoé saß auf dem Rücksitz und schaute aus dem Fenster. Unterhalb der Küstenstraße lag funkelnd das Mittelmeer.

In Cassis legten wir eine Pause ein. Der Ort ist ziemlich malerisch: In der Mitte liegt ein kleiner Hafen, und entlang der Bürgersteige wachsen Palmen.

Wir gingen in ein Restaurant und schauten den Segelyachten beim Ein- und Auslaufen zu. Michelle erklärte mir die Speisekarte. Ich bestellte ein Steak und trank etwas Weißwein. Mittlerweile war ich es gar nicht mehr gewohnt, mir etwas zum Essen auszusuchen und dann auch noch ausreichend Zeit für die Mahlzeit zu haben. Ich genoss es in vollen Zügen und alberte mit Zoé herum. Wir wirkten wie eine typisch französische Kleinfamilie.

Am Ende des Tages landeten wir in der Nähe von Cannes und checkten in ein kleines Hotel ein. Irgendwie war es ein komisches Gefühl, nachts im Bett zu liegen und zu wissen, dass jetzt nicht jeden Moment die Tür aufgehen konnte und jemand etwas von mir wollte. Die letzten anderthalb Jahre hatte ich immer mit mehreren Kameraden in einem Raum geschlafen. Jetzt lag Michelle neben mir. Trotzdem fühlte ich mich allein. Das heißt nicht, dass ich die Kaserne vermisste, im Gegenteil: Ich war froh, einmal nicht dort zu sein. Aber gerade das machte es ja so verwirrend, etwas stimmte nicht. Zuerst konnte ich nicht genau sagen, was es war. Dann kam ich darauf. Es war die Ruhe um mich herum. Ich war es absolut nicht mehr gewohnt, ohne meine Kameraden in einem Raum zu sein. Egal ob beim Duschen, Essen oder Schlafen. Und jetzt waren auch noch eine Frau und ein Kind bei mir. Einen größeren Kontrast kann man sich gar nicht denken. Ich versuchte damit klarzukommen, brauchte aber ein paar Tage, bis es sich halbwegs normal anfühlte.

Am nächsten Tag gingen wir nach einem ausgiebigen Frühstück um neun Uhr zum Strand. So spät war ich schon lange nicht mehr aufgestanden. Das fand ich richtig luxuriös. Wir schwammen und lagen in der Sonne. Zoé wollte dann unbedingt in einen Aquazoo in der Nähe von Cannes. Und ich war froh, etwas zu unternehmen. Nichtstun fiel mir mittlerweile extrem schwer.

Die Anlage bestand aus einem riesigen Becken samt Tribüne und einigen kleineren Bassins und Aquarien. Ein paar Hundert Leute sahen zu, wie Delphine und Orcas Kunststücke vorführten. Auf einer Schwimmplattform im Wasser standen die Betreuer in knallroten Neoprenanzügen und ließen sich von den Tieren elegant durch das Bassin schieben. Nach der Vorstellung durfte Zoé sogar einen der Delphine streicheln. Das Tier schob seine Schnauze über den Beckenrand und gurrte. Zoé war überglücklich. Michelle strahlte mich an.

Am nächsten Morgen gingen wir wieder zum Strand und faulenzten. Ein paar Tage lang war alles in Ordnung. Doch schon bald wurde ich unruhig: Das Herumliegen am Strand und das Nichtstun reichten mir. Ich brauchte eine Aufgabe oder etwas Neues. In der Fremdenlegion steht man ständig unter Strom. Immer ist irgendwas los, wirklich rund um die Uhr. Selbst wenn ich mich dort langweilte, weil gerade nichts

Vor dem Monuments aux Morts in Aubagne am 4. April 2014

Bei der Fremdwaffenausbildung. AK47 aus verschiedenen Ländern,
RPG7, PKM usw.

Meine ERYX-Gruppe. Geschossen in unserem Zimmer im Senegal,
März 2011

Militärparade am 14. Juli 2012. Alle Caporaux meines Zuges auf der berühmten Champs-Elyseés in Paradeuniform und Famas

Stehendes Mittagessen während unseres Dschungel-Lehrgangs im Senegal, März 2011 (ich bin der dritte von rechts)

Cong und ich während dem Parcours im Dschungel

Vorbereitungen meiner Gruppe auf Mali im März 2013. Ein paar
Wochen später hatten wir ca. 60° Temperaturunterschied

Einstieg in einen PUMA-Helikopter während der Mali-Mission

Ich beim Schießen meiner ERYX-Rakete in der Wüste von Al Hamra im Jahre 2012

Aufnahme in der Transall. Unsere African-Airline sozusagen … :-)

Unser 4. Zug in »Action«, zu sehen ist die Mörsergruppe unserer
Kompanie in Al Hamra 2012

Eine 155mm-Haubitze »Caesar« in der Wüste von Mali

Rückmarsch von einer Durchschlagübung in Dakar, Oktober 2010. Auf dem Hügel das Wahrzeichen von Dakar, der Hauptstadt des Senegal

Ein Medic (Dienstgrad: Caporal-Chef, kurz CCH) in Mali 2013

Mein Sergent und ich beim Albern irgendwo in der Wüste von Zayed
Military City (Vereinigte Arabische Emirate)

Kurze Pause unseres Zuges in der Wüste

passierte – und Wartezeiten gibt es ja durchaus genug –, musste ich damit rechnen, dass sich das in jedem Moment ändern konnte. Mitten in der Nacht kann die Tür zum Schlafsaal aufgehen, und eine halbe Stunde später sitze ich mit meinen Kameraden in einem Hubschrauber. Oder wir rennen durchs Gelände. Es ist die Möglichkeit, dass jederzeit etwas Unerwartetes geschehen kann, die einen in Anspannung hält. Immerhin befindet sich das 2. REI in permanenter Alarmbereitschaft. Das ist nie entspannt, selbst wenn man äußerlich gelangweilt auf seinem Bett liegt.

Unter den Touristen am Strand fühlte ich mich fremd.

Ich sprach mit Michelle darüber und machte einen Vorschlag: »Wollen wir nicht noch woanders hinfahren?«

»Pourquoi? Hier ist es doch schön«, meinte sie.

»Ja, aber es gibt doch noch mehr zu sehen. Ich würde dir und Zoé gern den Europapark Rust zeigen. Da war ich oft als Kind. Der Kleinen wird es gefallen.«

»Wo liegt der denn?«, wollte sie wissen.

»Im Süden Deutschlands. In der Nähe von Straßburg.« Michelle sah mich erstaunt an. »Was, so weit fahren? Ist das dein Ernst?«

Schließlich setzte ich meinen Willen durch. Die Fahrt zum Europapark war eine endlose Gurkerei. Die Autobahn führte durch das Rhône-Tal aufwärts. Ich glaube, insgesamt waren es fast tausend Kilometer. Wir brauchten mehr als elf Stunden dafür. Vollkommen platt bezogen wir ein kleines Hotel in der Nähe des Parks. Zum ersten Mal war ich wieder in Deutschland! Außer meinem Militärausweis auf den Namen Karl Mahler hatte ich keine Dokumente bei mir. Gut, dass es zwischen Deutschland und Frankreich keine Grenzkontrollen mehr gibt, sonst wäre unser Trip in den Europapark überhaupt nicht möglich gewesen. Offiziell hätte ich während meines Urlaubs Frankreich nicht verlassen dürfen. Dafür hätte ich eine Genehmigung meiner Vorgesetzten gebraucht. Und die wird, meiner Erfahrung nach, nur ganz selten erteilt – in familiären

169

Notfällen und so. Aber selbst dann nicht immer. Und wenn man einfach nur Urlaub im Ausland machen möchte, dann muss man das drei Monate vorher beim Capitaine beantragen Die Regelung stammt wahrscheinlich noch aus einer Zeit, in der viele Legionäre desertierten, wenn sie im Urlaub Heimat und Familie wiedersahen. Wie ich bereits gesagt habe, ist das heute kein großes Problem mehr, wer desertiert, dem weint die Legion keine Träne nach. Es stehen genug neue Bewerber Schlange. Ich glaube auch, dass meine Vorgesetzten sich denken konnten, dass der ein oder andere seine Urlaube im Ausland verbrachte – innerhalb der EU ohne Ausweiskontrollen ist das ja kein Problem. Das war okay, denn bei den meisten konnten sie sich sicher sein, dass sie bei Dienstbeginn wieder in der Kaserne waren.

Wenn ich in Deutschland kontrolliert werden würde, hatte ich mir überlegt, würde ich einfach sagen, ich hätte meinen Ausweis verloren. Ich war ja immer noch unter der Adresse meines Cousins in Pfullendorf gemeldet.

Ich musste an meine Kindheit denken, als ich durch den Europapark ging. Hier war ich mit meinen Eltern und meinem Bruder unterwegs gewesen. Die Erinnerung daran war schön. Ich wollte Zoé und Michelle alles zeigen. Am besten hatte mir immer der Silver Star gefallen, eine Achterbahn, die in halsbrecherischem Tempo durch Loopings und Steilkurven rast. Leider war Zoé mit ihren sechs Jahren noch zu klein dafür, und ich musste allein fahren.

Doch irgendwie war es hier nicht mehr so toll wie in meiner Erinnerung. Der Park war voll mit Besuchern, nicht gerade erholsam. Das Gewusel und der Lautstärkepegel hier, das war fast wie in der Innenstadt von Dakar. Es ging mir bald tierisch auf die Nerven. Michelle schien auch keine gute Laune zu haben. Und egal, wo ich hinschaute, bemerkte ich irgendetwas, das mich störte: Der da hat ein zerknittertes Hemd an. Der dort drüben trug schmutzige Schuhe. Dahinten quoll der Mülleimer über. Es war verrückt, aber die Unordnung störte mich wirklich. Das war früher nie so gewesen. Aber in den vergangenen sechzehn Monaten hatte ich unglaublich viel gebügelt und geputzt. Das hatte mich sensibilisiert. Ich wollte bloß weg von hier.

Wir machten uns also schnell wieder auf den Weg nach Frankreich und landeten in einem kleinen Ort in der Auvergne. Das ist auch im Süden Frankreichs, aber nicht ganz so weit wie die Côte d'Azur. Michelle verstand meine Rastlosigkeit nicht und versuchte, mit mir darüber zu sprechen.

»Was ist los mit dir? Warum kannst du nicht entspannen?«

»Keine Ahnung. Mir fehlt irgendwas«, antwortete ich.

»Dir fehlt etwas?«, fragte Michelle nachdenklich.

»Sag mal … Was willst du eigentlich nach der Fremdenlegion machen?«

»Blöde Frage. Woher soll ich das wissen? Ich hab ja noch ein paar Jahre vor mir.«

»Aber du musst dir doch Gedanken …«, fing sie an.

»Muss ich gar nicht«, fiel ich ihr ins Wort.

»… darüber machen, wie es mit uns weitergeht«, führte sie ihren Satz zu Ende.

Das Einzige, was mir in dem Moment durch den Kopf ging, war, dass eine Woche Urlaub auch gereicht hätte. Locker.

Ich sagte nichts weiter dazu. Für mich gab es nichts außer der Fremdenlegion. Zumindest nicht zu diesem Zeitpunkt Denn ich habe eigentlich nie weiter als zwei Jahre vorausgeschaut. Wer weiß schon, was in dieser Zeit noch alles passieren kann. Und ich sollte recht behalten. Michelle jedenfalls war sauer und schwieg mich gekränkt an. Angesichts der mehr als dicken Luft zog ich wortlos meine Turnschuhe an und rannte los. Um den Ort herum gab es jede Menge Wanderwege. Ich lief mehrere Stunden durch die Natur, powerte mich richtig aus. Das tat ich auch in den nächsten Tagen. Ich ging Michelle aus dem Weg und lief so viel ich konnte. Jedes Mal, wenn ich in die Pension zurückkam, war ich so erschöpft, dass ich sofort ins Bett fiel. So gab es wenigstens keinen Streit.

Auf dem Rückweg nach Nîmes war die Stimmung auf dem Nullpunkt. Anders als vor zwei Wochen lachte niemand im Auto. Zoé kuschelte sich an den Plüschdelphin, den sie im Aquazoo bekommen hatte.

»Was willst du aus deinem Leben machen?«, fing Michelle noch einmal an.

Ich holte tief Luft. Robinho war zu seiner Familie nach Portugal gefahren, Forrester war auch irgendwo unterwegs. Ob es den beiden wohl genauso erging und sie mit unnötigen Fragen bombardiert wurden?

»Michelle«, sagte ich. »Ich bin Legionär. Das ist mein Leben.«

»Aber das kann doch nicht alles sein!«, rief sie ungläubig.

»Doch, kann es. Für mich ist es etwas Besonderes. Die Frage ist, ob du damit umgehen kannst.«

Sie seufzte nur. Den Rest der Fahrt schwiegen wir. Heute verstehe ich, wie schwierig es für eine Frau sein muss, wenn die einzige Zukunftsplanung mit ihrem Partner darin besteht, ob er seinen Vertrag mit der Fremdenlegion um ein, zwei oder drei Jahre verlängert. Denn genau das ist die Perspektive, wenn man Legionär bleiben will. Außerdem kommt die mehrmonatige Abwesenheit des Partners während der Auslandseinsätze und der Lehrgänge als Belastung hinzu. Kein Wunder, dass die wenigsten Beziehungen das aushalten.

Umgekehrt steht auch ein Legionär unter Druck, wenn er in der wenigen Freizeit, die er hat, versucht, sich auf seine Partnerin und deren Bedürfnisse einzustellen. Die Fremdenlegion ist verdammt stressig und eine Welt für sich, da kann man nicht einfach auf Knopfdruck auf »Zivilleben« umschalten.

Ich drückte Zoé zum Abschied und gab Michelle die Hand.

Es war klar, dass die Beziehung zu Ende war, von meiner Seite jedenfalls. Ich war heilfroh, wieder in die Kaserne zurückzukehren. Zum Glück erlebte ich in den nächsten Wochen so viel Aufregendes, dass ich nicht viel über das Ende unserer Beziehung nachdenken konnte.

Spring!

Ich umklammerte mit einer Hand das Eisenrohr und griff mit der anderen nach oben. Während ich das tat, stemmte ich die Füße fest gegen die Mauer. Das gab mir zusätzlichen Halt. Dann hangelte ich mich wie ein Affe an dem dünnen Rohr nach oben. Ab und zu brach ein Steinchen aus dem alten Mauerwerk der Zitadelle und fiel in die Tiefe. Ich hoffte nur, dass das Eisenrohr fest genug verankert war.

Auf dem ersten Absatz klinkte ich den Karabiner, der an der Sicherungsleine hing, in meinen Klettergurt ein und reckte mich in die Höhe. Meine Arm- und Beinmuskeln schmerzten. Der Felsvorsprung, auf dem ich stand, war so schmal, dass ich gerade genug Platz zum Stehen hatte. Hinter mir ragte eine Mauer meterhoch auf. Zu meiner Rechten lag eine kleine Bucht. 30 Meter unter mir am Ufer standen die Legionäre aus meiner Gruppe und beobachteten mich.

Ich hätte besser nicht in die Tiefe geschaut. Mich kostet es durchaus Überwindung und Willenskraft, in großer Höhe zu stehen. Mein Atem ging stoßweise, während Windböen an meiner Uniform zerrten. Zum Glück war ich ja mit der Sicherungsleine verbunden. Konnte ja gar nichts weiter passieren.

Nein, war ich nicht – fiel mir plötzlich auf. Ich hatte einen fatalen Fehler gemacht: Ich hätte mich zuerst in die neue Sicherung einklinken müssen, bevor ich die alte löste. Ich stand gerade ungesichert auf diesem verflixt schmalen Vorsprung! Okay, keine Panik, sagte ich zu mir und zwang mich dazu, drei Mal ganz ruhig ein- und auszuatmen. Ich stand ganz still. Irgendwo rechts von mir musste der blaue Karabiner hängen. Ich tastete danach. Ein heftiger Windstoß drängte mich gegen den Fels. Der Karabiner schlug gegen meine Hand. Ich bekam ihn zu fassen und sicherte mich mit vor Aufregung zitternden Händen. Puh, das war knapp. Ich musste mich besser konzentrieren.

Trotz der Höhe und des Winds hörte ich die Wellen gegen

die Felsen klatschen. Meine nächste Aufgabe lag vor mir: Ich musste über ein etwa 20 Meter langes Stahlseil, das quer über die Bucht gespannt war. Es gibt dafür eine spezielle Technik. Ich legte mich mit dem Bauch auf das Seil, das heftig unter mir hin und her schwankte, hielt mich mit ausgestreckten Armen fest und hakte mich mit einem Fuß oberhalb des Seils ein. Das verlieh mir eine gewisse Stabilität. Langsam begann ich, mich mit den Armen nach vorne zu ziehen. Zusätzlich schob ich mich mit dem Bein am Seil entlang. Der Wind blies mir ins Gesicht und nahm mir den Atem.

Am anderen Ende befand sich wiederum ein kleiner Felsvorsprung. Diesmal machte ich es richtig: neue Sicherung einhaken, dann erst die alte Sicherung lösen. Jetzt stand ich direkt vor dem Wall der Festungsanlage. Von oben hing eine eiserne Kette herab. Ich kletterte ungefähr 10 Meter daran in die Höhe. Oben angekommen, sah ich einen rund 10 Meter langen Stahlträger, der horizontal über eine Einbuchtung der Außenmauer verlief – und darunter 40 Meter Luft bis zum Strand. Das Sicherungsseil war parallel dazu gespannt. Ich fand, dass es ziemlich dünn aussah, und fragte mich, ob es wohl mein Gewicht halten würde, wenn ich abstürzte. Ich musste trotzdem über den schmalen Stahlträger laufen. Vorsichtig setzte ich einen Fuß vor den anderen und zwang mich, nicht nach unten zu sehen, sondern behielt das Ende des Trägers im Auge. Nach dieser luftigen Etappe kam wieder eine Kletterpartie auf mich zu, diesmal ging es an einem Seil weitere 20 Meter nach oben.

Die alte Zitadelle steht auf einer Felsspitze, die ins Mittelmeer ragt. Ich weiß nicht, wie alt die Anlage ist, aber sie hat extrem hohe Außenmauern und dahinter gestaffelte Wälle, die auf schmalen Felsvorsprüngen errichtet sind. An allen Ecken und Enden geht es steil runter in die Tiefe. Ich kann mir denken, dass in der Vergangenheit allein dieser Anblick schon so manchen Angreifer abgeschreckt hat.

Endlich, endlich erreichte ich den höchsten Punkt. Eine

wirklich schöne Aussicht hat man hier. Ich konnte bis zum Horizont auf das blaue Meer blicken. Ich schätzte, dass die Felsen und Menschen am Ufer gut 60 Meter unter mir waren. Die Mauer, die ich soeben erklommen hatte, war schmal. Oben saß ein Ausbilder und ließ die Beine über den Rand baumeln. Er hatte sich vorsichtshalber angeleint. Der Wind pfiff uns um die Ohren. Ich sicherte mich an einem anderen Stahlseil, das über die Kante der Mauer hinauslief.

»Spring!«, rief der Ausbilder laut, um das Getöse des Windes zu übertönen.

1,5 Meter vor der Mauer sah ich einen kleinen Steinblock, etwa 2 Meter unter mir. Von hier aus schien er nicht größer zu sein als ein verdammter Nachttisch. Drum herum ging es 60 Meter in die Tiefe. Mir war klar: Wenn ich zu viel Schwung nahm, würde es schwer werden, auf dem begrenzten Raum sicher zum Stehen zu kommen. Ich könnte die Balance verlieren und über den Rand stürzen. Ja, es gab das Sicherungsseil, aber dessen Vorhandensein beruhigte mich ehrlich gesagt bei dem Anblick nicht besonders. Trotzdem setzte ich zum Sprung an, ging in die Knie und schob den Oberkörper nach vorn. Die Blicke des Ausbilders bohrten sich regelrecht in meinen Rücken. Ich wusste, dass er mich genau beobachtete.

Wie zur Salzsäule erstarrt verharrte ich in dieser Position am Rand der Mauer. Ich konnte es nicht – ich konnte da nicht runterspringen. Keine Chance. So etwas nennt man Panikstarre. Sie kann innerhalb von Sekunden einsetzen. Ich hatte zu lange gezögert, und mein Verstand wehrte sich nun dagegen, etwas so Gefährliches zu tun. In der Folge versagte mein Körper den Dienst. Er streikte.

»Geh noch mal runter!«, befahl mir der Ausbilder daraufhin. »Fang von vorne an und gib richtig Gas«, riet er. »Kletter rauf, so schnell du kannst, und wenn du oben bist, spring sofort rüber.«

Ich nickte und seilte mich von der Wand ab. Beim zweiten Aufstieg tat ich alles im Eiltempo. Sicherung an, aus. Hochklettern, am Seil über die Bucht ziehen, weiter hoch, über den Stahlträger balancieren, noch weiter nach oben. Mein Puls raste vor Anstrengung, meine Muskeln brannten wie Feuer. Ich ignorierte den Schmerz. Eine Viertelstunde später war ich wieder am höchsten Punkt angelangt. Ich kletterte über den Rand des Walls, machte zehn Kniebeugen, um das Adrenalin fließen zu lassen, zögerte diesmal keine Sekunde – und sprang in den Abgrund.

Den Aufprall auf dem kleinen Steinquader federte ich mit den Knien ab. Ich hatte überhaupt nicht darüber nachgedacht, was ich tat. Wie eine Maschine war ich nach oben geklettert und gesprungen. Ich war beeindruckt, dass es so funktioniert hatte. Ohne mich lange auf dem Block aufzuhalten, robbte ich über ein Eisenrohr zur Felswand und seilte mich von dort aus ab. Geschafft!

Und wieder hatte ich etwas dazugelernt.

Ich war mit meiner Kompanie auf einem Kommandolehrgang im CNEC – dem Centre National d'Entraînement Commando. Das CNEC ist eine Ausbildungseinrichtung der französischen Streitkräfte. Neben der regulären französischen Armee und den Spezialkräften werden dort auch Fremdenlegionäre für die Durchführung von Kommandounternehmen ausgebildet. Das Hauptquartier befindet sich in Mont-Louis, in einer alten Festung, nahe der spanischen Grenze, 1600 Meter hoch gelegen. Zusätzlich liegt im Winter viel Schnee in Mont-Louis, und man kann die Winterkriegsführung üben. Überall gibt es zerklüftete Felsformationen und steil ansteigende Berge. Schwer zugängliches und unübersichtliches Terrain. Perfekt für Kriegsspiele geeignet. Von Mont-Louis ist es nicht weit bis zur Mittelmeerküste, wo in Collioure, in der Nähe von Perpignan, das amphibische Training stattfindet

Bei der Fremdenlegion besteht ein Kommandounternehmen darin, sich dem Feind mit einer kleinen Gruppe, etwa vier bis acht Mann stark, unentdeckt zu nähern und ihn überraschend anzugreifen. Wir übten während des dreiwöchigen

Lehrgangs im CNEC das unentdeckte Eindringen in feindliches Gebiet – Fachausdruck: infiltrieren. Navigation ist dabei ebenso wichtig wie Tarnung, und natürlich meidet man bekannte Wege und bewegt sich querfeldein. Was uns wieder zum Thema Klettern und Abseilen bringt.

Einmal seilten wir uns nachts im Dunkeln von einer hohen Felswand ab. In Zwei-Minuten-Intervallen machten sich die Legionäre meiner Gruppe auf den Weg nach unten. Ich setzte meine Nachtsichtbrille auf, was die Landschaft vor meinen Augen in gespenstisch-milchigem Grün schemenhaft aus der finsteren Nacht wieder auftauchen ließ. Ehrlich gesagt, fand ich das Abseilen bei Nacht gar nicht so schlimm, denn ich sah nicht viel und meine Höhenangst hielt sich daher in Grenzen. Ich ließ mich einfach in die Tiefe gleiten, stieß mich mit den Füßen von der Felswand ab und kontrollierte die Geschwindigkeit, indem ich die Abwärtsbewegung mit den Händen am Seil bremste. Gewagte Sprünge sind mit der Nachtsichtbrille ohnehin nicht drin. Das grüne Bild macht es fast unmöglich, Entfernungen richtig einzuschätzen. Ich könnte mir aber vorstellen, dass man selbst das mit genügend Übung und Erfahrung hinkriegt. Immerhin hatte ich an der Elfenbeinküste gesehen, dass die Piloten den Helikopter mit Nachtsichtgeräten auf der *Siroco* landeten. Sie haben zwar zusätzliche Instrumente wie Höhenmesser, Kompass und einen künstlichen Horizont, aber wenn die Piloten den Heli auf einem Flugdeck landen müssen und kein zusätzliches Licht einschalten können, müssen sie das auf den letzten Metern zwangsläufig auf Sicht tun – ohne Hilfsmittel außer dem Nachtsichtgerät. Das Gleiche gilt für einen sogenannten »Air Assault« auf einem Hausdach. Die Piloten müssen lange üben, bis sie ein Gefühl für die Entfernungen intus haben.

Bereits vor etwa einem Jahr, im Senegal, hatte ich an einem anderen Kommandolehrgang teilgenommen. Der war allerdings nicht mit dem im CNEC zu vergleichen. Damals hatten wir gelernt, wie man sich im Dschungel bewegt, durch Man-

177

groven watet, einen Fluss mitsamt Marschgepäck überquert – der beste Schwimmer zuerst ohne Gepäck, aber mit einem Seil, das er am anderen Ufer befestigt – und Verletzte transportiert. Wir waren mit dem Schlauchboot auf Patrouillenfahrt unterwegs und errichteten auf dem Wasser Checkpoints.

Beim Survival-Training ging es darum, mitten in der Wildnis zu überleben. Wir haben dabei nicht nur Flusskrebse gefangen und gegrillt, sondern sogar einmal einen Kaiman erlegt, solche Sachen eben. Außerdem übten wir den Partisanenkampf, fast so wie Geheimagenten, mit toten Briefkästen, vereinbarten Erkennungszeichen für »Informanten«. Die wurden von einem unserer Ausbilder gespielt: Trug er zum gelben T-Shirt die Zeitung in der rechten Hand, war alles gut; war das T-Shirt blau, oder hatte er die Zeitung in der linken Hand, handelte es sich um einen feindlichen Partisanen. Es waren drei aufregende Wochen, in denen ich mal wieder viel Neues lernen konnte.

Im CNEC war das Training härter, und man lernte wesentlich mehr an militärischem Insiderwissen. Denn beim Dschungel-Lehrgang lernte man eben, was man in der Wildnis beachten muss. Das lässt sich nicht eins zu eins auf einen Gebirgs- oder Wintereinsatz übertragen. Ich fand es jedenfalls echt sinnvoll. An einem der ersten Tage dort baute ich einen improvisierten Sprengsatz. Jeder konnte sich eine Konstruktion aussuchen, nachdem der Ausbilder sie uns ausführlich erklärt hatte. Ich entschied mich für eine Tellerbombe: Ich füllte einen Suppenteller mit Nägeln und legte eine Sprengschnur – sie hat eine Explosionsgeschwindigkeit von 7000 Metern pro Sekunde – um den Rand; die offene Seite des Tellers verschloss ich mit Alufolie. Die Sprengschnur wird mittels eines Zünders und einer Zündschnur zur Explosion gebracht. Robinho baute eine Rohrbombe. Später jagten wir unsere Sprengkörper in die Luft. Meine Tellerbombe zerfetzte eine schwere Holztür.

In der ersten Woche im CNEC wurden unsere Nahrung und das Wasser an versteckten Stellen deponiert. Jede Gruppe bekam die Koordinaten und musste sich die Sachen selbst suchen.

In einem Kommando macht man alles in der Gruppe. Das ist die Philosophie, die die Fremdenlegion vermittelt: Es gibt keine Einzelkämpfer. Auf den Kommandolehrgängen lernte ich hauptsächlich, wie man in einer kleinen Gruppe mit sehr wenig Ausrüstung und Unterstützung zurechtkommt. Es lief darauf hinaus, dass wir mit wenig viel erreichten und gemeinsam die Mission erfüllten. Die fehlende Technik und Ausrüstung wird dabei durch hohen körperlichen Einsatz wettgemacht.

Ich werde immer wieder gefragt, ob Fremdenlegionäre Elitesoldaten seien. Im modernen Sinne sind sie es nicht. Wenn man die Fremdenlegion zum Beispiel mit den Navy Seals vergleicht, fällt auf, dass sie nicht über deren nahezu unbegrenzte technische Ressourcen verfügt. Die Fremdenlegion hat keine eigenen Hubschrauber oder Transportflugzeuge. Die gehören der französischen Luftwaffe oder dem Heer und transportieren eben bei Bedarf auch die Legion. Fremdenlegionäre führen – zumindest soweit ich weiß – auch keine Undercover-Missionen wie zum Beispiel den Bin-Laden-Raid oder die Entführung Terrorverdächtiger im Ausland durch. Dafür gibt es besser geeignete Spezialeinheiten innerhalb der französischen Streitkräfte.

Von den Legionären wird extreme Belastbarkeit erwartet. Gefragt sind Typen, die sportlich sind, marschieren können, Gemeinschaftssinn entwickeln und Befehlen gehorchen. Kurz gesagt: Man sucht den Teamplayer. In meinen Augen ist ein Fremdenlegionär ein extrem gut ausgebildeter Soldat. Nicht mehr, nicht weniger.

Unter Wasser

Nach einer Woche war wenig mehr als die Hälfte der Kompanie beim Kommandolehrgang übrig geblieben. Viele hatten sich beim Klettern in den Bergen verletzt. Ausgerenkte Schultern, gebrochene Arme und Beine. Ein Legionär aus einer anderen Gruppe hatte sich bei einem Sturz den Zeigefinger so abgeknickt, dass er rechtwinklig von der Hand abstand. Doch anstatt aufzugeben, bog er ihn mit zusammengebissenen Zähnen zurück, schiente das Ganze mit dickem Klebeband und machte weiter – knallhart. Den Ausbildern war es egal. Solange jemand noch gehen konnte und weitermachen wollte, blieb er im Lehrgang. Bemuttert wurde hier garantiert keiner.

Robinho war auch noch dabei. Allerdings war er nicht in meiner Gruppe und daher sah ich ihn nicht oft. In der zweiten Woche stand das Training am Meer auf dem Plan, oder genauer: im Meer. Ich verbrachte jeden Tag mehrere Stunden im Wasser, und das Mitte November – es war saukalt. Ich schätze, die Wassertemperatur lag bei acht oder neun Grad. Deshalb trug jeder von uns zusätzlich einen Neoprenanzug unter der Tarnuniform.

Vom Hafen von Collioure – einer kleinen Stadt am Mittelmeer in der Nähe von Perpignan – waren wir mit einem Boot ein Stück hinausgefahren. Dort sprang ich mit Famas und Rucksack auf dem Rücken ins Wasser und schwamm los. Dabei hatte ich Stiefel an den Füßen. Sinn der Übung war, den 50 Meter entfernten Strand zu erreichen. Zum Glück hielt sich der Wellengang in Grenzen, aber als ich mich endlich von der Strömung ans Ufer tragen ließ, zitterten meine Hände und meine Zähne klapperten. Bei dem eiskalten Wind, der von den Bergen herunterwehte, war es im Wasser vergleichsweise fast schon warm gewesen.

Immer wieder fuhren wir in einem Zodiac aufs offene Meer hinaus. Ein Zodiac ist ein robustes, seetüchtiges Schlauchboot mit Holz- oder Fiberglasboden. Wir paddelten mit den anderen Gruppen um die Wette oder übten das Ein- und Aussteigen an der Bordwand eines größeren Marineschiffs.

Eine Übung ist mir besonders im Gedächtnis geblieben: Ich war mit sieben anderen Legionären an Bord des Zodiacs auf dem offenen Meer. In einigem Abstand neben uns fuhr das

Motorboot der Ausbilder. Zum Glück hielt mich das Paddeln halbwegs warm.

»Umkippen!«, scheppterte die blecherne Stimme eines Ausbilders durchs Megaphon. Augenblicklich rutschte meine ganze Gruppe auf eine Seite des Boots. Das Ding kenterte, wir fielen ins Wasser und tauchten in dem Hohlraum des kieloben treibenden Zodiacs wieder auf. Dabei musste jeder höllisch aufpassen, sein Paddel nicht zu verlieren. Ich umklammerte meins mit einer Hand. Acht Mann hielten sich an den Gummiwülsten fest und schnappten nach Luft. Dieses Manöver hatten wir bereits in Ufernähe geübt. Sinn und Zweck der Sache: Falls sich im Ernstfall zum Beispiel ein feindliches Aufklärungsflugzeug nähert, kann man sich so unter dem Boot verbergen. Ob allerdings ein guter, kampferprobter Pilot darauf hereinfällt, wage ich zu bezweifeln. Immerhin ist ein auf dem Wasser treibendes Schlauchboot dieser Größe auch ohne Personen an Bord ziemlich auffällig.

Die eigentliche Schwierigkeit dieses Manövers besteht darin, das Boot anschließend wieder aufzurichten und einzusteigen. So ein Zodiac ist nämlich ziemlich schwer. Das klappt nur mit vereinten Kräften. Wie gesagt, Fremdenlegionäre sind keine Einzelkämpfer.

Ein Legionär versuchte, auf den Rumpf des Boots zu klettern. Dabei rutschte er mit seinen nassen Stiefeln immer wieder ab und fiel zurück ins Wasser. Ich schwamm auf der Stelle und schaute zu. Endlich gelang es ihm, sich hochzuziehen. Ein anderer reichte ihm eine Leine, die an der Bordwand befestigt war. Der Legionär lehnte sich in die entgegengesetzte Richtung und zog an der Leine. Der Rest der Gruppe tauchte wieder in den Hohlraum und drückte von dort mit den Paddeln eine Seite des Bootes in die Höhe. Langsam richtete sich das Zodiac auf. Der Legionär mit der Leine sprang ins Wasser. Wir zogen, schoben und drückten, bis es wieder richtig herum auf dem Wasser lag. Ich schlang einen Arm um die Seitenwand und zog mich hoch ins Boot. Kaum saßen wir alle drin, hörte

ich wieder das Kommando: »Umkippen!« – *platsch!* – und das
Ganze wieder von vorne.

Die Tage am Meer verschwammen – im wahrsten Sinne des
Wortes – in meiner Erinnerung. Jeder Tag im Wasser war irgendwie ähnlich, und ich hatte kaum Gelegenheit, mich dabei
mit meinen Kameraden zu unterhalten.

Am letzten Tag des Lehrgangs stand dann der »Parcours
Nautique« auf dem Programm: das Überwinden einer Hin-
dernisbahn über und unter Wasser.

Ich sprang vom Boot aus ins Meer. Wie immer in Uniform
und mit dem Famas auf dem Rücken. Erstmals musste ich
mit einem Rucksack etwa 100 Meter weit schwimmen. Dann
überwand ich mit Mühe drei hintereinander schwimmende,
längliche Kuben aus Aluminium. Jeder ragte etwa einen halben Meter aus dem Wasser. Ich wollte mich daran festhalten
und hochziehen. Die Miststücke drehten sich aber. Mir blieb
also nichts anderes übrig, als aus dem Wasser zu schnellen
– was mit einer nassen Uniform und einem Gewehr auf dem
Rücken nicht gerade leicht ist – und mich mit voller Wucht
darauf zu werfen. Anschließend glitt ich an der anderen Seite
wieder ins Wasser. Ich holte mir einige blaue Flecke dabei,
schaffte es aber.

Als Nächstes hangelte ich mich unter einem auf dem Wasser
treibenden Netz hindurch. Ich schaute durch die Maschen
zum Himmel, wo die Möwen kreischend ihre Runden drehten.
Hinter dem Netz wartete ein Taucher. Ich konnte sein Gesicht
hinter der Brille und dem Mundstück des Atemgeräts nicht erkennen. Er hob einen Arm aus dem Wasser und zeigte nach
unten. Ohne weitere Verschnaufpause tauchte ich neben ihm
ab. Das Wasser war trüb. Ich konnte gerade mal einen halben
Meter weit sehen. Direkt vor mir führte eine gelbe Röhre in die
Tiefe. Der Taucher zeigte nach unten. Also tauchte ich tiefer,
etwa 2 bis 3 Meter, schätze ich. Wegen des Gewichts von Famas
und Uniform fiel es mir nicht schwer, nach unten zu kommen.

Ich wusste aus der Einweisung vor dem Parcours, dass ich

jetzt in die Röhre sollte. Die hatte ich mir allerdings ganz anders vorgestellt: irgendwie größer und nicht in so trübem Wasser stehend. Ich näherte mich der Röhre von unten, die Unterseite war offen. Bereits seit einer halben Minute hielt ich die Luft an, ich musste mich beeilen. Der Taucher war wieder neben mir und machte mit der Hand ein Zeichen, dass ich in die Röhre einsteigen sollte. Ich schob mich hinein und presste die Arme eng an die Seiten. Im Inneren war es stockdunkel und so eng, dass ich meine Arme so gut wie nicht mehr bewegen konnte. Toll, da bekam man ja echt Platzangst ... Das Famas drückte an meinem Rücken. Ich wusste, dass sich im oberen Teil der Röhre eine Luftblase befand. Dorthin musste ich gelangen. Ich strampelte mit den Füßen. Viel länger würde ich den Atem nicht anhalten können.

Natürlich würde mich der Taucher im Notfall rausziehen, das wusste ich. Aber das würde er wirklich erst in allerletzter Sekunde tun. Vor mir hatten schon ein paar Kameraden an diesem Hindernis aufgegeben. Oder sie waren unter Wasser ausgerastet und hatten mit Händen und Füßen um sich geschlagen, während sie in der Röhre steckten. Halb ohnmächtig hatte man sie aus dem Wasser gezogen. Für sie war der Kommandolehrgang danach vorbei. Im Unterschied zu den Sporttests darf man die Lehrgänge nur einmal machen. Da gibt es keine Möglichkeit zu wiederholen. Entweder man schafft es oder nicht. So ein Lehrgang stellt eine zusätzliche Qualifikation dar. Der regelmäßige Sporttest ist lediglich eine sechsmonatige Kontrolle der physischen Leistungsfähigkeit. Aber im Grunde genommen geht die Fremdenlegion davon aus, dass die sowieso vorhanden ist. Wenn nicht, wird eben so lange trainiert, bis man wieder fit genug ist. Beim Lehrgang flog man kurzerhand raus. Das wollte ich natürlich vermeiden, ich wollte das hier schaffen!

Endlich, nach einer gefühlten Ewigkeit, erreichte ich die Luftblase. Allerdings war der »Raum« zum Luftholen alles andere als komfortabel. Zwischen Wasseroberfläche und dem

Deckel der Röhre waren vielleicht zwanzig Zentimeter Platz. Man konnte den Kopf ein wenig rausstrecken. Ich spitzte die Lippen, öffnete den Mund und schnappte nach Luft. Mein Atemgeräusch klang in dieser Enge und unter Wasser unnatürlich laut.

Ich verspürte den starken Impuls, die Arme zu heben und zu versuchen, den Deckel über mir aufzustemmen. Aber meine Arme waren an den Seiten eingeklemmt. Keine Chance, sie über den Kopf zu heben. Ich wollte so schnell wie möglich raus hier. Nur nicht in Panik geraten, sagte ich mir. Ich atmete noch einmal tief ein und ließ mich dann wieder nach unten ins Wasser sinken. Zusätzlich drückte ich meine Hände gegen die Wand und schob mich so in der Röhre wieder nach unten.

Zuerst gelangten meine Beine ins Freie. Dann bekam ich mit den Händen den unteren Rand des Rohrs zu fassen und konnte mich schneller hinausschieben. Der Taucher hatte hier auf mich gewartet und zeigte nun nach oben. Ich sah die helle Wasseroberfläche und stieg so schnell wie möglich auf. Es folgten noch fünf weitere Hindernisse.

Der Parcours Nautique bildete den Abschluss des Kommandolehrgangs. Aus meinem Zug waren außer mir noch drei Leute übrig geblieben. Von der gesamten Kompanie – etwa einhundert Mann – hatten nur einunddreißig den Lehrgang bestanden. Mein Freund Robinho lag verletzt im Lazarett. Bei einem Landemanöver hatte er versucht, vom Bug des Schiffs aus an Land zu springen. Ich habe es selbst auch gemacht und muss sagen: Es ist ziemlich tricky. Man muss ganz genau auf die Brandung achten: Springt man zu früh, landet man im Wasser. Ist man nur einen Moment zu spät dran, bewegt sich das Boot schon wieder mit den Wellen zurück und der Abstand vergrößert sich. Robinho war mit Gewehr und einem 20 Kilo schweren Rucksack voll auf den Kiesstrand geknallt. Er hatte den Sprung verpatzt. Sein Knie und der Rücken hatten ziemlich was abbekommen. Hoffentlich würde er schnell wieder auf die Beine kommen.

Saturday Night Fever

Ich bog den Rücken durch und versuchte meine Beine auszustrecken. Nicht leicht, wenn man auf dem Rücksitz eines BMW zwischen zwei breitschultrigen Legionären eingekeilt ist. Meine Füße kribbelten, als das Blut darin wieder zu zirkulieren begann. Wenn ich mich bewegte, spürte ich die blauen Flecken, die ich noch vom Kommandolehrgang hatte. Ich war erst vor ein paar Tagen nach Nîmes zurückgekehrt.

Das Auto kachelte über die Route Nationale in Richtung Süden. Forrester saß auf dem Beifahrersitz. Ich hatte mich gefreut, ihn wiederzusehen. Und als er mich fragte, ob ich auf einen Trip an die spanische Grenze mitkommen wolle, war ich natürlich sofort dabei! Es war mein erstes freies Wochenende nach dem Lehrgang. Eigentlich wäre es eine gute Gelegenheit gewesen, um auszuschlafen und mich zu erholen – aber mir stand der Sinn nach Feiern. Seit ich nicht mehr mit Michelle zusammen war, konnte ich meine Freizeit etwas freier gestalten.

Offiziell darf ein Legionär erst ab fünf Jahren Dienstzeit ein Auto besitzen oder wenn er einen Unteroffiziersdienstgrad erreicht hat. Was in der Praxis auf das Gleiche hinausläuft. Und selbst dann muss man seinen Capitaine um Erlaubnis bitten.

Mit dem Legionsnamen ist es nicht möglich, ein Fahrzeug anzumelden oder eine Kfz-Versicherung abzuschließen. Nicht einmal einen Mietwagen kann man nehmen.

Doch irgendwie finden sich immer Mittel und Wege … So auch für unseren Road-Trip. Einige Rumänen aus Forresters Kompanie besaßen den BMW, ausgestattet mit rumänischen Kennzeichen. Wenn sie ihn nicht brauchten, wurde er irgendwo außerhalb der Kaserne abgestellt. Nur wenige waren eingeweiht, und die hielten alle dicht.

Also, einen fahrbaren Untersatz hatten wir. Nur eines durfte nicht passieren: Wenn wir in eine Polizeikontrolle gerieten und jemand Führerschein und Fahrzeugpapiere verlangte, würden wir Ärger kriegen. Garantiert.

Forrester reichte mir eine Cola mit Jack Daniel's nach hinten. Es wurde schon langsam dunkel.

»Bald sind wir da«, sagte er.

Ich beugte mich nach vorn. »Super, dass ich mitkommen kann«, sagte ich. »Bin schon gespannt!«

»Wird dir gefallen«, versprach Forrester. »Ist viel besser zum Feiern als in Nîmes. Da sind zu viele Leute von uns unterwegs.«

Damit hatte Forrester recht. Wenn ich in Nîmes ausging, traf ich immer irgendwo Legionäre. Wer will schon in der Disko ständig seinen Vorgesetzten über den Weg laufen? Entspannend ist das nicht. Deswegen fuhren wir ab und zu am Wochenende nach Montpellier, ungefähr eine Autostunde von Nîmes entfernt. Dort gibt es einige gute Diskotheken und Bars. Doch auch da tummelten sich mehr und mehr Legionäre.

Außerhalb von Nîmes dürfen Legionäre in Zivilkleidung ausgehen. Trotzdem fallen sie auf: durch ihren Haarschnitt, ihre Muskeln und die Tätowierungen, die viele Legionäre gern zur Schau stellen. Und durch ihr oftmals – sagen wir mal – sehr ausgelassenes Benehmen beim Feiern. Kein Wunder also, dass Fremdenlegionäre in den meisten Diskos von Montpellier nur in weiblicher Begleitung Zutritt haben. Forrester und ich sprachen daher immer kurzerhand Mädchen auf dem Parkplatz an und fragten sie, ob sie mit uns reingehen würden. Dafür spendierten wir ihnen dann einen Drink, oder auch mal zwei. Das klappte jedes Mal, und manchmal lief danach sogar noch was mit den Mädels.

Der BMW röhrte durch die Dunkelheit. Wir fuhren von der Route Nationale ab. Auf einem Hügel vor uns stand ein zweigeschossiges Gebäude, die schmale Straße lief direkt darauf zu. Entlang des Dachs strahlte rotes Neonlicht in die Dunkelheit.

»Voilà! Das ist es: das Dallas. Der coolste Laden überhaupt«, meinte Forrester, während der Fahrer den Wagen parkte. »Benannt nach der Stadt, in der JFK ermordet wurde.«

186

Wir stiegen aus, und ich schaute mich um. Sah irgendwie unspektakulärer aus, als ich gedacht hatte. Dutzende Autos, Lastwagen und Motorräder standen vor dem Haus. Die Tür ging kurz auf, und mit dem Wind wehte das Stampfen von Bässen und lauter Musik zu uns herüber. Eine bunte Lichterkette pulsierte neben dem Eingang.

Die drei Rumänen zählten Geldscheine aus einem großen Bündel ab. Forrester nahm einen Schluck Jack Daniel's aus der Flasche und schaute in den nächtlichen Himmel.

Er hatte mir schon viele Geschichten über das Dallas erzählt. Ein Nachtclub südlich von Perpignan, nahe der spanischen Grenze, etwa drei Stunden Autofahrt von Nîmes entfernt.

Das Dallas, meinte Forrester, sei schärfer als alles, was er bislang in Frankreich kennengelernt hätte – Bordell und Disko in einem.

Der Türsteher nickte kurz zur Begrüßung. Er hatte riesige Oberarme, sein langes Haar war zu einem Pferdeschwanz zusammengebunden. Einen Moment lang glaubte ich, eine Pumpgun hinter einem Vorhang zu sehen, den ein Windstoß beim Öffnen der Tür kurz zur Seite wehte. Forrester ging voran, ich folgte ihm durch einen schmalen Gang. Die Musik wurde lauter. Die Bar befand sich im Erdgeschoss. Hunderte von Flaschen waren an der Wand hinter dem Tresen aufgebaut. Am anderen Ende des Raums befand sich eine kleine Tanzfläche, über der sich langsam eine Diskokugel drehte. Zwischen Bar und Tanzfläche standen jede Menge Plüschsessel um niedrige Tische herum. Ich schätze, es waren vielleicht hundert Leute im Raum. Einige tanzten, die meisten saßen.

Die Rumänen sprachen mit einem Typen, auf dessen T-Shirt das Logo einer internationalen Spedition zu sehen war, während Forrester zwei Whiskey-Cola an der Bar für uns beide besorgte.

»Lass uns irgendwo hinsetzen«, brüllte er mir ins Ohr, um gegen die laute Musik anzukommen.

Wir suchten uns einen Tisch aus, an dem die Musik nicht ganz so laut schepperte.

»Santé!«

»Cheers, Forrester!«

»Und? Wie findest du's?«, wollte er von mir wissen.

»Super Frauen«, nickte ich anerkennend. Mir gefiel außerordentlich, was ich hier sah.

Es gab Asiatinnen, Farbige und hellhäutige Blonde unter den Gästen – alle ziemlich leicht bekleidet.

»Die gehören zu dem Laden. Wenn du was zahlst, gehen sie mit dir nach oben«, erklärte Forrester.

»Nee, lass mal. Im Moment möchte ich einfach nur rumsitzen, Musik hören und was trinken.«

Ich machte es mir in meinem Plüschsessel bequem. Bei vielen Typen, die sich hier tummelten, entdeckte ich Tätowierungen mit Motiven der Fremdenlegion. Wie mir schien, waren so gut wie alle Regimenter im Dallas vertreten: Pioniere, Kavalleristen – die fahren heute in Radpanzern und sind in Orange stationiert –, Fallschirmjäger und andere. Von den meisten Standorten der Fremdenlegion im Süden Frankreichs kommt man in wenigen Stunden ins Dallas.

Wenig später tanzte ich doch mit einer Blondine, und sie spendierte mir einen Drink. Die Rumänen bestellten eine Flasche Champagner. Jeder von ihnen hatte bereits ein heißes Mädel im Arm. Forrester tigerte mit einem Bier in der Hand allein zwischen Tanzfläche und Bar hin und her – er tanzte einfach wahnsinnig gern, das merkte man ihm an. Mir steckte der Kommandolehrgang noch ziemlich in den Knochen, und daher begnügte ich mich damit, es mir wieder in meinem Sessel bequem zu machen, Whiskey-Cola zu trinken und dem Trubel um mich herum zuzusehen. Ein Schwarzer stopfte einem Mädel, das für ihn tanzte, einen Geldschein nach dem anderen in den Slip. Wie im Film, dachte ich und grinste.

Es dämmerte bereits, als wir zurück nach Nîmes fuhren. Ich dachte daran, dass ich in der Fremdenlegion zwei Freunde gefunden hatte: Robinho und Forrester. Unser Verhältnis ging über die Kameradschaft unter Soldaten hinaus. Die war in der Legion ohnehin eher technischer Natur. Das Zusammenleben und Kämpfen sollte funktionieren, dazu musste man sich aufeinander verlassen können. Durch die strenge Disziplin und die kollektiven Bestrafungen wurden die einzelnen Züge und Gruppen fest zusammengeschweißt. Das lief in der Regel gut. Engere persönliche Bindungen – Robinho, Forrester und ich waren eine Ausnahme – kamen eher selten zustande. Das lag wahrscheinlich auch an den unterschiedlichen Nationalitäten und den damit verbundenen Sprachschwierigkeiten. Meistens blieben Leute mit ähnlichem Hintergrund zusammen. Dazu sagt man in der Legion »Mafia«. Die Rumänen bildeten eine Mafia für sich, die Polen genauso. Deutsche gab es dazu zu wenige. Wenn dieses Phänomen in einem Zug überhandnahm, versetzten die Offiziere einige Legionäre, um wieder ein ausgewogenes Verhältnis der Nationalitäten zu schaffen.

Da wir nicht für ein gemeinsames Vaterland kämpften, war es das Bewusstsein, einer ganz besonderen, einzigartigen Truppe anzugehören, was uns alle am meisten miteinander verband. Das nennt man *esprit de corps*. Im Ernstfall würde ich einen Kameraden – auch wenn ich ihn noch nie vorher gesehen hatte – niemals im Stich lassen. So ist das eben.

4
Mission courte durée am Golf

Wüste

Ich fror erbärmlich. Im Halbschlaf tastete ich im Schlafsack nach meinen Beinen. Eiskalt. Ich spürte meine Füße nicht mehr. Ich krümmte mich zusammen, um mich gegen die Kälte zu schützen. Viel wärmer wurde mir davon aber nicht. Eine feine Schicht aus Wüstensand bedeckte mein Gesicht. So konnte ich unmöglich pennen.

10 Meter von meinem Schlafplatz entfernt flackerte ein kleines Lagerfeuer. Der halbe Zug drängte sich schlotternd um die Überreste einiger brennender Pappkartons, die im Sand lagen. Das war das einzig Brennbare, das sie finden konnten. Die Gefechtsrationen waren darin aufbewahrt worden. Im Feuerschein erkannte ich Robinho. Er saß nah am Feuer und hatte seinen Schlafsack um die Schultern geschlungen. Ich stand auf und setzte mich neben ihn. Wir redeten eine Weile über die Kälte und die Wüste.

Doch das Feuer war zu klein, um genügend Wärme abzugeben. Daher ging ich zu meinem Schlafplatz zurück. Ein paar Stunden sollte ich mich wenigstens ausruhen. Beim Gehen versanken meine Stiefel im Sand. Das brachte mich auf eine Idee: Ich leerte meinen Rucksack und zog ihn – als ich wieder im Schlafsack lag – über meine Füße. Er wärmte zusätzlich. So lag ich auf dem Rücken. Über mir ein grandioser Sternenhimmel. Bis auf die gedämpften Stimmen, die aus Richtung des Lagerfeuers zu hören waren, war es totenstill.

Blöderweise hatte ich nur meinen leichten Schlafsack mitgenommen, nicht das Hightech-Modell, das ich mir gekauft hatte. Schließlich waren wir unterwegs in die Wüste – da war es bekanntermaßen heiß. Tagsüber 40 Grad Celsius und mehr, da würde der dünne Schlafsack ja wohl reichen. Was ich nicht bedacht hatte: Nachts fällt die Temperatur hier auf 11 Grad Celsius oder noch weniger, und das macht einen gewaltigen Unterschied. Ein beträchtlicher Temperatursturz, da kann man nur frieren. Tja, wieder was dazugelernt.

Unsere Kompanie war in die Vereinigten Arabischen Emirate geflogen, um dort eine sogenannte *mission courte durée* zu absolvieren. Die »Mission kurzer Dauer« war für vier Monate geplant. Wir sollten Präsenz zeigen, mit der Armee der Vereinten Arabischen Emirate trainieren und einen Wüstenkampflehrgang absolvieren.

In Abu Dhabi ist die 13. DBLE der Fremdenlegion stationiert – zwischen vierhundert und fünfhundert Mann stark. Die Legionäre der 13e Demi-Brigade de la Légion Étrangère sind Spezialisten im Wüsteneinsatz. Die Einheit wurde 1940 gegründet und kämpfte auf Seiten des Freien Frankreichs gegen das deutsche Afrikakorps in Nordafrika.

Nach dem Ende des Algerienkriegs war die 13. DBLE in Dschibuti, am Horn von Afrika, stationiert. 2011 zog sie nach Abu Dhabi um. Frankreich hat ein Militärabkommen mit den Vereinigten Arabischen Emiraten geschlossen, das eine ständige Präsenz von Truppen in dem Land sowie gemeinsame Manöver vorsieht.

In der 13. DBLE diente übrigens auch die bislang einzige Frau, die die Fremdenlegion in ihren Reihen hatte. Die Britin Susan Travers meldete sich zu Beginn des Zweiten Weltkriegs als freiwillige Helferin beim französischen Roten Kreuz. Sie war als Tochter eines Admirals an der Côte d'Azur aufgewachsen, sprach fließend Französisch und hatte einen Führerschein. An verschiedenen Kriegsschauplätzen fuhr sie eine Ambulanz und landete schließlich bei der 13. DBLE. Dort wurde sie die Fahrerin von General Marie-Pierre Koenig. Während der Belagerung von Bir Hakeim, das war 1942, floh sie mit dem

General durch die deutschen Linien. Sie steuerte ihren Wagen wagemutig durch die Minenfelder in der Wüste. Nach dem Krieg wurde Susan Travers ehrenhalber mit dem Rang Adjudant-Chef ausgezeichnet.

Bei Ausbruch des Kolonialkriegs in Indochina ging sie mit der Fremdenlegion nach Vietnam und heiratete dort einen Legionär. Später schrieb sie ein Buch über ihre Erlebnisse. In der Fremdenlegion ist sie eine Legende. Noch heute nennt man sie voller Hochachtung »La Miss«. Im Museum in Aubagne hatte ich ein Foto von ihr gesehen.

In dieser Nacht in der Wüste musste ich an die Legionäre in Bir Hakeim denken. Ich fand wegen der Kälte keinen Schlaf und fragte mich, ob die Nächte in Nordafrika damals wohl auch so ungemütlich gewesen waren. Alles Mögliche ging mir durch den Kopf.

Endlich krochen die ersten Sonnenstrahlen über den Horizont. Es dauerte nicht lange, und sie stand als roter Ball an einem milchig weißen Himmel. Die Wüste leuchtete in orangefarbenem Licht. Dort, wo die Dünen Schatten warfen, bildete sich ein schwach violetter Rand. So etwas hatte ich noch nie gesehen – ein faszinierender Anblick.

Mit der Sonne erwachte auch unser kleines Camp wieder zum Leben. Ich schlüpfte aus dem Schlafsack und streckte und schüttelte meine steifen, eiskalten Arme und Beine, um die Blutzirkulation anzuregen. Sergent-Chef Coureur stand mit dem Fernglas in der Hand vor einem Landrover. Die acht Fahrzeuge, mit denen wir unterwegs waren, trugen einen sandfarbenen Wüstentarnanstrich. Die Scheinwerfer und der Kühlergrill waren zum Schutz gegen Steinschlag – ja, auch in der Wüste gibt es Steine! – vergittert.

Ich rollte meinen Schlafsack ein und stopfte ihn zusammen mit dem Fleecepullover in den Rucksack. Schon in einer halben Stunde würde es so heiß sein, dass Hose und Jacke der Wüstentarnuniform als Bekleidung ausreichten. Robinho kam zu mir. In der Hand hielt er eine Flasche Wasser.

»Die Kälte macht meinem Rücken zu schaffen«, sagte er.

»Trink genug. Ist gut für dich«, meinte ich.

Allerdings hatte jeder pro Tag nur sieben Liter Wasser zur Verfügung – und bei der Hitze braucht man viel Flüssigkeit. Seine Ration musste man sich daher gut einteilen – rasieren und duschen inbegriffen.

Heute war der vierte Tag, an dem wir uns auf einer Orientierungsfahrt durch die Wüste befanden. Der Zug sollte lernen, sich in ungewohntem Terrain zurechtzufinden. Vor Einbruch der Dunkelheit würden wir wieder im Camp sein.

Die Zayed Military City liegt etwa eine Autostunde östlich von Abu Dhabi entfernt. In dem Militärkomplex sind außer der 13. DBLE auch Truppen der US-Armee und der Vereinten Arabischen Emirate stationiert. Nach unserer Ankunft in den Vereinigten Arabischen Emiraten waren wir direkt dorthin gefahren. Dort hatte man uns in klimatisierten Gebäuden auf dem Gelände des Stützpunkts untergebracht: zweistöckige flache Kästen, typische Kasernenarchitektur, jeweils sieben Mann in einem Zimmer.

Im Flugzeug war jedem von uns ein offizieller Reisepass der EU ausgehändigt worden – mitsamt Visum für die Vereinigten Arabischen Emirate. Das brauchte man wohl bei der Einreise. Meiner war auf den Namen Karl Mahler ausgestellt. Unter Nationalität war allerdings France eingetragen. Ich weiß nicht, ob es legal ist, wenn der französische Staat solche Pässe ausstellt. Meiner war ein Jahr lang gültig, doch direkt, nachdem wir die Passkontrolle am Flughafen in Abu Dhabi passiert hatten, nahm man uns die Pässe wieder ab. Wahrscheinlich sollte so verhindert werden, dass jemand damit desertiert.

Sergent Meilleur saß am Steuer des Landrover, ich auf dem Beifahrersitz. Die Landis, Modell Defender, sahen – bis auf den sandfarbenen Tarnanstrich – nicht viel anders aus als die Zivilversion dieses Fahrzeugs. Allerdings mit anderer Sonderausstattung: keine Klimaanlage – leider! –, dafür aber im Inneren eine Halterung für ein großes Funkgerät und die Famas.

Wir hatten die Fenster geöffnet, um wenigstens etwas Fahrtwind abzubekommen. Ich hatte wegen des Sands eine Schutzbrille auf und ein Tuch um Mund und Nase geschlungen. Der Dritte im Bunde war ein Legionär namens Robespierre, ein Belgier oder Franzose, er saß auf dem Rücksitz.

Ein Ausbilder der 13. DBLE hatte vor Beginn der Fahrt erklärt, wie man sich in der Wüste am besten zurechtfindet, denn das Fehlen jeglicher Referenzpunkte macht die Orientierung schwierig.

Im Grunde ist es wie auf hoher See: Man muss sich nach Koordinaten, Kompass und GPS richten – sonst ist man aufgeschmissen. Ich merkte selbst, dass es nahezu unmöglich war, Entfernungen einzuschätzen. Vielleicht weil in der Wüste andere Objekte, wie Bäume, Häuser und so, als Maßstab fehlen. Wenn ich dachte, etwas – zum Beispiel eines unserer Fahrzeuge – sei 600 Meter entfernt, war es in Wirklichkeit nur 300 Meter weit weg. In jedem Fahrzeug lag ein Fernglas, mit dem man die Distanz messen konnte. Ich war jedes Mal überrascht, wenn ich meine geschätzten Entfernungen mit denen verglich, die im Fernglas angezeigt wurden.

»Merde«, fluchte Meilleur, als wir an eine Sanddüne heranfuhren. Er gab Vollgas. Nichts passierte, wir bewegten uns nicht mehr vom Fleck. Die Räder drehten durch, es roch nach Gummi.

»Scheiße«, kommentierte auch ich.

Noch einmal Vollgas. Und wieder nur Gummi.

Es half nichts, wir hatten uns im Sand festgefahren. Die Kolonne hielt an. Robespierre und ich öffneten die Hecktür des Landrover und nahmen zwei schwarze Gummimatten von der Ladefläche. Robespierre schwitzte jetzt schon. Er sah aus wie ein Bauer aus der Auvergne, den es in die Wüste verschlagen hat: hochrote Wangen, klein und drahtig. Gemeinsam wuchteten wir die Matten neben das rechte Hinterrad. Sie waren ungefähr so dick wie die, die man als Unterlage für eine Waschmaschine benutzt, nur dreimal so lang.

»Plein les couilles«, schimpfte Meilleur weiter. Schnauze voll hieß das.

»Merde«, fluchte Robespierre.

»Merde«, schloss ich mich an.

Terenk kam aus einem anderen Fahrzeug hinzu. Zu dritt – der Sergent saß weiterhin am Steuer – schaufelten wir in der Gluthitze mit bloßen Händen den Sand um das Hinterrad herum beiseite. Das heißt, wir versuchten es zumindest ... Der Landrover stand am Rand einer Düne, Fahrtrichtung nach oben. Dünen, so hatten wir gelernt, fährt man schräg hinauf. Ganz wichtig: Der Winkel muss stimmen, sonst kippt das Fahrzeug entweder um oder die Räder graben sich im Untergrund ein. Zu unserem Glück waren wir wenigstens nicht umgekippt ...

Das Sandschaufeln war verdammt anstrengend, denn wie Sand nun einmal so ist: Jedes Mal, wenn man etwas davon zur Seite schiebt, rutscht das Mistzeug wieder nach. Da muss man echt einen Zahn zulegen. Irgendwann hatten wir es dann doch geschafft und konnten die Gummimatte unter den Reifen schieben. Zur Sicherheit legten wir die zweite auch noch unter das andere Hinterrad.

Meilleur ließ den Motor an. Robespierre und ich stellten uns vor die Motorhaube, um zu schieben. Meilleur drehte am Lenkrad, schlug die Vorderräder ein und fuhr langsam rückwärts. Die Räder fanden auf dem Gummi Halt, und das Fahrzeug kam frei.

Ich nahm einen Schluck Wasser aus meinem Trinkrucksack. Es war sogar noch ein wenig kühl. Robespierre und ich wuchteten die Matten mit Schwung zurück auf die Ladefläche.

Bei der nächsten Düne holte Meilleur rechtzeitig Schwung. Wir schossen über den Kamm und rumpelten auf der anderen Seite wieder hinunter. Ein durchaus gefährliches Manöver, weil man nie weiß, was sich auf der anderen Seite der Düne befindet – ein Fahrzeug zum Beispiel – und wie steil es nach unten geht. Die Gefechtsrationen, die lose unter den Sitzen lagen, rutschten bei Meilleurs Manövern durchs Fahrzeug. Vor, hinter und neben uns rasten die anderen Landrover des Zugs durch die Wüste. An einer Funkantenne flatterte ein Wimpel der 13. DBLE.

Gegen Mittag machten wir eine Pause. Zeit für eine Siesta. Die Landrover wurden zusammengestellt und zwischen jeweils zwei Fahrzeugen Zeltbahnen als Sonnenschutz gespannt. Der Wüstenausbilder erklärte uns nun die Spuren, die Schlangen, Skorpione und Gazellen im Sand hinterlassen. Das sind, soweit ich weiß, die größten Lebewesen, die es in dieser Umgebung gibt. »Schlangen und Skorpione«, meinte er, »gehen dem Menschen am liebsten aus dem Weg.« Gazellen wahrscheinlich auch, aber das sagte er nicht explizit dazu – vermutlich, weil sie keine potentielle Gefahr darstellen. »Schlangen und Skorpione halten sich unter Steinen auf. Oder dort, wo es feucht ist.« Mir fielen die Duschen im Camp ein. »Und«, fuhr er fort, »überall da, wo Müll liegt.«

Na, hervorragend, dachte ich. Offensichtlich gingen die Mistviecher dem Menschen doch nicht allzu sehr aus dem Weg. Ich nahm mir vor, die Augen nach verdächtigen Spuren offen zu halten.

Nach der »Biologiestunde« lagen wir noch eine Weile im Schatten unter den Zeltplanen und ruhten uns aus. Als die Sonne dann nicht mehr ganz so mörderisch vom Himmel knallte, fuhren wir weiter. Düne rauf, Düne runter. Weil wir diagonal zu der Erhebung nach oben fuhren – und auch bergab – geriet der Landrover manchmal in eine ziemliche Schräglage. Ich fand es eigentlich ganz lustig, so über die Dünen zu driften.

Doch dann passierte es: Der Wagen vor uns kippte um – Meilleur brachte unser Fahrzeug zum Stehen.

Der Landrover unserer Kameraden lag auf der Seite und rutschte noch ein Stück weit die Düne hinab. Robespierre war der Erste, der aus dem Wagen sprang und in einem Affenzahn hinterherrannte.

Scheiße, Robinho saß auch da drin! Als Meilleur und ich am

Fahrzeug ankamen, kletterte ich rauf und half meinem Freund heraus. Dann kümmerte sich Meilleur um den Fahrer, dessen Kopf ebenfalls in der Tür auftauchte. Robespierre machte sich an der Heckklappe zu schaffen.

»Robinho?«, sprach ich meinen Kameraden an.

Keine Antwort. Er schaute mich an, sah mich aber nicht. Er war nicht richtig da, irgendwas war merkwürdig. Wahrscheinlich hatte sein Kopf was abbekommen, auch wenn ich nirgendwo Blut sah.

»Robinho?«, wiederholte ich noch einmal.

Keine wirkliche Reaktion.

»Mahler, hilf mir mal mit dem Fahrer«, rief Meilleur.

»Sofort, Sergent.« Robinho schaute mich mit einem total bescheuerten Blick an. Ein Auge nach links, das andere nach rechts. Ich gab ihm eine Ohrfeige. Endlich – sein Blick normalisierte sich, er schüttelte kurz den Kopf und sagte nur: »Merde.« Er schien also halbwegs okay zu sein. Ich drückte ihm eine Wasserflasche in die Hand und ging rüber zu Meilleur.

Den Fahrer hatte es schlimmer erwischt. Er hielt sich den Schädel und stöhnte. Wahrscheinlich war er gegen die Tür oder das Dach geknallt. Wir legten ihn mit vereinten Kräften vorsichtig in den Sand. Robespierre hatte zwischenzeitlich dem dritten Legionär aus dem Fahrzeug geholfen, dem nichts weiter passiert zu sein schien.

Ich sammelte die Waffen und die Ausrüstung aus dem Wagen zusammen. Alles lag kreuz und quer im Inneren verstreut. Robinho schaute sich – immer noch etwas benommen – die Szenerie an. Ich hoffte nur, dass sein ohnehin lädierter Rücken den Unfall gut überstanden hatte.

Meilleur sagte, wir müssten den Fahrer, einen Schwarzen, so schnell wie möglich ins Camp schaffen. Der Sanitäter, der zwischenzeitlich aus einem der anderen Wagen zu uns gekommen war, bestätigte: Irgendwas mit dem Schädel des Fahrers sei nicht in Ordnung, wir sollten darauf achten, dass er während des Transports möglichst still lag. Wir mussten ihn also in unseren Landi packen und so schnell wie möglich in das nächste Lazarett. Das Camp war zum Glück nicht mehr allzu weit entfernt. Wir luden den Legionär behutsam in unseren Wagen. Meilleur gab Vollgas, Robespierre und ich passten auf, dass der Verletzte seinen Kopf so wenig wie möglich bewegte. Er trank etwas Wasser und übergab sich.

»Merde«, sagten wir alle drei gleichzeitig.

Fast eine halbe Stunde später hielt der Landrover mit einer Vollbremsung vor der Sanitätsstation des Camps. Die Sanitäter brachten den Verletzten in die Station. Später erfuhr ich, dass er eine leichte Gehirnerschütterung hatte und zur Beobachtung im Lazarett bleiben musste. Robinho und der dritte Legionär waren mit dem Schrecken und ein paar blauen Flecken davongekommen.

Grün ist die Nacht

Grüne Sterne am Himmel über dem Camp. Eine grüne Straße mit grünen Häuserfassaden. Vor mir schlich Robinho durch die Nacht. Er sah aus wie ein grünes Gespenst. Er hinterließ helle Schlieren, während er sich weiterbewegte.

Durch die Nachtsichtbrille sieht alles grün und leicht unscharf aus. Aber wenigstens sieht man überhaupt etwas im Dunkeln. An der Vorderkante des Helms ist ein Scharnier befestigt. Daran lässt sich das Nachtsichtgerät anbringen und vor die Augen klappen. Sieht im Grunde genommen aus wie ein kleines Fernglas, etwas dünner vielleicht. Wenn ich es nicht brauchte, trug ich es in einer Tasche meiner Kampfmittelweste bei mir. Es ist wichtig, immer genügend Batterien dafür mitzunehmen. Man weiß nie, wie lange ein Einsatz dauert.

Auf dem Gelände der Zayed Military City ist ein ganzer Straßenzug für die Übung von Orts- und Häuserkampf nachgebaut. Er sieht aus wie eine x-beliebige Straße irgendwo auf der Welt. Ich kann nicht sagen, dass daran etwas typisch Arabisches oder Europäisches ist. Einfach Häuser, Bürgersteige, Strommasten, solche Dinge eben. Dort übten wir die Erstürmung und das anschließende Sichern von Häusern sowie das Befreien von Geiseln. Es gab auch Dutzende verlassener Häuser nebenan. Dort konnten wir uns so richtig austoben.

Während die Befreiung von Geiseln echt heikel ist, ist die Erstürmung eines Gebäudes eine ziemlich einfache Sache. Sogar bei Nacht. Genaugenommen ist es im Dunkeln noch einfacher, weil einen der Gegner – zumindest im Idealfall – nicht kommen sieht. Bei diesen Übungen gingen wir meistens davon aus, dass wir es mit einer Handvoll Dritte-Welt-Terroristen zu tun hatten. AK-47, Turban und vielleicht noch ein Prepaidhandy, mit dem sie einen Verbündeten im nächsten Dorf anrufen können. Dem sagen sie dann, dass ihnen irgendwer hier gerade den Arsch aufreißt und er schnellstens Verstärkung schicken oder abhauen soll. Deshalb sollten diese Einsätze schnell ablaufen – und schnell heißt vor allem präzise. Diesen Ablauf übte unser Zug daher bis zum Abwinken, zuerst bei Tag. Und nachdem wir den Ablauf tagsüber nahezu perfekt beherrschten, begannen die Übungen bei Nacht.

Wir kamen mit den Landrovern aus der Wüste. Die Scheinwerfer der Fahrzeuge waren ausgeschaltet. Meilleur hockte auf dem Beifahrersitz, ich saß am Lenkrad und drehte den Kopf hin und her. Das Blickfeld ist durch die Nachtsichtbrille eingeschränkt. Nicht gerade ein Tunnelblick, aber man sieht wesentlich weniger als sonst. Der in der Wüste verunglückte Fahrer lag immer noch im Lazarett und war durch einen anderen Legionär ersetzt worden.

Plötzlich stoppte Meilleur den Wagen.

»Tanken!«, lautete der Befehl.

Das gehörte ebenfalls zur Übung: Auftanken mit Nachtsichtgerät. Ich stieg aus und ging zur Rückseite des Landrovers. Dort nahm ich einen Benzinkanister von der Ladefläche. Robespierre kniete neben dem Fahrzeug und sicherte mit

199

seinem Famas das Gelände. Er sah fast unheimlich aus, total vermummt mit einem Tuch vor dem Gesicht und der Nachtsichtbrille vor den Augen.

Ich schraubte den Tankdeckel auf und kippte zwanzig Liter Kraftstoff in den Tank. Alles musste schnell gehen. Zum Glück traf ich den Tankstutzen. Der Sand um mich herum schimmerte hellgrün.

Nachdem wir noch eine Weile gefahren waren, stoppten wir ein paar Kilometer vor dem Ziel und gingen ab jetzt zu Fuß weiter. Lediglich zwei oder drei Legionäre blieben zur Bewachung der Landrover zurück.

Ich konnte die Eryx im Wagen lassen und schlich mit dem Famas bewaffnet auf eine Häuserzeile zu. Vor und hinter mir bewegten sich meine Kameraden durch die Dunkelheit. Die Legionäre schwärmten zu beiden Seiten der Straße aus. Mein Zug ging auf die linke Seite. An dem Manöver war die ganze Kompanie beteiligt. Der 4. Zug – taktisch sinnvoll, da sie Mörser und Scharfschützen dabeihatten und daher Ziele in größerer Entfernung bekämpfen konnten – riegelte die Straße ab, damit der Gegner nicht fliehen oder Verstärkung holen konnte. Reale Gegner gab es allerdings keine – nur einige unserer Ausbilder spielten den Gegner. Die anderen Ausbilder beobachteten unser Vorgehen dafür umso genauer.

Eng an die Hauswand gedrückt, bewegte ich mich weiter. Dabei behielt ich die Fenster in den oberen Stockwerken der gegenüberliegenden Häuser im Auge. Schwarzgrüne Umrisse, in denen sich keine Bewegung erkennen ließ. Am Lauf meines Gewehrs war ein Infrarot-Laserpointer angebracht. Wenn ich auf etwas zielte, sah ich durch die Nachtsichtbrille einen hellen weißen Punkt an der Stelle. Andere Legionäre hielten am Boden nach versteckten Sprengfallen Ausschau.

Mein Zug sollte ein zweistöckiges Gebäude besetzen. Auf dem Bürgersteig standen wir eng beieinander in einer Reihe vor der Haustür. Zwei Legionäre traten die Tür ein. So schnell wie möglich rannten acht Mann durch den jetzt offenen Eingang ins Innere des Hauses. Die anderen sicherten die Fenster und gingen erst rein, nachdem die erste Gruppe den Eingang als gesichert durchgegeben hatte. Jeder hatte sein Famas im Anschlag. Ich gab einen Feuerstoß mit Platzpatronen ab. Pulverdampf hing in der Luft. Ich dachte, ich hätte einen Feind hinter einer Mauerecke gesehen. Am besten lässt man dem Gegner keine Chance und ballert drauflos, bevor er es tun kann.

Eine ganze Gruppe – zehn Mann – stürzte zum Treppenhaus und rannte nach oben. Optimal ist es, das oberste Stockwerk und das Dach eines Hauses als Erstes zu besetzen. Dann kann der Feind keine Handgranaten von oben herunterwerfen oder Verstärkung über die Dächer heranführen. Ich blieb mit meiner Gruppe im Erdgeschoss. Vor Beginn des Angriffs hatten wir genau geplant, wer was tun sollte – beinahe wie eine Choreographie. Zu dritt sprangen wir in ein Zimmer neben dem Eingang. Ich stand links und zielte mit dem Famas in den linken Sektor des Raums. Die beiden Kameraden neben mir übernahmen die Mitte und die rechte Seite.

Nachdem wir uns vergewissert hatten, dass außer uns niemand dort war, rief ich: »Pièce clair!« Das heißt, der Raum ist gesichert. Die beiden bestätigten es ihrerseits. Wir liefen zum nächsten Zimmer. Dort wiederholte sich der Vorgang. Man kann auch, bevor man reingeht, eine Blendgranate werfen. Das ist einfacher, aber man muss sich ganz sicher sein, wo die eigenen Leute sind, sonst gibt es unnötige Verletzte in den eigenen Reihen.

Das Haus, in dem wir uns aufhielten, war eng und unübersichtlich. Dreißig Legionäre liefen und schossen im Dunkeln durch die Räume. Dabei verständigten wir uns meistens mit Handzeichen. Die Lichtblitze des Mündungsfeuers waren über das Nachtsichtgerät extrem hell und blendeten mich. Für Sekundenbruchteile sah ich nur Weiß. Das Ganze lief ungeheuer schnell ab, für die Erstürmung des Gebäudes hatten wir vielleicht zwei oder drei Minuten gebraucht.

Auf dem Rückmarsch zu den Landrovern ging mir durch den Kopf, dass ich jetzt schon seit Wochen in dem Land war, aber außer der Wüste und dem Camp nichts gesehen hatte.

Luxus am Golf

Ein Legionär mit unzähligen Sommersprossen im Gesicht hielt sein iPhone an die Fensterscheibe des Busses. Er hatte sich die Sonnenbrille in die Stirn geschoben und sah fasziniert nach draußen. Ich saß auf der anderen Seite des Mittelgangs und schaute ebenfalls raus. Dort, wo der Asphalt der Schnellstraße endete, begann die Wüste. Der Wüstensand sah hier hellgrau aus, irgendwie erinnerte mich der Anblick mehr an Staub als an Sand. Dort, wo wir unsere Orientierungsfahrten gemacht hatten, war es so gewesen, wie ich mir die Wüste immer vorgestellt hatte: gelber Sand und unzählige Dünen.

Der Legionär hatte wohl irgendetwas Besonderes entdeckt und wollte ein Foto davon schießen. Ich lehnte mich rüber, um auf seiner Seite besser aus dem Fenster schauen zu können. Hunderte von Kamelen trotteten am Highway entlang, so etwas kannte ich bislang nur aus dem Fernsehen. Sah ziemlich cool aus, wie die Tiere mit ihrem wiegenden Gang dort liefen.

Der Busfahrer verringerte die Geschwindigkeit. Entweder weil er damit rechnete, dass sich einzelne Tiere auf die Fahrbahn verirrten, oder weil er uns die Gelegenheit geben wollte, das Schauspiel zu genießen, vielleicht sogar beides.

Wir hatten zum ersten Mal Ausgang bekommen, seit wir vor über zwei Monaten in den Vereinigten Arabischen Emiraten angekommen waren. Ich trug auch zum ersten Mal wieder Zivilkleidung und hatte Shorts und ein T-Shirt angezogen. Im Unterschied zum Senegal – wo wir nur zu dritt aus der Kaserne raus durften – musste hier sogar der gesamte Zug zusammenbleiben – zumindest, bis wir in der Stadt waren.

Ein Reisebus brachte uns daher von der Zayed Military City in das Emirat Dubai. Das bedeutete drei Stunden Busfahrt durch die Wüste. Ich war gespannt darauf, was uns in der Stadt erwartete. Bevor wir losfuhren, hatte uns der Sergent-Chef erklärt, dass Alkohol ausschließlich in den großen Hotels verkauft würde. Trinken in der Öffentlichkeit sei hier verboten. Wir müssten die kulturellen Einschränkungen respektieren und sollten uns dementsprechend benehmen.

»He, was machst du da? Was soll das?« Unser Sergent – ebenfalls in Zivil – kam durch den Mittelgang des Busses auf den sommersprossigen Legionär zu.

»Her damit!«, forderte er und griff nach dem Telefon. Der Legionär ließ es los, ohne jeden Protest. Über den großen Seitenscheiben des Busses waren schmalere Fenster angebracht, die sich zur Belüftung öffnen ließen. Im nächsten Moment flog das nagelneue Smartphone aus dem Bus in die Wüste.

»Du weißt genau, dass Handys mit Fotofunktion verboten sind«, sagte der Sergent schlicht. Der Legionär nickte resigniert. Tja, dumm gelaufen.

Der Typ hatte sich aber auch extrem dämlich angestellt. Wenn er nicht so auffällig herumhantiert hätte, wäre nichts passiert. Es stimmt schon: In der Fremdenlegion sind internetfähige Handys und solche mit Film- und Fotofunktion nicht erlaubt. Nichtsdestotrotz haben die meisten Legionäre solche Geräte – groß kontrolliert wird schließlich nicht. Solange die Vorgesetzten einen nicht fotografieren oder filmen sehen, ist es ihnen ziemlich egal. Ich selbst habe einen ganzen Haufen Erinnerungsbilder – unter anderem das auf dem Cover dieses Buchs – von mir und meinen Kameraden mit meinem Handy geschossen.

Wie bei einigen Dingen in der Legion gilt: Man ist dumm, wenn man es nicht tut – aber noch dümmer, wenn man sich erwischen lässt.

Na ja, mit etwas Glück konnte sich der Pechvogel in Dubai gleich ein neues Smartphone besorgen.

Der Verkehr auf der mehrspurigen Schnellstraße wurde dichter. Busse, Pick-ups und dicke Limousinen mit schwarz getönten Scheiben fuhren an uns vorbei. Bald tauchten die ersten Hütten am Straßenrand auf: kleine Verschläge aus Wellblech und Plastikplanen. Dazwischen standen Gruppen von Männern und unterhielten sich. Die meisten trugen blaue Overalls oder sonstige Arbeitskleidung. Einige hatten Schutzhelme bei sich. Leere Wasserflaschen aus Plastik lagen herum. Der Slum – ich nenne das einfach mal so – hörte gar nicht mehr auf. Kilometer um Kilometer fuhren wir durch diese Ansiedlungen. Na, das konnte ja wohl nicht Dubai sein ... Das kannte ich aus dem Fernsehen aber ganz anders.

Irgendwann tauchten am Horizont dann die ersten Wolkenkratzer auf. Für mich war Dubai gleichbedeutend mit futuristischen Luxusbauten, auf Hochglanz polierten Fassaden und einer Insel im Meer – in Form einer riesigen Palme. Von Slums war in den Fernsehbildern nie etwas zu sehen gewesen. Heute weiß ich, dass in diesen provisorischen Hütten und Verschlägen die Menschen leben, die all diese Superbauten errichten und dort arbeiten. Sie kommen von den Philippinen, aus Indien, und was weiß ich noch woher.

Irgendwann erreichten wir die Stadt, und der Bus hielt vor einem gigantischen Wolkenkratzer. Stockwerk über Stockwerk ragte er in den Himmel. Außen hingen kleine Balkone. Auf der anderen Straßenseite lag der Persische Golf blaugrün und unbewegt in der Sonne. Ich setzte meine Sonnenbrille auf und stieg aus. Von jetzt an konnte jeder machen, was er wollte. Am Abend mussten wir wieder hier sein und der Bus würde uns zurück ins Camp bringen.

Ich hatte sogar Geld in der Landeswährung – Dirham – in der Tasche. Gestern hatten wir im Camp *avance de sold* bekommen, einen Vorschuss auf den Sold. Das ist Brauch bei der Fremdenlegion, wenn die Legionäre im Ausland stationiert sind.

Das Ganze lief immer nach dem gleichen Ritual ab. Man

ging zum Capitaine und nannte nur seinen Namen, also in meinem Fall: »Caporal Mahler, à vos ordres, mon Capitaine.« Dann nahm ich mein Képi ab und hielt es dem Capitaine hin, der hinter seinem Schreibtisch saß. Er griff nach einem Packen Dirham-Scheinen, zählte einen Betrag ab, der etwa dreihundert Euro entsprach, und legte alles in mein Képi. Daraufhin setzte ich das Képi mit dem Geld darin wieder auf und unterschrieb eine Quittung.

Ich hatte im Internet gelesen, dass das Atlantis Hotel einen Privatstrand mit Bar hatte. Da wollte ich hin. Strand, Bar und Wasser waren genau das Richtige nach den Wochen in der Wüste. Meine Badehose hatte ich in meinem Daypack. Zum Glück war das Atlantis Hotel nicht weit entfernt. Robinho und fünf weitere Legionäre wollten ebenfalls dorthin.

Kurze Zeit später lagen wir am Strand. Es war eine filmreife Kulisse: Weiße Liegestühle, Barhocker und Tische standen um eine – ebenfalls weiße – Bühne herum, auf der ein DJ entspannte Musik auflegte. Ich zog mich in einer Kabine um und ging ins lauwarme Wasser. Von dort aus konnte ich die Skyline von Dubai sehen. Die Sonne spiegelte sich in den gläsernen Fassaden der Wolkenkratzer, davor spülte das blaugrüne Meerwasser an den Strand.

Nach dem Schwimmen legte ich mich in einen Liegestuhl. Endlich hatte ich Zeit, um in einem Buch weiterzulesen, das mich derzeit total fesselte: *Les Poilues*. Jemand aus meinem Zug hatte es mir geliehen. Darin ging es um die Grabenkämpfe des Ersten Weltkriegs. Das muss grauenhaft gewesen sein damals. Ich lag auf dem Rücken in meinem Liegestuhl, hielt das Buch zwischen den Zehen meines Fußes und las. Verglichen mit der Realität der französischen Soldaten im Ersten Weltkrieg war das hier ziemlich komfortabel. Wir waren nicht im Krieg.

Aber auch wenn es gerade so aussah, war ich nicht als Tourist hierhergekommen. Frankreich hat ein Militärabkommen mit den Emiraten. Es konnte durchaus sein, dass ich oder andere Fremdenlegionäre in Zukunft hier kämpfen würden. Auf der anderen Seite des Persischen Golfs liegt der Iran. Heute haben die Auswirkungen des Arabischen Frühlings und das Vordringen eines militanten Islamismus die gesamte Region in Unruhe versetzt. Schon als ich dort war, war die soziale Ungerechtigkeit in Dubai und Abu Dhabi mehr als offensichtlich. Viele meiner Kameraden konnten sich vorstellen, dass es hier früher oder später zu Auseinandersetzungen kommen würde. Da war es gut, dass wir auf diesem Terrain – auch wenn es nur ein nachgebauter Straßenzug im Camp war – und in der Wüste schon mal geübt hatten.

Andere Länder, andere Sitten

In der Zayed Military City wurden auch Angehörige der Afghan National Army – kurz ANA – von französischen Ausbildern trainiert. Ich fragte mich, auf welche Gedanken die Afghanen wohl gekommen wären, wenn sie den Luxus und den Reichtum in den Emiraten gesehen hätten. Wahrscheinlich hatten sich vor mir auch andere diese Frage gestellt und darum durften die Afghanen ihren »Käfig« auf der Basis nicht verlassen. Sie lebten in einem eigens umzäunten Areal unmittelbar neben uns, das zweifach mit einem hohen Maschendrahtzaun gesichert war. Wie mir schien, hielt man sie wohl nur bedingt für professionelle Soldaten. Denn damals gab es in Afghanistan bereits erste Zwischenfälle, bei denen afghanische Soldaten ihre westlichen Verbündeten angegriffen hatten.

Ich sah die afghanischen Soldaten immer nur dann, wenn ich am Tor des Lagers Wache stehen musste. Vom Eingang des Camps aus konnte ich ihren Exerzierplatz und die Unterkünfte sehen. Es war uns verboten worden, mit ihnen zu sprechen.

Sie waren aber auch ein merkwürdiger Haufen. Einer von ihnen trug trotz vierzig Grad im Schatten immer eine Wollmütze auf dem Kopf. Die meisten von ihnen hatten Vollbärte.

Ich fand, sie sahen trotz der amerikanischen M-16-Sturmge-
wehre, die sie mit sich herumtrugen, ziemlich unmilitärisch
aus. Ich habe öfter beobachtet, dass immer dann, wenn sie
irgendwas machen sollten, alle durcheinanderschrien. Totales
Tohuwabohu – keine Ahnung, wie die Ausbilder mit dem Chaos zurechtgekommen sind.

Einmal beobachtete ich die Ankunft eines afghanischen Ge-
nerals – oder was auch immer der Mann war –, der ihr Lager
besuchte. Ich schob gerade Wache, als er mit einer Limousine
am Appellplatz vorfuhr. Nachdem er ausgestiegen war, sah ich,
dass er mit einem anderen Typen in Uniform Hand in Hand
an den Soldaten vorbeilief. Ich gebe zu, so richtig konnte ich
mich nicht an den Anblick dieser kameradschaftlichen Geste
gewöhnen. Händchenhaltende Militärs – für mich sieht das
einfach merkwürdig aus. Aber in Afghanistan und anderen
Ländern im arabischen Raum ist das wohl alltäglich.

Die Armee der Vereinigten Arabischen Emirate war auch
irgendwie speziell. Immer wenn es um Absprachen und Termi-
ne mit ihnen ging, klappte es nicht. Es stellte sich heraus, dass
sie ziemlich unpünktlich und unzuverlässig waren. Eigentlich
sollten wir oft mit ihnen trainieren und am Ende sogar ein gemeinsames Manöver abhalten. Ich habe allerdings nicht viele
von deren Soldaten gesehen.

Einmal war mit der Armee der Vereinigten Arabischen
Emirate eine gemeinsame dreitägige Schießübung geplant.
Der Schießplatz von Al Hamra liegt mehrere Stunden Fahrt
vom Camp entfernt in der Wüste. Die Araber hatten angeboten, gemeinsam mit uns in ihren Chinook-Helikoptern hin-
zufliegen. Wir sollten sie um nullsechshundert, also um sechs
Uhr morgens, am Landeplatz treffen. Da haben wir dann fix
und fertig ausgerüstet herumgestanden. Die sind nie gekommen. Am Ende sind wir dann doch mit unseren Landrovern
hingefahren. Jeder von uns hatte eine ballistische Schutzweste
an. Bei der Bullenhitze in der Wüste ist sie alles andere als
angenehm, mir kam sie unsagbar schwer vor.

Wir waren dann auch pünktlich auf dem Schießplatz – allerdings als Einzige. Unsere Verbündeten tauchten erst einmal nicht auf. Die schienen es wohl nicht so genau zu nehmen mit der vereinbarten Ankunftszeit. Über Funk war nicht zu erfahren, wo sie blieben. Wir sollten aber einfach abwarten, sie würden schon noch kommen, hieß es. Also standen wir planlos herum oder legten uns in den Schatten der Landrover.

Um elf Uhr sagte der Sergent, der Schießplatz würde geschlossen. Mittags sei es zu heiß, das Wachpersonal müsse abrücken. Es war ohnehin nicht anzunehmen, dass der Rest vom Fest jetzt noch eintrudelte. Unsere Verbündeten hatten unser Treffen offenbar verpeilt. Das Problem war nur, dass wir die Munition, die wir empfangen hatten, nicht wieder mit zum Camp mitnehmen konnten. Wir hatten zigtausend Schuss für unsere Famas und die Maschinengewehre dabei. Munitionskisten, Gurte mit MG-Munition und Magazine stapelten sich in jedem Fahrzeug.

»Warum geht das denn nicht?«, wollte ich wissen.

»Irgendein Verwaltungsproblem. Sie wollen das Zeug nicht mehr ins System reintegrieren«, sagte der Sergent. »Also Männer, alles verballern! Zielt in die Wüste!«

Und das taten wir dann. Ich habe nie wieder derart sinnlos wie an jenem Tag Munition verbraucht. Wir standen alle in einer Reihe und knallten ziellos in die Wüste. Hauptsache, das Zeug war weg.

Das ganze Spektakel hat um die vierzig Minuten gedauert. In dem Moment fiel mir wieder ein, wie wir in der Grundausbildung »mit dem Mund« geschossen hatten – *Bam! Bam!* –, um Munition zu sparen. Ich musste grinsen.

Bei einer anderen Gelegenheit – diesmal waren wir tatsächlich gemeinsam mit den Soldaten der Emirate auf dem Schießplatz – fuhr ein weißer Truck vor. Es war ein Kühlfahrzeug, das die Lunchpakete für unsere Verbündeten brachte. Frisches Essen in Styropor-Verpackung! Wir hatten nur unsere

Gefechtsrationen als Verpflegung mitgenommen. Das Essen der Araber – Reis mit Gemüse und Huhn – sah verlockend aus, viel besser als unser eingeschweißtes Zeug. Die Araber dagegen fanden unsere Rationen interessanter. Nachdem wir ihnen versichert hatten, dass in unserem Essen kein Schweinefleisch war, tauschten wir. Perfekt!

Eine französische Gefechtsration beinhaltet neben der Verpflegung noch andere nützliche Dinge, zum Beispiel Kaugummis, Streichhölzer sowie eine kleine Packung Toilettenpapier.

Ich saß mit Robespierre im Schatten, als einer der arabischen Soldaten mit dem Toilettenpapier in der Hand auf uns zukam.

»Wofür das gut?«, fragte er in gebrochenem Englisch. Blödes Thema, keiner sagte etwas.

Er fragte noch einmal.

»Mann«, fiel Robespierre ein, »die Araber nehmen doch die linke Hand und Wasser, kein Klopapier.«

»Und was sollen ich ihm jetzt sagen?«, fragte ein Unteroffizier.

Der Mann stand weiterhin vor uns und wartete auf eine Erklärung. Der Unteroffizier hatte eine Idee.

»Um das Gewehr zu reinigen ... Waffe saubermachen«, sagte er und nahm mein Famas. Dabei tat er so, als würde er über den Lauf reiben.

»Ah, okay«, sagte der Araber, nickte zufrieden und ging mit dem Papier in der Hand zu seiner Gruppe zurück. Robespierre und ich grinsten.

Solche Episoden empfand ich als sehr lehrreich. Die Menschen hier hatten eine andere Kultur. Ich achtete auf die Kleinigkeiten ihres Alltags, weil ich damals noch davon ausging, dass ich mit meiner Kompanie bald nach Afghanistan geschickt würde. Die Afghanen sind zwar keine Araber, aber größtenteils Moslems, und manche Dinge, die ich in den Emiraten sah, würden sich bestimmt auch am Hindukusch wiederfinden.

Der Afghanistan-Einsatz war definitiv geplant, das wusste ich von meinen Vorgesetzten. Im letzten Herbst hatte sich meine Kompanie bei einem Leistungsvergleich, der alle zwei Jahre stattfindet, gegen alle Einheiten des Regiments durchgesetzt. Dabei waren wir mehrere Tage auf einem Truppenübungsplatz in Südfrankreich gewesen und hatten unsere Fähigkeiten beim Schießen und der Durchführung von taktischen Manövern bewiesen. Jede Kompanie wird dabei nach einem Punktesystem bewertet. Die Kompanien, die am besten abschneiden, werden bei den interessantesten Missionen eingesetzt. Meine Kompanie sollte daher als Nächstes in die Provinz Kapisa nach Afghanistan gehen, ein hart umkämpftes Gebiet zu der Zeit. Die Fremdenlegion und die französische Armee hatten dort bereits empfindliche Verluste erlitten.

Doch noch während wir in den Vereinigten Arabischen Emiraten stationiert waren, gab es einen Wechsel in der Außenpolitik Frankreichs: Die Regierung und Präsident François Hollande beschlossen, den Afghanistan-Einsatz Ende 2012 auslaufen zu lassen. Er war schlicht unpopulär geworden: zu viele Gefallene, zu wenig Erfolge. Damit war Afghanistan auch für uns gestorben. Leider. Ich war sehr enttäuscht. Doch schon bald stand unser nächster Einsatz bevor, allerdings war das ein eher repräsentativer.

5
Legio Patria Nostra

Rockstar

So gern hätte ich einen Blick riskiert. *Tratt. Tratt.* Konnte ich nicht doch zur Seite schauen, nur für einen ganz kurzen Moment? Doch beim Gehen musste ich den Kopf und den Blick kerzengerade nach vorne richten. *Tratt. Tratt.* Jedes Mal, wenn ich einen Schritt machte und die Sohlen meiner Stiefel auf den Asphalt schlugen, krachte es laut: *Tratt. Tratt.* Es hörte sich an, als würde das Geräusch meiner Schritte durch ein Echo lauter klingen. Das lag daran, dass die ganze Kompanie im Gleichtakt marschierte. Zwölf Reihen mit jeweils zwölf Legionären. Jeder Schritt wurde hundertvierundvierzigfach verstärkt. *Tratt! Tratt!*

Und dann war da noch dieses Kreischen und laute Klatschen, das von beiden Seiten auf mich eindrang. Die Menschenmenge raste vor Begeisterung. Darauf hätte ich zu gern einen Blick geworfen. Ich konnte die Menschen »Ah, Képi blanc!« und »La légion!« rufen hören. Gleich mussten wir auch an der Tribüne von Staatspräsident Hollande vorbeimarschieren.

Aber das Einzige, was ich sah, war das Képi auf dem Kopf meines Vordermanns. Neben dem Képi blanc auf seinem Kopf ragte über der linken Schulter der Lauf eines Famas mit aufgepflanztem Bajonett empor. Er bewegte sich genau wie ich im absoluten Gleichtakt mit der gesamten Kompanie, den Kopf sturgerade nach vorne.

Der Marschtakt der Fremdenlegion liegt bei achtundachtzig Schritt pro Minute, der von der französischen Armee bei hundertzehn Schritt. Das langsamere Marschieren hat seinen

211

Ursprung im 19. Jahrhundert, als die Fremdenlegion noch in Nordafrika stationiert war. Damals war es sinnvoll, im Sand und bei Hitze langsamer zu marschieren, um die Kampfkraft der Legionäre zu erhalten. Die Tradition der achtundachtzig Schritte hat sich bis heute erhalten. Deshalb marschiert die Fremdenlegion auch immer am Schluss der Parade am 14. Juli, dem französischen Nationalfeiertag, über die Champs-Élysées.

Im Jahr 2012 war meine Kompanie auserwählt worden, die Legion bei diesem feierlichen Anlass zu repräsentieren. Wir hatten schon in Abu Dhabi damit begonnen, für das Defilée zu üben. Ende Mai herrschte dort eine Gluthitze, es wurde von Woche zu Woche heißer. Manchmal zeigte das Thermometer mehr als fünfvierzig Grad an. Seit Tagen hing eine schwarze Flagge vor dem Eingang der Sanitätsstation. Damit wird angezeigt, dass alle anstrengenden Tätigkeiten im Freien unterbleiben sollen – zu gefährlich bei der Hitze. Ich sagte: »Das gilt für alle, außer für Skorpione, Schlangen und Legionäre.«

Tatsächlich begannen wir damit, in Paradeuniform – natürlich vorher akkurat aufgebügelt – auf dem Appellplatz zu exerzieren. Uns blieben noch fünf Wochen, um das Exerzieren und Marschieren bis zur Perfektion zu beherrschen.

Eine Woche vor dem Nationalfeiertag reisten wir dann nach Paris. Für mich bedeutete das ein Wiedersehen mit dem Fort de Nogent, wo ich mich vor Jahren als Freiwilliger zur Fremdenlegion gemeldet hatte. Viel hatte sich dort nicht verändert.

Während der Vorbereitung auf die Parade standen wir jeden Morgen um drei Uhr auf, frühstückten rasch und fuhren mit einem Bus zu den Champs-Élysées. Die Prachtstraße war bereits für den Verkehr gesperrt worden. Dort trafen sich alle beteiligten Einheiten des französischen Militärs. Jede Waffengattung war vertreten, außerdem nahmen Abordnungen von Gendarmerie und Feuerwehr an der Parade teil.

An der Spitze der Abteilungen der Fremdenlegion geht der kommandierende General der Legion. Danach kommen traditionell die Pioniere mit ihrem ganz eigenen Look: Sie haben lange Bärte und tragen eine braune Lederschürze über der Uniform. Statt eines Famas haben sie bei der Parade eine langstielige Axt auf der Schulter liegen. Dieses Outfit hat ebenfalls einen historischen Ursprung. Bei einer Operation in Algerien, irgendwann im 19. Jahrhundert, mussten die Pioniere eine Straße oder einen Tunnel bauen. Dabei waren sie Tag und Nacht im Einsatz und hatten nicht einmal Zeit, sich zu rasieren – daher die Bärte. Aber im normalen Dienst sind die Pioniere heutzutage genauso rasiert wie alle anderen Fremdenlegionäre.

Damit die Stein- und Geröllbrocken ihre Uniformen nicht beschädigten, banden sie sich seinerzeit Lederschürzen um. Wichtiger als das Gewehr war für die Bauarbeiten in Algerien eine Axt. Ich finde, die sieht noch halbwegs nach einer Waffe aus, eine Schaufel hätten die Pioniere ja schlecht bei einer Parade tragen können. Das sähe nicht besonders militärisch aus, sondern eher wie der Aufmarsch der ländlichen Biobauern …

Nach den Pionieren marschiert das Musikkorps der Fremdenlegion. Trommler und so weiter. Die Musiker spielen den Takt von »Le Boudin«. Der »Boudin« ist *das* Lied der Legion, das bei wichtigen Anlässen gesungen wird. »Boudin« bedeutet eigentlich Blutwurst auf Französisch. Der etwas merkwürdige Titel wird damit erklärt, dass die Legionäre des 19. Jahrhunderts eine zusammengerollte Wolldecke auf ihrem Tornister getragen haben. Die soll ausgesehen haben wie eine Wurst. Ich frage mich bis heute, ob das stimmt – wirklich schlüssig finde ich diese Erklärung ja nicht.

Die Proben auf den Champs-Élysées dauerten jeden Tag etwa ein bis zwei Stunden. Danach fuhren alle Abteilungen der Parade zum Flughafen Roissy bei Paris, wo weiter geübt wurde. Eine der Startbahnen hat ungefähr die Dimensionen der Champs-Élysées, daher eignet sie sich bestens als Übungsplatz. Es wurde sogar eine Tribüne aufgebaut. Dort stand ein General der Armee und beobachtete uns. Außerdem waren an allen Ecken Kameras platziert. So konnten unsere Vorgesetzten die Präzision der Abläufe und der Bewegungen beurteilen.

Dann war »der Tag« endlich da. Am Morgen des 14. Juli zog ich meine Paradeuniform an. Dazu gehört eine blaue Bauchbinde, die ich sorgfältig um die Mitte meines Körpers wickelte. Auf den Schultern trug ich ein Paar rote Epauletten.

Schon als wir aus dem Bus stiegen, der uns zum Ausgangspunkt der Parade gebracht hatte, jubelten die Menschen bei unserem Anblick. Ich fand es total verrückt. Bei den anderen Armeeeinheiten war der Applaus eher verhalten, aber bei der Fremdenlegion legten die Leute so richtig los.

Das war auch während der Parade der Fall. Ich konzentrierte mich, wie gesagt, ganz darauf, im Takt zu bleiben. Es gibt dabei einen Trick: Wenn man aus den Augenwinkeln – ohne den Kopf auch nur einen Millimeter zu bewegen – seinen Nebenmann sehen kann, ist alles in Ordnung. Sieht man zwei oder drei Leute, ist man zu weit vorn und muss korrigieren.

Wir hatten das Defilée seit Abu Dhabi nun wirklich bis zum Abwinken geübt – theoretisch konnte nichts mehr schiefgehen. Falls doch, wäre es auch echt peinlich gewesen. Die Parade am 14. Juli wird von zig Fernsehkameras aufgezeichnet und live übertragen. Hätte mich einer meiner Vorgesetzten aus dem Gleichschritt geraten sehen, hätte das mit Sicherheit Ärger gegeben. Doch zum Glück lief alles wie geschmiert.

Am Ende der Parade blieben wir regungslos stehen. Jetzt konnte ich die Menschenmenge vor mir sehen. Ich stand in einem Blitzlichtgewitter. Unglaublich viele Zuschauer hatten eine Kamera in der Hand und fotografierten die Fremdenlegionäre. Ich fand es super, mal so im Rampenlicht zu stehen.

Am Abend ging ich auf den »Bal des pompiers«, den Ball der Pariser Feuerwehrleute. Kameraden hatten mir erzählt, dass Legionäre dort gerngesehene Gäste wären. Ich hatte den Festsaal kaum betreten, da war ich mein Képi blanc los. Jemand hatte es mir vom Kopf geklaut und war damit in der Menge verschwunden. Zum Trost gab mir ein junges

Mädchen ein Glas Champagner in die Hand und umarmte mich danach.

So ging es von da an ohne Unterbrechung weiter. Die Leute – Männer wie Frauen – waren außer Rand und Band. Jeder wollte ein Souvenir von einem waschechten Legionär ergattern. Nach einer Weile war ich alle meine Abzeichen und meinen Gürtel los. Ich kam mir vor wie ein Rockstar. Am Ende fehlte mir sogar ein Ausgehschuh. Erschöpft und glücklich machte ich mich spätnachts auf den Weg zum Fort de Nogent – bekleidet nur mit Hose, Unterhemd, einem Schuh und einer Socke. Ich humpelte an einer Mauer in der Nähe des Forts entlang. Dort sah ich einen Offizier aus meiner Kompanie kotzen. Auch er trug keine Schuhe mehr, und seine Uniform hing in Fetzen an ihm herunter. Er grinste mich überglücklich an.

Alte Freunde

Jeder Legionär, der an der Parade teilgenommen hatte, bekam einen Gutschein über dreißig Euro, den er in allen Pariser Restaurants einlösen konnte. Nachdem der offizielle Teil der Feierlichkeiten beendet war, hatte ich bis zum nächsten Morgen Ausgang. Für die Zeit bis zum Bal de pompiers hatte ich etwas Besonderes geplant: Ein Kumpel aus meiner Heimatstadt Pfullendorf lebte mittlerweile in Paris. Wir hatten uns zuletzt vor zehn Jahren gesehen. Damals hatten wir beide unsere mittlere Reife gemacht. Ich hatte Lorenz angerufen und mich mit ihm am Louvre verabredet. Vor der gläsernen Pyramide im Innenhof fielen wir uns in die Arme.

»Hey, Stefan«, strahlte Lorenz. »Lange nicht gesehen.«

Ich machte mir nicht die Mühe, ihn über meinen neuen Namen Karl Mahler aufzuklären. Für ihn war ich Stefan. Doch für mich war es in dem Moment ziemlich ungewöhnlich, dass mich jemand bei meinem richtigen Namen nannte.

»Wahnsinn. Und die schicke Uniform«, staunte Lorenz über mein Äußeres.

Ich hatte ihm schon am Telefon erzählt, dass ich seit über drei Jahren Fremdenlegionär war.

»Toll, dich zu sehen«, freute ich mich. »Was gibt's Neues in der Heimat?«

»Keine Ahnung, bin selten dort. Ich lebe schon seit Jahren in Paris und arbeite in Mailand.«

»Cool. Klingt gut. Was machst du?«, fragte ich nach.

»Was mit Im- und Export. So genau willst du es gar nicht wissen, glaub mir. Jedenfalls pendle ich, weil meine Freundin hier wohnt.«

Während wir miteinander sprachen, näherte sich eine französische Familie. Vater, Mutter und zwei Kinder, so um die zehn Jahre alt, schätzte ich. Der Mann fragte mich, ob ich mich mit ihnen fotografieren lassen würde. Ein Légionnaire sei schließlich etwas Besonderes.

»Oui. Bien sûr«, stimmte ich bereitwillig zu.

Die Leute hatten heute wirklich ihre Freude an der Legion. Lorenz nahm die Kamera und schoss ein Foto von uns. In den nächsten Stunden wiederholte sich das noch ein paar Mal mit anderen Fans der Legion.

Lorenz und ich gingen in ein Café – wo mir prompt jemand ein Getränk spendierte. Ich genoss die Aufmerksamkeit und das Interesse. Wir sprachen über alte Zeiten und darüber, wie glücklich wir waren, heute im Ausland zu leben.

Als wir uns verabschiedeten, war ich echt froh, dass das Treffen mit Lorenz so gut gelaufen war. Jeder hatte sich auf seine Art weiterentwickelt, und das war gut so. Besonders erleichtert war ich, dass er mir keine blöden Fragen zur Fremdenlegion gestellt hatte. Lorenz und ich hatten wie zwei gute alte Freunde miteinander gequatscht. Ich wäre wirklich nicht sonderlich scharf darauf gewesen, erklären zu müssen, warum ich Legionär geworden war. Es war einfach so. Punkt.

Gründe

Natürlich hat jeder seine Gründe, zur Fremdenlegion zu gehen. Aber es gibt eine Art ungeschriebenes Gesetz – so empfand ich es jedenfalls: »Zwei Fragen, die man niemals stellt. Erstens: Warum bist du zur Legion gegangen? Zweitens: Wie viele hast du umgebracht?«

Auf diese Fragen gibt ohnehin niemand eine ehrliche Antwort. Jeder hat seine ganz speziellen Motive, Legionär zu werden. Manche fabulieren vielleicht etwas von »Action« und »Abenteuer«. So zum Beispiel der millionenschwere Sohn eines russischen Oligarchen, der in meinem Zug war. Andere schweigen sich aus, so wie Robinho.

Tatsächlich ranken sich um die Fremdenlegion viele Mythen, umgibt sie eine geheimnisvolle Aura. Und deswegen fühlen sich viele junge Männer aus aller Welt davon angezogen. Die meisten erwarten tatsächlich Action und Abenteuer – doch das war vielleicht früher einmal so.

Die Légion étrangère ist keine *Special Forces*, die ständig im Einsatz sind, auf der Jagd nach den Topterroristen der Welt, spektakulär Geiseln befreien. Nein, sie ist auch kein Kanonenfutter mehr wie früher vielleicht, sondern eine ganz normale Truppe – nur eben bunt gemischt mit Menschen aus der ganzen Welt, mit deren unterschiedlichen Mentalitäten, Kulturen und Erfahrungen. Das macht die Fremdenlegion so besonders.

Wer hier also in erster Linie Abenteuer und Action sucht, ist definitiv falsch und wird schwer enttäuscht sein. Ja, die Legionäre sind international unterwegs. Ich war in meinen fünf Dienstjahren auf drei Auslandsmissionen, die jeweils fünf bis sechs Monate gedauert haben. Und natürlich habe ich während dieser Zeit einiges erlebt – viel mehr, als ich hier schreiben will und schreiben darf oder meinem Freund Lorenz erzählen wollte.

Was aber heute so ist wie früher, zumindest bei den Älteren: Die Legion ist hoch angesehen. Das spürte ich immer dann, wenn ich mal wieder in Paris auf Patrouille war. *Vigipirate* nennt sich das: Besonders zu Ferienzeiten ist die Fremdenlegion in der Hauptstadt präsent – Gruppen, bestehend aus einem Sergenten mit drei oder vier Legionären, dazu ein Gendarm, der die Polzeitgewalt ausüben darf. Oft sprachen uns Leute an, die ein Foto von uns schießen wollten – gern auch Frauen zusammen mit einem adretten Legionär und seiner glänzenden Waffe.

Einmal kam sogar eine betagte Dame auf uns zu, die wohl noch den Zweiten Weltkrieg miterlebt hatte. Als sie unser Schulterpatch mit dem Schriftzug »Légion étrangère« entziffert hatte, sagte sie nur: »Danke, dass es euch gibt. Ohne euch wäre unser Land längst verloren.«

Doch trotzdem: Es ist nicht alles eitel Sonnenschein, und manche sind auch dem Druck nicht gewachsen. Während meiner Zeit habe ich vier Selbstmorde mitbekommen. Ein Kamerad, der früher mal in meiner Kompanie gewesen war, erschoss sich während der *Vigipirate* auf der Toilette des Pariser Rathauses. Prompt hieß es in der Zeitung: »Legion macht wieder Schlagzeilen!« Ein anderer gab sich am Ende eines Einsatzes – nur wenige Tage bevor er wieder in die Heimat, zurückfliegen sollte – die Kugel.

Gerade auf Auslandseinsätzen ist für die Legionäre der Stress ziemlich hoch. Aber was viele vergessen: für die Familien daheim noch viel mehr. Wochenlang hören die nichts von ihrem Liebsten, der fern der Heimat sein Leben riskiert. Und dann laufen im Fernsehen vielleicht noch irgendwelche Horrormeldungen, wo gerade mal wieder ein Legionär erschossen wurde, eine Patrouille in einen Hinterhalt geraten ist oder eine Bombe hochgegangen ist. Eine gute und stabile Beziehung ist da echt wichtig. Sie macht einen Legionär sogar noch stärker.

Ganz offiziell gelten alle Legionäre übrigens als ledig, keine Kinder. So steht es zumindest in den Papieren. Denn wer sich bewirbt und sagt, dass auf ihn zu Hause eine Familie wartet, gilt als Wackelkandidat – und wird vielleicht gar nicht erst in die Truppe aufgenommen. Später, nach der Grundausbildung, ist das dann egal.

Holiday

»Stefan Müller, nach Fuerteventura?«, fragte die Dame am Abfertigungsschalter am Flughafen Köln-Bonn. Ich sah sie verwirrt an. Müller? Stimmt, das war ja ich! Verlegen lächelnd nickte ich.

Meine neue Freundin Lauren stand neben mir. Sie hatte dunkle Haare und wirkte sehr modern – schick gekleidet und so. Sie hatte einen Job in irgendeinem Amt im Ruhrgebiet. Wir hatten uns im Internet kennengelernt, und sie hatte mich sogar schon einmal in Nîmes besucht.

»Wollen wir nicht mal gemeinsam irgendwohin fliegen?«, hatte mich Lauren schon vor einiger Zeit am Telefon gefragt.

Ich hatte ihr erklärt, dass die Fremdenlegion meinen Pass einkassiert hatte. Nur mit dem Militärausweis auf den Namen Karl Mahler würde ich keinen Flug ins Ausland buchen können.

»Och, wie schade«, sagte Lauren enttäuscht. »Und da kann man wirklich gar nichts machen?«

Ich dachte darüber nach. Die einzige Möglichkeit wäre, nach Deutschland zu fahren und dort einen neuen Personalausweis zu beantragen. Die Fremdenlegion durfte nur nichts davon mitkriegen.

Ich beschloss, das Risiko einzugehen. Ich wollte mal etwas anderes sehen und meinen Urlaub mit Lauren nicht unbedingt in Frankreich oder Deutschland verbringen, zumal mein Road-Trip mit Michelle damals so in die Hose gegangen war. Ein Grund mehr für ein anderes Reiseziel.

Als ich das nächste Mal an einem Wochentag Ausgang hatte, fuhr ich mit dem Nachtzug von Nîmes nach Straßburg. Der

Zug sollte gegen acht Uhr morgens dort ankommen. Auf dem Bahnsteig traf ich Ramores – ausgerechnet!

»He, Mahler. Hast du auch Urlaub?«

»Nee, ich desertiere gerade«, log ich. Ich wollte ihm nicht verraten, was ich wirklich vorhatte. Ich traute dem Typen nicht über den Weg.

»Echt jetzt?«, fragte er verwundert.

»Quatsch. Ich muss wegen einer familiären Angelegenheit kurz nach Hause.«

Offiziell durften wir Frankreich eigentlich nicht verlassen, aber das hat in den fünf Jahren, die ich in der Legion war, nie jemanden gekümmert.

Im Zug setzte ich mich in ein anderes Abteil als Ramores und schlief ein. Am Morgen nahm ich von Straßburg aus den Regionalzug nach Pfullendorf am Bodensee. Vor dreieinhalb Jahren hatte ich den Weg in umgekehrter Richtung zum Rekrutierungsbüro in Straßburg zurückgelegt. In meiner Heimatstadt ging ich auf direktem Weg zum Einwohnermeldeamt. Ich hatte nicht vor, in Erinnerungen zu schwelgen, und hoffte inständig, dass mir keiner von meinen alten Bekannten über den Weg lief. Ich wollte die Sache mit dem Ausweis erledigen und anschließend so schnell wie möglich zurück nach Nîmes fahren – am nächsten Morgen musste ich ja wieder in der Kaserne sein.

Zum Glück lief es im Einwohnermeldeamt problemlos. Ich gab an, ich würde in Frankreich arbeiten und hätte dort meinen Personalausweis verloren. Weil ich bald Urlaub hätte und einen Flug buchen wolle, bräuchte ich dringend Ersatz. Ein biometrisches Passbild hatte ich schon an einem Automaten im Bahnhof gemacht. »Einmal unterschreiben. Vielen Dank.« Das war's. Um den neuen Ausweis abzuholen, stellte ich meinem Cousin – einer der wenigen, auf die ich mich immer verlassen kann – eine Vollmacht aus. Ich hatte das vorher mit ihm verabredet und ihm einige weitere wichtige Instruktionen gegeben.

Am frühen Nachmittag war ich schon wieder am Bahnhof

von Straßburg und stieg in den Zug nach Nîmes. Mission erfüllt.

Schon bald danach erhielt ich ein Paket, das mir mein Cousin aus Pfullendorf in die Kaserne geschickt hatte, und packte es auf meinem Zimmer aus. Zuoberst lagen mehrere Tafeln Schokolade und andere Snacks. Dazwischen ein paar Socken. Ich hatte meinem Cousin gesagt, dass die Post, die in die Kaserne kam, höchstwahrscheinlich von der Fremdenlegion kontrolliert würde. Er müsse deshalb den Personalausweis verstecken. Ich fand ihn in einer der Socken. Super, nun konnte es losgehen! Nach der Parade am 14. Juli würde ich dreieinhalb Wochen Urlaub bekommen.

Lauren buchte einen Flug nach Fuerteventura für uns. Mit Zwischenstopp in Paris fuhr ich mit dem Zug zu ihr.

Auf Fuerteventura checkten wir in ein Hotel in Strandnähe ein – ein weißer Bau mit mehreren Etagen und großem Speisesaal im Erdgeschoss. Unser Zimmer mit Meerblick lag im zweiten Stock. Vom Eingang des Hotels aus führte ein schmaler Fußweg zum Atlantik. Außer uns waren noch jede Menge andere Urlauber da, hauptsächlich italienische Familien. Wir verbrachten die ersten beiden Tage fast nur am Strand. Ich hatte ja bereits die Erfahrung gemacht, dass es mir schwerfiel, vom Alltag in der Legion auf reines Nichtstun, Freizeit und Ferien umzuschalten. Ich war aber auch deswegen unruhig, weil ich wusste, wie selten ich für mehrere Wochen am Stück Urlaub bekam. Da konnte gut und gern ein Jahr vergehen. Dementsprechend groß war mein Wunsch, möglichst viel aus dieser Zeit zu machen.

Am dritten Tag war ich endlich dazu in der Lage, mich zu entspannen. Das merkte ich daran, wie viel Zeit ich mir auf einmal beim Frühstück ließ. In der Legion ist das Essen immer hektisch. Man geht nie allein in die Kantine, sondern fast immer mit einer Gruppe von Legionären. So schnell es geht, nimmt man dort zu sich, was es gerade gibt. Das ist reine Selbsterhaltung, kein Genuss. Auf Fuerteventura konnte ich mir aus einem gigantischen Frühstücksbuffet aussuchen, was ich wollte – auch drei- oder viermal –, und ein Kellner brachte frisch gepressten Orangensaft. In den folgenden zwei Tagen waren Essen und Sport meine Hauptbeschäftigungen. Den Rest der Zeit verbrachten wir am Strand.

Dennoch begann ich bald, mich zu langweilen. Einmal besuchten wir ein kleines Dorf, wo es aber nicht viel zu sehen gab. Es war heiß, und die wenigen Bewohner saßen vor irgendwelchen Souvenirläden im Schatten.

Ich spürte, dass mir etwas fehlte – ich war hier total unterfordert. Zum Glück gab es in unserem Hotel ein Fitnessstudio, nichts Besonderes: ein einfacher Raum, in dem ein paar Geräte herumstanden, in einer Ecke ein paar Gewichte. Ich begann zu trainieren. Für mich war es in Ordnung, dass ich nach dem Frühstück mehrere Stunden mit dem Training verbrachte. Mittags ging ich zum Strand und traf Lauren. Nachmittags war ich wieder im Studio, in das sich außer mir selten jemand verirrte. Lauren wirkte nachdenklich. Wahrscheinlich hätte sie lieber etwas mit mir gemeinsam unternommen. Aber ich brauchte das Fitnesstraining einfach.

Während des Urlaubs wurde ich siebenundzwanzig Jahre alt. Am frühen Abend meines Geburtstags kam ich aus dem Sportstudio zurück. Lauren saß auf dem Balkon. Sand knirschte unter meinen Schuhen. Ich hatte ihn von draußen mit hereingetragen. Über dem Meer ging die Sonne unter. Ich setzte mich neben sie auf einen der Liegestühle.

»Sag mal, Stefan«, begann sie, »gefällt es dir hier eigentlich?«

»Ist okay«, antwortete ich.

Sie klang irgendwie genervt. Ich hatte keinen blassen Schimmer, was das Problem sein könnte.

»Was heißt denn okay?«, wollte sie wissen.

»Dass es ganz nett ist«, erwiderte ich. Ich hatte echt keine Lust, mich zu verstellen und ihr etwas vorzumachen. »Bisschen langweilig vielleicht.«

»Langweilig? Du spinnst, hier ist es doch wunderschön!«, meinte Lauren und sah mich mit verständnislosem Blick an.

»Kommt drauf an, was man vorher gesehen hat. Ich war bis vor Kurzem fünf Monate lang in der Wüste. In einem Wüstengefängnis, kann man sogar sagen«, übertrieb ich ein wenig: »Nichts als Sonne, Sand und wolkenloser Himmel. Jetzt bin ich auf einer Vulkaninsel gelandet. Die ist leider ähnlich karg. Viel gibt es hier nicht zu sehen.«

»Aber ich bin doch hier!«, sagte sie.

Ich nickte kurz – offensichtlich nicht die Reaktion, die Lauren sich gewünscht hatte.

»Glaubst du eigentlich nicht, dass die Fremdenlegion dir schadet?«, wechselte sie beleidigt das Thema.

»Nee. Warum sollte sie?«

»Wegen deiner Karriere!«, sagte Lauren scharf.

Ich hatte keine Ahnung, was sie meinte. Ich musterte sie von der Seite. Vielleicht hatte sie schon ein paar Cocktails zu viel getrunken und faselte deshalb wirres Zeug? Das wäre eine Erklärung.

»Ich bin Caporal«, sagte ich bestimmt.

»Du bist 27«, zischte Lauren vorwurfsvoll.

»Ja, richtig, ich hab Geburtstag! Lass uns feiern gehen!«, schlug ich vor und stand auf. »Du warst wohl schon an der Bar?«

Sie sah mich merkwürdig an: »Stefan, denk doch mal nach …«, fuhr sie fort. Offensichtlich konnte sie das Thema nicht auf sich beruhen lassen. »Wenn du aus der Fremdenlegion rauskommst, bist du fast 29.«

»Jep, hab noch einige Zeit vor mir«, sagte ich trotzig.

»Kapierst du es nicht? Mit 29 ist es zu spät, um noch etwas Anständiges zu finden!«

Was war bloß in die Frau gefahren, dass sie mir allen Ernstes so eine Gardinenpredigt hielt? Etwas Anständiges finden, was sollte das?

»Sag mal, Lauren, bist du betrunken? Wovon zum Teufel

redest du da bloß?« Vielleicht sollte sie sich besser hinlegen oder eine kalte Dusche nehmen.

»Von einem Job, Stefan. Das meine ich: einen Beruf. Einen richtigen, anständigen Beruf.«

»Ich bin der Meinung, den habe ich schon«, sagte ich kalt.

»Du kapierst es nicht. Du musst in Deutschland bleiben, wenn wir zurückkommen. Es geht nicht anders. Dann hast du vielleicht noch eine Chance, etwas Anstän…«

Ich unterbrach sie. »Im Leben nicht! Ich habe für fünf Jahre unterschrieben, und dazu stehe ich auch.«

Doch Lauren ließ sich nicht bremsen: »Wenn du etwas gesunden Menschenverstand hättest, würdest du mir recht geben, die Fremdenlegion sausenlassen und dir sofort einen Job suchen!«

Jetzt wurde es mir endgültig zu bunt. Ich hatte keinen Bock auf unnötige Diskussionen, schon gar nicht an meinem Geburtstag. Wortlos drehte ich mich um und ging.

Entscheidungen

Die Sonne versank am Horizont, während ich am Strand entlangspazierte, um den Kopf freizukriegen und mich abzuregen. Die Wellen, die ans Ufer brandeten, waren dunkelblau. Es war einsam am Strand, denn um diese Zeit befanden sich die meisten Hotelgäste beim Essen. Ich war richtig genervt. Warum hatte Lauren mir dieses selten dämliche Gespräch aufgedrückt? Sie hatte doch vorher gewusst, was für ein Leben ich führte.

Ich dachte nicht im Traum daran, alles hinzuwerfen, wofür ich so hart gearbeitet hatte, und mit ihr ein Spießerleben irgendwo im Ruhrgebiet zu führen. Das war einfach nicht mein Ding. Das wurde mir klar, als ich an meinem Geburtstag allein herumlief. Nach einer Weile kam ich an eine Strandbar. Ich hatte die bunten Glühbirnen schon von weitem gesehen. Die Bar war aus Bambus und Holzbrettern zusammengezimmert. Ziemlich gemütlich. Außer dem Barkeeper war nur noch ein Pärchen dort. Ich bestellte einen Cuba Libre – was sonst – und setzte mich so, dass ich aufs Meer blicken konnte. In der Dunkelheit waren die Wellen fast schwarz. Der Wind trug das Geräusch der Brandung zu mir herüber. Ich trank einen zweiten Cuba Libre und noch einen und noch einen. Der Urlaub war für mich gelaufen. Definitiv. Ich verbrachte meinen Geburtstag allein auf einer Vulkaninsel in einer Bar. Besser geht's nicht, dachte ich mit einem Blick ins Glas. Und die Beziehung mit Lauren war auch am Ende. Wir hatten offensichtlich unterschiedliche Vorstellungen vom Leben.

Ich konnte es kaum erwarten, wieder in Deutschland zu sein. Lauren erwartete zwar, dass wir darüber reden würden, wie es mit uns weitergehen sollte. Sie war allerdings doch ziemlich erstaunt, als ich kurzerhand meine Sachen packte und ankündigte, ich würde einen Freund in der Schweiz besuchen – und zwar allein. Wir waren ja nur acht Tage auf Fuerteventura gewesen, ich hatte also noch etwas Urlaub übrig. Ich sagte Lauren zwar, ich würde mich bei Gelegenheit melden, doch ich wusste genau, dass es zwischen uns aus war.

Auf in die Schweiz also, wieder auf andere Gedanken kommen!

Ich freute mich sehr auf das Treffen mit Johan. Er war einer meiner wichtigsten Freunde und so etwas wie eine Vaterfigur. Mit ihm konnte ich über alles reden. Johan ist mittlerweile leider gestorben, er war dreißig Jahre älter als ich. Ein ehemaliger Fernspäher der Bundeswehr, der schon lange in der Schweiz lebte und ein Forum und ein Netzwerk ehemaliger und aktiver Fremdenlegionäre aufgebaut hat. Es war nicht ungewöhnlich, dass sie ihn zu Hause besuchten und für einige Tage bei ihm wohnten.

Johan war genau der Mensch, den ich damals brauchte. Ich erzählte ihm von Laurens Forderung, ich solle desertieren. Er sah es genauso wie ich: Wenn man sein Wort gegeben hat, ist man loyal und zieht es bis zum Ende durch. Etwas anderes kam für mich ohnehin niemals in Frage. Auch wenn es vielleicht nicht immer der richtige Weg ist, sollte man immer eine Sache zu Ende bringen. Dafür hatte ich schließlich unterschrieben.

Ich blieb eine Woche lang sein Gast. Tagsüber gingen wir auf einen Schießstand im Nachbarort, ballerten mit allen möglichen Kalibern auf Zielscheiben und fachsimpelten über Waffen. Abends saßen wir, jeder mit einem Glas Barbados-Rum und einer Zigarre in der Hand, auf seiner Terrasse und sprachen über Gott und die Welt.

Dort saßen wir auch wieder, als es eines Abends, es war schon recht spät, an der Tür klingelte. Johan stellte sein Glas ab und ging mit der Zigarre in der Hand nachsehen.

»Da ist jemand für dich«, sagte er, als er ein paar Minuten später zurückkehrte. »Hab sie nicht reingebeten. Du hast nicht gesagt, dass du jemanden erwartest. Ich hab ihr gesagt, ich schau mal nach, ob du da bist.«

Es war Lauren. Sie sah ziemlich fertig aus. Offenbar war sie den ganzen Tag mit dem Auto unterwegs gewesen. Irgendwann hatte ich wohl – wie blöd von mir – Johans Adresse erwähnt. Ich bat sie, einen Moment zu warten.

»Johan«, sagte ich, als ich wieder auf der Terrasse war, »meine Ex hat mich aufgespürt! Was soll ich tun?«

»Tja, Junge, da bleibt dir wohl nichts anderes übrig, als in die Fremdenlegion einzutreten ... Ach nee, Scheiße, da bist du ja schon!«

Wir mussten beide lachen.

Lauren blieb noch ein paar Tage in der Schweiz – doch letztlich blieb es dabei: Wir trennten uns. Ja, auf ihre Art hat sie es sicher nur gut gemeint. Ich glaube, sie dachte, sie müsse mich retten und auf den »richtigen Weg« bringen oder so etwas. Aber das war es nicht, was ich brauchte. Ich kannte meinen Weg, und ich brauchte keine Retterin, sondern eine Partnerin. Ich hätte mir von ihr Verständnis gewünscht. Dafür, dass ich mein Wort gegeben hatte und es nicht brechen wollte. Dafür, dass die Fremdenlegion – zumindest im Moment – mein Leben war. Dafür, dass ich derzeit keinen Gedanken an die Zukunft verschwenden wollte, sondern lieber in der Gegenwart lebte.

Universal Soldier

Ich hatte meinen Kameraden Schokolade aus der Schweiz mitgebracht. Sie freuten sich riesig darüber und rissen mir die Tafeln förmlich aus der Hand. Es war ein inoffizieller Brauch – von mir begründet, nachdem ich Caporal geworden war – unter den Legionären, mit denen ich das Zimmer teilte, dass jeder, der seine Heimat besuchte, von dort irgendwelche Leckereien mitbrachte. Ich mochte das sehr. Damit meine ich sowohl das Essen als auch die Art, so den Kameraden etwas von der eigenen Heimat zu zeigen – auch wenn die Schweiz in diesem Fall nicht meine Heimat war.

Nach dem 14. Juli hatten die meisten aus meinem Zug einen längeren Urlaub gehabt. Terenk, der Ungar, brachte eine teuflisch scharfe Salami mit, Robinho getrockneten Fisch aus Portugal. Ein Nepalese hatte richtig gutes Dörrfleisch im Gepäck. Zwangsläufig fiel bei den Mitbringseln die Wahl auf Lebensmittel, die eine Weile haltbar sind und sich gut transportieren lassen. Abends saßen wir auf einem Zimmer beisammen, kochten auf einem Gaskocher und erzählten uns von den kulinarischen Höhepunkten der Heimatländer.

Forrester war ebenfalls aus seinem Urlaub zurück. Ich fragte ihn, was er unternommen hatte.

»Nichts«, lautete die wortkarge Antwort.

»Wie, nichts? Du musst doch irgendwas unternommen haben«, bohrte ich nach.

Mehr sagte Forrester nicht. Es war offensichtlich, dass er

nicht darüber sprechen wollte. Okay, das war seine Sache, und so ließ ich es dabei bewenden. Uns beschäftigte mittlerweile sowieso etwas anderes: Eine neue Ausrüstung wurde an die Infanteristen der Kampfkompanien ausgegeben. Das war ein großes Ding und Gesprächsthema Nummer eins.

Die Félin-Ausrüstung – Fantassin à Équipement et Liaisons intégrées – ist eine hochmoderne Kampfausstattung für Soldaten. Der Schritt ins digitale Zeitalter, wenn man so will. Erinnerte mich total an *Universal Soldier*: Jeder Soldat einer Einheit ist mit seinen Kameraden vernetzt und kann in Echtzeit wichtige Daten und Positionen austauschen. Dabei ist das ganze System mobil und wird am Mann getragen. Die Bundeswehr verfolgt ein ähnliches Konzept mit ihrem »Infanteristen der Zukunft«, kurz IDZ.

Das meiste an der Félin-Ausrüstung war neu: Die Stiefel waren mehr an modernen Trekking-Schuhen als an den bisherigen ledernen Kampfstiefeln orientiert. Man hatte leichtere Materialien verwendet. Allerdings, fand ich, als ich mein Paar in den Händen hielt, ließ die Verarbeitung wieder mal zu wünschen übrig.

Jeder Legionär erhielt drei Uniformjacken und dazu passende Hosen. Ich bekam zweimal die Sommer- und einmal die Winterausstattung. Die Kleidung für den Sommer ist aus dünnerem Stoff. Der soll angeblich feuerfest und atmungsaktiv sein. Das Tarnmuster war CCE, Camouflage Centre Europe – das Gleiche hatten auch unsere alten Uniformen. Es ist auf die Farbigkeit Zentraleuropas abgestimmt, ein Fleckenmuster aus grünen, braunen und schwarzen Elementen. Neben der Fremdenlegion benutzt es auch die französische Armee. Wüstentarn hat übrigens ein ähnliches Muster, aber etwas großflächiger und mit anderer Farbpalette: heller, sandiger, mehr Beige- und Brauntöne.

Ich probierte die neue Hose an und stellte sofort fest, dass sie eine wesentliche Verbesserung gegenüber unseren alten Uniformen war. Am coolsten fand ich die integrierten Knie-

schoner. Stabile Pads sind auf Kniehöhe in die Hose eingearbeitet. Als Infanterist kniet man sehr oft auf dem Boden.
Zum Beispiel wenn man Deckung sucht oder eine stabilere
Position beim Zielen mit dem Gewehr einnehmen will. Das
strapaziert die Gelenke ziemlich.

Die Cargo-Taschen der Hose waren endlich so groß, dass
man sie auch benutzen konnte, und die Hosenbeine gingen bis
auf den Boden und endeten nicht mehr – wie bisher – oberhalb
des Stiefelschafts. Das sah meiner Meinung nach viel lässiger
aus und war obendrein angenehmer. Wenn die Hose fest über
dem Stiefel verschnürt ist, kann die Luft nicht gut zirkulieren.

Der Félin-Helm ist aus Kevlar gefertigt und leichter als
das bisherige Modell. Trotzdem soll er bessere ballistische
Eigenschaften besitzen, also einen besseren Schutz bieten.
Auf der Innenseite lässt er sich mit einzelnen Pads und Klett-
verschlüssen optimal an die individuelle Kopfform anpassen.
Außen hat der Helm Halterungen für zusätzliche Geräte wie
Funk, Nachtsichtgerät und Lampe.

Das Herzstück der ganzen Ausrüstung ist die Kampfmittelweste. Als Erstes zeigte uns der Instrukteur, wie man sie ein-
und ausschaltete. Und tatsächlich: Oben rechts ist – wie bei
einem Computer – ein Schalter. Damit kann man das System
hochfahren. Auf der Vorderseite ist ein etwa fünf Zoll großes
Display samt Tasten mit Klettverschluss angebracht. Darauf
kann man die Position der anderen sehen, sie wird mittels
GPS bestimmt. Bei uns war es so eingerichtet worden, dass der
Gruppenführer auf seinem Gerät die Position aller Legionäre
seiner Gruppe – etwa fünf bis acht Mann – sehen konnte, der
einzelne Legionär aber nur die des Gruppenführers. Keine
Ahnung, warum das so gemacht wurde. Vielleicht wäre es zu
verwirrend gewesen, wenn jeder von uns jede Position hätte
sehen können.

Das Gleiche galt für die Funkverbindungen. Die neuen
Kopfhörer und Mikrophone funktionieren nach einem anderen System als bisher. Man nennt es Knochenschallmikrophon

und -lautsprecher: Ein Sensor in Form eines dünnen Drahts wird um Schädeldecke und Wangenknochen gelegt. Dieser nimmt die Vibration der Knochen beim Sprechen auf. Dadurch musste ich nicht in ein Mikrophon sprechen, das irgendwo vor meinem Mund baumelte. Als wir zum ersten Mal damit übten, war ich begeistert. Ich flüsterte – und trotzdem verstand man mich am anderen Ende der Leitung glasklar. Das kann von Vorteil sein, wenn man sich irgendwo anschleicht und nicht bemerkt werden darf.

Das Hören funktioniert nach einem ähnlichen Prinzip. Der Sensor überträgt die eingehenden Schallwellen auf einen der inneren Bereiche des Ohrs. Dazu ist kein zusätzlicher Stöpsel oder Knopf in der Ohrmuschel nötig. Ich konnte gleichzeitig hören, was um mich herum geschah und gesprochen wurde, aber auch dem Funkverkehr folgen – das nenne ich Fortschritt. Für mich war die Funkausrüstung das Beste am Félin-System.

Wir bekamen auch neue Famas: »Félin-Famas«, wenn man so will. Der Aufbau des Gewehrs blieb gleich: Bullpup. Die neue Version hatte aber vorne am Lauf einen zusätzlichen Haltegriff und eine sogenannte Picatinny-Schiene auf der Oberseite. Die Picatinny-Schiene dient dazu, zusätzliche Teile wie Zielfernrohre, Lichtquellen oder Granatwerfer an einer Waffe zu befestigen. Auf der Oberseite ist sie gezahnt – in der gesamten Nato nach einheitlichem Standard –, und in diese Zähne lassen sich die Zubehörteile mit einer dazu passenden Halterung schnell und problemlos einsetzen. Das neue Famas hatte ein gigantisches Zielfernrohr. Mit gigantisch meine ich allerdings in erster Linie die Abmessungen. Das Ding war riesig – ein richtiger Klotz auf der Waffe. Mein erster Gedanke war: Das sieht aus, als hätte jemand einen Laserpointer auf eine Steinschleuder geschraubt.

Mit dem großen Zielfernrohr war die Waffe ziemlich unhandlich. Ich war unzufrieden und fragte mich, warum man das nicht kleiner bauen konnte. Auf der ganzen Welt wird die Elektronik immer winziger, nur in Frankreich schienen solche

Dinge immer größer gebaut zu werden. Zugegeben, die neuen Zielgeräte – es gab zwei unterschiedliche Versionen – konnten einiges: Entweder sie hatten einen Nachtsichtmodus oder eine Wärmebildfunktion und beide verfügten über ein Videovisier. In dem zusätzlichen Haltegriff waren Schalter integriert, mit denen man das Gerät bedienen konnte, ohne die Waffe absetzen zu müssen. Das war wiederum schon ziemlich cool.

Das Wärmebild zeigt zum Beispiel selbst bei Rauch oder Nebel noch die Umrisse von Personen an. Ein Nachtsichtgerät verstärkt im Endeffekt nur visuelle Eindrücke. Wenn man aber ohnehin nichts sehen kann, hilft es nicht weiter. Das Videovisier konnte ich mittels eines Kabels mit dem Display an meiner Kampfmittelweste verbinden. Auf dem Display sah ich dann, was ich durch die Zieloptik anvisierte. Das macht es möglich, das Gewehr auch mal um eine Ecke zu halten. Außerdem konnte ich mit dem Ding ein Foto vom Ziel schießen und es an meinen Gruppenführer schicken – echt Hightech. Bei den Schießübungen trafen wir damit – liegend und mit voller Ausrüstung – sehr genau Ziele in 600 Meter Entfernung. Das war mit dem alten Famas wesentlich schwieriger gewesen.

Das große Zielfernrohr war jedoch nur defensiv sinnvoll zu verwenden, das heißt, wenn man sich in einer Verteidigungsposition befindet. Um damit zu rennen und vorwärts zu stürmen, war die Kombination von Famas und großem Zielfernrohr nicht geeignet. Das Ganze war schlichtweg zu schwer und zu klobig. Aus diesem Grund hatte jeder Legionär noch ein sogenanntes EOTech-Visier bekommen. Es ist wesentlich kleiner und leichter als die unhandliche Zieloptik. Es handelt sich dabei um ein Reflexvisier, in das ein rotes Fadenkreuz eingespiegelt wird. Der große Vorteil ist, dass der Schütze beim Zielen beide Augen offen hat und so stets den Überblick hat, was sonst noch um ihn herum passiert. Ich kannte das EOTech-Visier schon aus dem Computerspiel *Call of Duty*. Da hat man es andauernd vor Augen.

Bei den realen Übungen mit dem Visier hat sich dann gezeigt, dass ich auf Entfernungen von 30 bis 100 Meter ganz gut treffen konnte. Die meisten Feuergefechte finden erfahrungsgemäß auf diese Distanz statt. Bei 100 Metern wird es allerdings ziemlich schwierig, die Umrisse einer Person zu treffen.

Drei Wochen lang trainierten wir intensiv mit der neuen Ausrüstung auf dem Camp des Garrigues, einem Manövergelände außerhalb von Nîmes. Im Praxistest wurde deutlich, wo die Vor- und Nachteile des Systems lagen. Ich fand die Kampfmittelweste, die mich anfangs total begeistert hatte, im Einsatz viel zu schwer. Neben dem Computer und der Verkabelung sind darin zwei große Lithium-Ionen-Akkus untergebracht. Klar, der PC braucht schließlich Saft. Und die Teile allein wogen ein paar Kilo. Je nachdem, wie oft man die Features – also Funk, GPS, Zieloptik – einsetzt, hält so ein Akku bis zu sechs Stunden. Demnach musste ich noch zwei als Ersatz im Rucksack mit mir herumschleppen, damit ich für etwa vierundzwanzig Stunden autonom war. Die Ladegeräte zu den Dingern befanden sich in den Fahrzeugen.

Es gab wirklich jede Menge Neues zu lernen. Mir fiel es ziemlich leicht, denn ich gehöre einer Generation an, die quasi mit Computern aufgewachsen ist. Also alles halb so wild. Bei einigen Legionären war das anders. Sie taten sich schwer und brauchten mehr Zeit, um mit der Félin-Ausrüstung zurechtzukommen. Besonders die Funker hatten einen Höllenjob. Die mussten alles Mögliche konfigurieren und einrichten.

In diesen drei Wochen auf dem Truppenübungsplatz haben wir wirklich alles geübt: Schießen, Nachtschießen, Orientierung, taktische Manöver, Hinterhalte anlegen und vieles mehr. Am Ende kam die Kompanie sehr gut mit der neuen Technik zurecht.

Interaktion

Während wir im Camp des Garrigues übten, kamen ausländische Truppen zu Besuch, um an den Manövern teilzunehmen. Einer sollte vom anderen lernen. Die US-Marines trafen als Erste ein. Ich fand es schade, dass Forrester und seine Kompanie nicht dabei waren. Die Marines waren immerhin seine Landsleute. Bestimmt hätte es ihm Spaß gemacht, sich mit ihnen zu unterhalten, vermutete ich. Als ich ihm später davon erzählte, wirkte er komischerweise nicht sonderlich interessiert.

Von den Marines hatte ich vorher schon gehört. Die kommen ja auch in vielen Filmen vor, zum Beispiel in *American Sniper* oder *Generation Kill*, und in *Avatar* gibt es sogar »Space Marines«. Die Marines gelten als Elitetruppe, härter als die amerikanische Armee.

Mir kamen die Jungs ehrlich gesagt ziemlich fett vor – oder besser gesagt: kompakt. Die Typen hatten schon Muskeln, aber eben hauptsächlich Volumen. Ich habe bei unseren Manövern beobachtet, wie sie sich bewegten. Und ich muss sagen: Sie waren einfach nicht so zäh wie wir Fremdenlegionäre. Bei uns wird jede Menge Ausdauersport gemacht. Alles zielt darauf ab, dass ein Legionär im Einsatz auch mal große Entfernungen in kurzer Zeit zu Fuß zurücklegen kann. Kann sein, dass das noch aus dem 19. Jahrhundert stammt, als die Legion in der Wüste in Nordafrika stationiert war. Damals haben die Legionäre alles zu Fuß oder mit Maultieren gemacht. Im Hauptquartier in Sidi Bel Abbès stand der Spruch »Marche ou crève« – marschier oder krepier – auf einer Wand des Speisesaals.

Was die Marines definitiv haben, ist eine Unmenge an Logistik. Hubschrauber, Trucks, Panzer – das volle Programm. Bei unserem Manöver karrten sie Nachschub ohne Ende heran. In der Fremdenlegion dagegen ist alles knapp bemessen, Hubschrauber müssen von der französischen Armee angefordert werden, und warmes Essen im Einsatz wird oft als Luxus angesehen.

Robinho meinte, wahrscheinlich hätten die Marines es gar nicht mehr nötig zu marschieren. Kann sein. Das würde auch erklären, warum sie beim gemeinsamen Run über 14 Kilometer – das war das volle Programm mit Hindernissen und teilweise durch Schlamm – so schlecht abschnitten. Gewonnen hat natürlich ein Legionär. Der erste Marine kam sechzehn Minuten später ins Ziel, und der letzte Marine lag am Schluss über zwanzig Minuten hinter dem letzten Legionär.

Nach den Marines war eine Reihe von Offizieren aus anderen Nato-Staaten mit uns zusammen. Sie durften für ein, zwei Tage einen Zug Fremdenlegionäre kommandieren. Unter uns nannten wir das »Schnupperkurs für Anfänger«. Selbstverständlich hat unser Zugführer immer genau darauf geachtet, was sie machten. Ich glaube, sie sollten die Möglichkeiten des Félin-Systems kennenlernen und ihre Kompetenzen als Zugführer unter Beweis stellen. Es gibt ja immer wieder multinationale Missionen – Afghanistan war eine davon –, wo Truppen aus verschiedenen Ländern zusammenarbeiten. Da kann es nicht schaden, ab und zu gemeinsam zu üben.

An den Abenden ging ich mit meinen Leuten meistens ins Foyer. Genau wie in Nîmes konnte man dort Bier kaufen und sich zwanglos unterhalten. Alle gingen dorthin, Offiziere, Legionäre und die Hubschrauberbesatzungen, mit denen wir trainierten.

»Mahler! Mahler! Du musst mal kommen«, rief Terenk und zog mich am Ärmel in eine andere Ecke des Foyers. »Da drüben sind Landsleute von dir.«

Da wurde ich neugierig, denn ich hatte meinen Wehrdienst bei der Division Spezielle Operationen in Pfullendorf abgeleistet. Das hatte mir Spaß gemacht, aber verglichen mit der Fremdenlegion war die Zeit bei der Bundeswehr echt locker gewesen. Es wurde zwar auch Sport getrieben, aber längst nicht so konsequent und so extrem hart.

Ich erkannte die drei Bundeswehrsoldaten sofort an ihren Uniformen. Sie mussten so um die dreißig Jahre alt sein. Terenk machte sich den Spaß, einem von ihnen auf die Schulter zu klopfen. Der Mann drehte sich um. Er trug eine modische schwarze Brille. Seine Haare waren an den Seiten kurz geschnitten, trotzdem hingen ihm ein paar Fransen in die Stirn. Ich sah ihm an, dass er sportlich rüberkommen wollte.

»Jawoll, mein Führer!« Terenk stand stramm. Der Bundeswehr-Typ sah mich unschlüssig an. Seine beiden Begleiter grinsten. Ein polnischer Legionär gesellte sich nun zu der Gruppe und hielt sich ein Stück Zellophanfolie von einer Zigarettenpackung vor den Mund.

»Wollt ihr totaler Krieg«, schepperte seine Stimme in gebrochenem Deutsch durch die Folie. Es hatte den Effekt, dass er sich wirklich wie Goebbels anhörte. Der Typ mit der modischen Brille verzog das Gesicht. Er war offensichtlich angepisst.

»Macht euch nichts draus«, sagte ich augenzwinkernd auf Deutsch. »Die meinen es nicht böse. Wenn jemand Deutsch spricht, ist das was Besonderes für sie. Wie Comedy. Die lachen sich schlapp, mehr nicht.«

Terenk hörte mit, verstand natürlich kein Wort, nickte aber zum Klang der Worte und sagte nur: »Jawoll!«

Für mich war das nichts Neues. Sprachparodien – egal ob Deutsch oder Chinesisch – gehörten bei uns einfach dazu. Der Brillentyp sah mich an, als wäre ich ihm noch weitere Erklärungen schuldig. Keine Ahnung, wie er darauf kam. Die beiden anderen Bundeswehrsoldaten hatten ein Bier in der Hand und stießen bereits mit dem Polen an.

»Prost!« – »Na zdrowje« – »Prost!« Sie schienen sich demnach ganz wohl zu fühlen.

»Du bist also auch Deutscher?«, fragte mich einer von ihnen.

»Jawoll!«, antwortete ich scherzhaft.

»Also, ich habe ein Problem damit, wie hier mit einem Offizier geredet wird«, meldete sich plötzlich der mit der schwarzen Brille zu Wort. Er wurde mir von Sekunde zu Sekunde unsympathischer, vor allem wenn er den Mund aufmachte. Sah aus wie ein echter Streber, joggte wahrscheinlich ab und zu nach Dienstschluss und dachte, deshalb würde er in einer Männerrunde dazugehören.

»Ich nicht«, sagte ich zu ihm.

»Dann habe ich auch damit ein Problem«, beharrte er.

»Hey«, sagte ich mit Blick auf Terenk und den Polen. »Denen ist das scheißegal. Es ist nach Feierabend, und wir sind hier gewissermaßen in einer Kneipe.«

»Aber …«

»Und außerdem gibt es bei uns keine Engel. Das hier ist eine andere Welt«, fuhr ich fort.

Und er wieder: »Aber, das geht doch nicht …«

»Ach, halt's Maul«, fuhr ich ihn an. Ich war mit meiner Geduld am Ende. Er war schließlich zu Gast hier und sollte am besten den Ball flach halten. »Bleib lieber locker, sonst geht es nach hinten los.«

In der Fremdenlegion sind nämlich einige extreme und verrückte Typen zu finden, zum Teil sogar gefährliche – die sind nicht mit den »Staatsbürgern in Uniform«, die ich in der Bundeswehr kennengelernt hatte, zu vergleichen.

»Sie müssen doch …«

»Nein, müssen sie nicht! Das Einzige, was wir müssen, ist sterben, der Rest ist alles freiwillig«, sprach ich ein Machtwort.

Danach ließ ich ihn einfach links liegen. Die beiden anderen waren zum Glück ganz in Ordnung. Da wir in der Fremdenlegion ein multikultureller Haufen waren, gehörten gedrechselte Umgangsformen nicht zum Alltag. Es wäre unmöglich gewesen, solche Konventionen auf Menschen mit so unterschiedlichem kulturellen und sozialen Hintergrund zu übertragen. Im Dienst funktionierte es mit strenger Disziplin, aber nach Feierabend ging es sehr locker zu.

Feiertage

Ich umfasste den Baumstamm am unteren Ende und ging in die Knie. Es war verdammt knifflig, ihn richtig zu halten. Wenn der Winkel nicht stimmte, konnte ich ihn nicht weit genug schleudern. Vorsichtig balancierte ich das Gewicht des Stamms aus. Wahrscheinlich wog das Ding doppelt so viel wie ich. Ich richtete mich mit einer raschen Bewegung auf, spannte den Bizeps an und stemmte den Stamm in die Höhe. Dann ließ ich los. Er flog ein Stück weit über den Sportplatz und schlug mit einem dumpfen Geräusch auf der nassen Erde auf. Einige Kameraden aus meiner Kompanie klatschten Beifall.

Die Weihnachtsfeierlichkeiten in der Fremdenlegion beginnen eine Woche vor Heiligabend mit dem »Challenge de Noël«. Das ist ein Wettkampf, an dem alle Kompanien teilnehmen. Natürlich geht es dabei um Sport – wie sollte es anders sein. Die Disziplinen des Wettkampfs sollen wahrscheinlich lustig sein, anstrengend sind sie jedenfalls auch. Ich vertrat meine Kompanie zusammen mit einem anderen Kameraden aus meinem Zug beim Baumstammweitwurf, andere Kameraden liefen um die Wette rückwärts oder schoben sich gegenseitig als menschliche Schubkarre über den Sportplatz. Hört sich nach einer reinen Spaßveranstaltung an, doch die Wettkämpfe werden durchaus ernst genommen. Jeder gibt sein Bestes. Zum einen gilt es, die Ehre der eigenen Kompanie zu verteidigen. Da verstehen die Vorgesetzten absolut keinen Spaß, Weihnachten hin oder her. Zum anderen bekommen die Gewinner der einzelnen Wettbewerbe einen ganzen Schinken als Preis überreicht. So ein Leckerbissen war ein zusätzlicher Ansporn.

Der Challenge de Noël dauert mehrere Tage. Unter uns nannten wir den Cross-Lauf über 14 Kilometer auch »Cross de Verdun« nach der Schlacht im Ersten Weltkrieg. Körperlich ist der Wettbewerb genauso brutal wie viele andere Sachen in der Fremdenlegion auch. Die meisten kämpfen dabei wirklich bis zum Umfallen.

Am Weihnachtsabend gibt es für alle Legionäre ein etwas besseres Essen als sonst. Hauptsächlich ist es aber nur schöner angerichtet und kommt in mehreren Gängen auf den Tisch. Dazu gibt es Wein und Bier. Zwischen den einzelnen Gängen werden Sketche aufgeführt. Im Speisesaal wird zu diesem Zweck eine kleine Bühne aufgebaut, und jede Kompanie denkt sich etwas Witziges aus.

Viele nutzen die Gelegenheit, um sich mal ungestraft über ihre Vorgesetzten lustig zu machen – am Weihnachtsabend wird das toleriert. Viele der Sketche, die ich im Laufe der Jahre gesehen habe, enthielten durchaus ein Körnchen Wahrheit und waren als Kritik zu verstehen.

In meiner Kompanie war ich in diesem Jahr für die Sketche zuständig. Man sagte mir einen gewissen Humor nach, und so nahm ich die Aufgabe gern an. Für die Weihnachtsfeier hatte ich einen Film gedreht, eine Pionierleistung, das hatte bisher noch nie jemand gewagt. Das Thema: Legion früher – Legion heute, gedreht an Originalschauplätzen mit realen Legionären. Sprich: in unserer Unterkunft mit meinen Kameraden. Für die Uraufführung meines Werks hatte ich ein weißes Bettlaken auf der Bühne aufgespannt und projizierte den Film darauf.

Im ersten Sketch sitzen ein paar Legionäre um einen Tisch herum und spielen Karten. Ab und zu nimmt einer einen Zug aus seiner Pfeife oder greift nach einer Weinflasche. Plötzlich geht die Tür auf, und ein Caporal betritt den Raum. Sofort springen alle auf und bleiben in Habt-Acht-Stellung stehen. Der Caporal macht die Legionäre zur Sau, wirft den Tisch um und befiehlt, sie sollen den Raum auf Vordermann bringen. Hektisch machen sie sich an die Arbeit. Das war die Legion früher.

Legion heute: Die Legionäre liegen auf den Betten und spielen mit ihren Handys oder zocken Computerspiele. Der Caporal betritt den Raum. Die Leute bleiben auf den Betten liegen. Der Caporal sagt, sie sollen das Zimmer aufräumen. »Ja, ja«, antworten sie. Nachdem der Caporal gegangen ist, werfen sie ihren Kram einfach ins Nebenzimmer. Der Caporal kommt zurück und sieht ihre aufgeräumte Unterkunft. »Gut gemacht«, lobt er.

In der nächsten Szene sieht man, wie der Caporal sich die gebügelte Uniform für den Wachdienst anschaut. Ein Chinese hat den Abstand der Falten um 0,1 Millimeter überschritten und wird vom Caporal umgeboxt. Das ist die Legion früher.

Legion heute: Der Legionär grüßt nicht richtig. Der Caporal denkt darüber nach, was er als Nächstes tun soll. Er schaut sich seine Uniform an, die ist überhaupt nicht gebügelt, weil der Legionär den Tag über geschlafen hat. Dann will er ihm eine reinhauen, doch die Kameraden aus dem Zimmer heben Schilder in die Höhe mit den Wörtern: »20 Tage Knast.« Er spricht aus, was er denkt: »Am liebsten würde ich dir eine reinhauen, aber dann kannst du dich beschweren, und ich bekomme Ärger.« Der Caporal zieht einen Handschuh aus und schlägt ihn dem Legionär betont damenhaft – eine sogenannte Hurenohrfeige – ins Gesicht. »Beim nächsten Mal gibt es aber Ärger«, droht er halbherzig zum Abschied.

Dieser Sketch hatte sogar einen realen Bezug zu einem Vorfall, in den Robinho verwickelt war. Er hatte tatsächlich einmal einen Légionnaire 2e classe wegen einer Disziplinlosigkeit geschlagen – und war deswegen neunzehn Tage in den Bau gewandert. Robinho erzählte mir danach, für ihn sei das Schlimmste am Arrest gewesen, dass er abends allein in seiner Zelle herumgesessen hätte. Tagsüber musste er mit den anderen Inhaftierten irgendwelche Hilfsarbeiten verrichten. Sport fiel auch flach. Ich glaube, das hätte mir an seiner Stelle am meisten gefehlt.

Die Legionäre lachten sich jedenfalls über den Film schlapp. Nachher kam sogar der Präsident der Caporaux-Chefs – der unter den Caporaux-Chefs eine besondere Stellung einnimmt – zu mir und sagte, das sei der beste Sketch des Abends gewesen.

Am Ende bekam jeder ein Geschenk, das der Capitaine höchstpersönlich überreichte. Dabei war – nach der Reihenfolge der Matricule – der jüngste Legionär zuerst dran. Ich glaube, an diesem Weihnachtsfest 2012 bekam jeder von uns ein Leatherman-Multitool geschenkt. Es waren immer Dinge, die man gut gebrauchen konnte.

Ausgemustert

Nach der Weihnachtsfeier normalisierte sich der Dienstbetrieb im Regiment schnell wieder. Für Robinho hingegen begann das neue Jahr mit einer Katastrophe. Wegen seiner Rückenverletzung wurde er aus der Kampfkompanie ausgemustert und in die Unterstützungskompanie versetzt.

»Scheiße! Scheiße! Scheiße!«, er war total verzweifelt: »Für mich ist es gelaufen.«

»Gibt es denn keine Chance, dass sich dein Rücken wieder erholt?«, wollte ich wissen.

Er schüttelte missmutig den Kopf. »Nee, keine. Der Regimentsarzt sagt, das wird nicht mehr. Ich bin für Missionen nicht mehr zu gebrauchen. Nie mehr. Ich bin im Arsch!«

Ich sah ihm an, dass ihn diese schlechte Nachricht schwer getroffen hatte. Wir saßen im Foyer. Robinho hielt den Kopf in den Händen und starrte auf den Boden.

»Nach all den Lehrgängen und dem ganzen Training, das ich gemacht habe, ende ich in der verdammten Unterstützungskompanie.«

Für jeden Legionär ist die Teilnahme an einer Mission das Größte. Ich konnte Robinho gut verstehen.

»Die Unterstützungskompanie ist die Endstation für mich. Ich mach' noch anderthalb Jahre, dann ist meine Zeit um und ich geh' nach Hause, Mann. Das war's«, sagte er.

Das fand ich krass. Robinho war mit Herzblut Fremdenlegionär. Soweit ich wusste, hatte er niemals vorgehabt, die Legion so schnell wieder zu verlassen.

»Warte doch erst mal ab«, versuchte ich ihn aufzumuntern. »Der Doc ist ja doch kein Hellseher.«

Robinho war kerngesund zur Fremdenlegion gekommen. Was ihm jetzt widerfuhr, empfand er als tiefe Ungerechtigkeit. Verletzen konnte man sich immer, dazu brauchte es keinen Kampfeinsatz. Der Sport und die Lehrgänge mit ihren zum Teil halsbrecherischen Übungen reichten vollkommen. Und dann hieß es: Ab in die Unterstützungskompanie!

»Ausgerechnet jetzt muss mir das passieren, wo der nächste Einsatz doch so kurz bevorsteht«, machte Robinho seinem Ärger Luft.

»Woher willst du das denn wissen?«, hakte ich nach.

»Ich hab mitbekommen, dass für die Kompanie Félin-Wüstentarnuniformen bestellt worden sind.«

»Ach echt?« Ich gab mir Mühe, meine Aufregung nicht zu zeigen. Das hätte Robinho nur noch mehr runtergezogen. »Davon weiß ich ja noch gar nichts. Muss aber kein Anzeichen für einen Einsatz sein …«

Insgeheim wusste ich, dass die Ausrüstung nur bestellt wurde, wenn wir sie auch wirklich in nächster Zeit brauchen würden. Routinemissionen – wie die Mission courte durée im Vorjahr in Abu Dhabi – werden lange im Voraus geplant und das nötige Material dafür beizeiten bereitgestellt. Für die kommenden Monate stand aber nichts dergleichen auf dem Programm. Es musste sich also um etwas Unvorhergesehenes handeln.

»Nett von dir«, sagte Robinho und lächelte gequält. »Aber du weißt so gut wie ich, dass irgendwas im Busch ist.«

Und Robinho hatte recht: Ende Januar griff Frankreich mit Truppen in einen Konflikt im westafrikanischen Mali ein. Islamisten und Tuareg-Separatisten hatten weite Teile im Norden des Landes erobert und rückten auf die Hauptstadt Bamako vor.

Eigentlich ist das Land zweigeteilt, im Norden lebt eine überwiegend muslimische Bevölkerung, im Süden mehrheitlich Christen. Das Zusammenleben hatte gut funktioniert, bis – als Folge des libyschen Aufstands gegen Gaddhafi – Waffen und Islamisten aus Libyen über die Grenze nach Mali gekommen waren. Die Islamisten setzten dort ihren Dschihad fort und verbündeten sich mit den Tuareg, einer ethnischen Gruppe, die schon seit längerem nach Unabhängigkeit strebt. Mali ist eine ehemalige französische Kolonie. Daher bat die malische Regierung Frankreich um militärische Hilfe. Das 1. Kavallerieregiment der Fremdenlegion befand sich gerade auf einer Übung im benachbarten Tschad und wurde umgehend in Marsch gesetzt. Mit der Unterstützung durch französische Kampfhubschrauber und Flugzeuge gelang es den Soldaten, die Islamisten zurückzudrängen. Das 2. Fallschirmjägerregiment der Fremdenlegion flog ebenfalls nach Mali. In einer spektakulären Luftlandeaktion sprangen einige Fallschirmjäger über Timbuktu ab und besetzten den Flughafen der Wüstenstadt. Die Aufständischen zogen sich daraufhin in ihre Verstecke im Norden zurück und begannen einen Guerillakrieg. Auch die Afrikanische Union und verbündete Nato-Staaten entsendeten nun Truppen nach Mali.

»Mali rechnet mit uns!«, verkündete unser Colonel bei einer Ansprache an die Kampfkompanien. »Der Zeitpunkt steht noch nicht fest. Aber wir sind hundertprozentig dabei. Nutzt die Zeit zum Üben. Trainiert so viel ihr könnt! Mali wird hart werden!«

Scheiße, ich bin tot

Plötzlich verengte sich der Weg. Durch das Nachtsichtgerät sah ich das VAB vor mir über Steine rumpeln. Ich musste mich erst noch im Führerhaus des Fahrzeugs zurechtfinden. Das Lenkrad war riesig. So ein VAB wiegt leer um die elf Tonnen. Die Servolenkung ist nicht die beste, besonders wenn die Flüssigkeit nicht regelmäßig nachgefüllt wird. Nach einer längeren Fahrt mit dem Ding hatte ich Unterarme wie Popeye. Ich nahm den Fuß vom Gaspedal, um nicht zu schnell über die am Boden liegenden Steinbrocken zu fahren. Hinter mir im Laderaum saßen sechs meiner Kameraden. In meinem Rücken war eine dicke Panzerplatte angebracht, die mich von ihnen trennte. Trotzdem wusste ich genau: Wenn ich zu schnell fuhr, würden sie brutal durchgeschüttelt werden. Rechts neben mir sah ich die Füße des Maschinengewehrschützen, er stand auf seinem Sitz in der offenen Luke hinter seinem MG. Ich richtete den Blick wieder nach vorn, um mich auf die Fahrzeugkolonne zu konzentrieren. Ich durfte weder den Anschluss verpassen noch zu dicht auffahren. Bei Nacht ist das gar nicht so einfach, wie es sich anhört.

Die Schüsse aus den automatischen Waffen hörten sich durch die Stahlpanzerung und das Panzerglas vor mir dumpf an. Ich sah die Lichtblitze im Dunkeln am Rand des Weges aufflackern. Der Maschinengewehrschütze feuerte ebenfalls seine Waffe ab. Heiße Geschosshülsen fielen dampfend durch die Luke ins VAB und blieben zwischen seinen Füßen liegen. Das Metall klirrte, weil ständig neue hereinfielen.

Offenbar waren wir in einen Hinterhalt geraten. Das VAB vor uns blieb stehen. Normalerweise gibt man in so einer Situation Vollgas und versucht, irgendwie aus der Todeszone herauszukommen. Wahrscheinlich war das Fahrzeug getroffen worden, das war für mich die einzig plausible Erklärung.

»Verdammte Scheiße!«, rief ich laut. Ich musste selbst entscheiden, was ich jetzt machen sollte. Am besten wenden und abhauen, dachte ich. Ich setzte vorsichtig mit dem VAB zurück, denn ich hatte keine Ahnung, wie es neben dem Weg aussah. Der MG-Schütze war beschäftigt und konnte nicht nachschauen.

Auf einmal ertönte ein lautes *Beeeeep!* in meinem Funkgerät. Es hörte gar nicht mehr auf.

Scheiße, ich war tot!

Das ohrenbetäubende Gepiepe nervte total. Ich wusste, dass

ich irgendeinen Stecker aus dem Kästchen auf meiner Brust ziehen musste, um es abzuschalten, und fummelte hektisch daran herum. Nachdem er mit seinem Fuß die Patronenhülsen zur Seite gefegt hatte, rutschte der Maschinengewehrschütze auf seinen Sitz ins Innere des VAB. Er hatte dasselbe Problem wie ich: Er war ebenfalls tot.

Die ganze Kompanie war mit einem System verkabelt, mit dem sich Treffer und Einschläge von Minen und Granaten sowie Schüsse aus dem Gewehr simulieren ließen. An meinem Körper hingen zig Sensoren, die registrierten, wenn ich getroffen wurde. An allen Waffen war ein Lasermodul angebracht, das in dem Moment einen Strahl losschickte, in dem Platzpatronen abgefeuert wurden. Die Sensoren reagierten, wenn der Laserstrahl sie traf. Die Dinger konnten sogar unterscheiden, ob man nur verwundet wurde – zum Beispiel durch einen Treffer am Arm – oder tödlich verletzt war. An den Außenseiten des VAB waren ebenfalls Sensoren angebracht. Anscheinend waren wir gerade von einer Rakete getroffen worden oder auf eine Mine gefahren – alle Insassen meines Fahrzeugs waren leider tot.

Gefallene durften sich nicht mehr von der Stelle rühren, bis das Manöver beendet war. Verwundete wurden von ihren Kameraden versorgt und waren – je nach Schwere ihrer Verwundung, über die ein Schiedsrichter entschied – wieder einsatzfähig.

Seit wir wussten, dass wir nach Mali gehen würden, übten wir Tag und Nacht, was das Zeug hielt. Die Kompanie war fast nur noch auf dem Truppenübungsplatz im CENTAC, dem Centre d'entraînement au combat in Mailly-Le Camp, etwa fünf Autostunden von Nîmes entfernt.

»Immer nur Sport, immer nur üben, üben, üben«, sagte ich ungeduldig zu Sergent Meilleur. »Das machen wir seit Wochen! Wann fliegen wir denn nun endlich nach Mali?«

»Steht noch nicht genau fest. Aber wir fliegen auf jeden Fall«, lautete seine knappe Antwort.

Ich war nicht der Einzige in meinem Zug, der genervt war,

dass sich die Abreise so lange hinzog. Alle wollten so schnell wie möglich nach Mali. Wir wussten, dass dort Kameraden von uns – Fremdenlegionäre aus anderen Regimentern – kämpften. Es gab Tote und Verletzte, ich konnte das regelmäßig in den Nachrichten verfolgen. Wir hätten ihnen gern beigestanden. Stattdessen hingen wir auf dem Übungsplatz herum und bekämpften uns gegenseitig.

Zu allem Überfluss war ich auch noch als Fahrer eines VAB abkommandiert worden. Das war mal ein richtiger Scheißjob. Vorne in der engen Kiste ohne die Jungs sitzen zu müssen, das schmeckte mir gar nicht. Und das Fahren war ja längst nicht alles. Nach dem Einsatz musste ich das Fahrzeug auch noch jedes Mal warten und reinigen.

Ich sprach Sergent Meilleur darauf an.

»Sergent, ich bin seit über drei Jahren Eryx-Schütze. Warum soll ich auf einmal Fahrer werden?«

»Weil die vier Züge zu dreien zusammengefasst werden. Es gibt genügend Eryx-Schützen, aber nur wenige, die einen VAB-Führerschein haben.«

Damit hatte er recht, ich hatte tatsächlich in Castelnaudary und in Nîmes diesen Führerschein gemacht. Trotzdem stank die Sache irgendwie. Ob das am Ende etwas damit zu tun haben könnte, dass ich ganz am Anfang – als Freiwilliger in Straßburg – versehentlich als Kfz-Mechaniker eingetragen worden war? Na, hoffentlich nicht, denn die Kiste konnte ich mit Sicherheit nicht flottmachen, wenn etwas damit nicht stimmte!

»Sergent Meilleur, nichts für ungut«, wandte ich ein. Mit Meilleur kam ich extrem gut klar, daher traute ich mich, weiter nachzuhaken. »Aber es muss doch noch andere mit dem passenden Führerschein im Zug geben. Kann man da denn gar nichts machen?«

»Mahler, ich bin jetzt ganz ehrlich. Es gibt noch einen, der das Ding fahren kann«, verriet mir Meilleur, »aber ich persönlich möchte gerne lebend wieder nach Hause kommen.«

Ich ahnte bereits, wo das Problem lag.

»Du erinnerst dich sicher an den schweren Unfall in der Wüste in Abu Dhabi?«, fuhr er fort: »Der Kerl ist der einzige andere Fahrer. Ich habe Frau und Kind – und die will ich gerne wiedersehen, verstehst du? Dagegen, dass Terroristen mich umbringen wollen, kann ich nichts machen. Dagegen, dass dieser Typ sich hinters Steuer setzt, schon. Also, Mahler, tu mir den Gefallen. Wenn wir geeigneten Ersatz finden, sehen wir weiter. Versprochen.«

»Oui, Sergent.«

Nachdem bekannt geworden war, dass nicht alle vier Kampfkompanien des Regiments gleichzeitig nach Mali geschickt würden, sondern erst einmal nur diejenige, die bei den Übungen am besten abschnitt, brach ein regelrechter Wettbewerb aus. Unter Hochdruck wurden neue Leute, die aus Aubagne kamen, eingearbeitet und ausgebildet. Es war ja normal, dass Legionäre, deren Dienstzeit endete, ausschieden und neue dazustießen.

Mali war der erste richtig gefährliche Kampfeinsatz mit direktem Feindkontakt, den ich als Legionär erleben sollte. Dort wurde gekämpft und ich wollte unbedingt dabei sein. Was wir dort zu tun hatten oder weshalb wir dorthin gingen, war mir im Prinzip egal. Den meisten Legionären ging es ähnlich: Hauptsache, wir erfüllten unsere Mission. Mitte April 2013 stand es dann endgültig fest: Meine Kompanie würde in drei Wochen abfliegen.

Das einzige Problem war: Wir warteten immer noch auf die neuen Félin-Wüstentarnuniformen – und leider kamen sie auch bis zu unserem Abflug nicht an. Die meisten von uns hatten noch ihre alten Klamotten aus Abu Dhabi. Die waren auch mit dem Wüstentarnmuster bedruckt. Das musste wohl erst einmal reichen. Am Schluss kombinierten wir die Hosen aus Abu Dhabi mit den neuen Oberteilen in CCE-Tarn. Ich weiß gar nicht, wie oft ich später erklären musste, warum ich in so einer merkwürdigen Kombination herumlief …

6
Einsatz in Mali

Operation Serval

Die heiße Luft traf mich wie ein Faustschlag ins Gesicht. Es war bereits Abend, und trotzdem war es bestimmt noch vierzig Grad heiß. Die Turbinen des Airbus der Forces Aériennes standen nach der Ankunft still, aber sie strahlten immer noch Hitze aus. Der Geruch von Kerosin hing in der feuchtwarmen Luft. Ich ging mit den anderen Legionären zum Rand des Rollfelds. Dort stand ein alter Panzerwagen russischer Bauart. Schwarze Soldaten in grünen Uniformen saßen davor, wahrscheinlich Angehörige der malischen Armee. Einige hatten Kalaschnikow-Maschinenpistolen auf dem Oberschenkel liegen.

Auf dem Flughafen von Bamako, der Hauptstadt Malis, herrschte Hochbetrieb. Grelle Scheinwerfer erleuchteten den sandigen Boden rund um das Terminal. Es ist das einzige Gebäude weit und breit. Die Start- und Landebahn ist genauso lang wie auf allen großen Flughäfen in Europa, immerhin können hier auch moderne Großraumflugzeuge landen. Das Terminal ist aber eher klein, es stammt aus den siebziger Jahren. Daneben steht der Rohbau eines zweiten Flughafengebäudes. Nach einem Militärputsch in Mali im Jahr 2012 hatten sich die amerikanischen Investoren von dem Projekt zurückgezogen. Seitdem stehen die Betonpfeiler neben der Startbahn.

Jetzt hatte man zwischen ihnen Zelte für die Truppen der Koalition aufgestellt. Entlang der Nordwestseite der Startbahn standen jede Menge Frachtcontainer und weitere Zelte. Hier war in kurzer Zeit eine eigene Zeltstadt entstanden. Das

ganze Areal war so groß wie etwa fünf oder sechs Fußball-
felder.

Zwischen den Transportflugzeugen standen auch einige
zivile Verkehrsflugzeuge auf ihren Parkpositionen. Der Flughafen von Bamako wurde nach wie vor regulär angeflogen.

Ein riesiges amerikanisches Transportflugzeug wurde gerade entladen: Zwei US-Soldaten standen mit Gewehren an der
Laderampe und checkten die Umgebung. Soweit ich wusste,
war Bamako mittlerweile Hunderte Kilometer vom Kampfgebiet entfernt. Doch offensichtlich rechnete man auch hier
mit Anschlägen.

Ich sah auch einige Transall-Maschinen, ein zweimotoriges
Transportflugzeug, der deutschen und der französischen Luftwaffe. Ein Gabelstapler kurvte zwischen ihnen herum und
brachte Paletten mit irgendwelchen Kisten darauf zu einem
Hangar.

»Wir warten, bis wir abgeholt werden«, lautete Sergent
Meilleurs Anweisung. Dann sagte er noch etwas, aber seine
Worte gingen in einem ohrenbetäubenden Kreischen unter.
Zwei Kampfflugzeuge jagten kurz hintereinander die Start-
bahn entlang – übrigens die einzige Start- und Landebahn
hier, aber immerhin asphaltiert – und hoben nacheinander ab.
Eine lange hellblaue Stichflamme schoss aus den Triebwerken.
Im Dunkeln sah das ziemlich spektakulär aus.

»Mirages«, sagte Jack, ein Kanadier, der neu in den Zug
gekommen war. Er war ein richtiger Ausrüstungsfreak, hatte
immer die besten Sachen und war vor allen Dingen immer
extrem gut vorbereitet. Mit solchen Typen kann man gut zusammenarbeiten. Man fragte einen Jack nicht: »Hast du zufällig Batterien für die Taschenlampe dabei?« Selbstverständlich
hatte er. Immer.

»Sie haben ihre Nachbrenner gezündet«, sagte Jack.

»Wahrscheinlich fliegen sie nach Norden und werfen den
Islamisten Bomben aufs Dach«, kommentierte ein anderer
Legionär.

»Na, hoffentlich«, fügte Meilleur grinsend hinzu.

Von der gegenüberliegenden Seite des Flugplatzes wehte das Geräusch sich drehender Rotoren herüber. Vor einem erleuchteten Hangar, den ich in der Ferne sah, tauchten mehrere Hubschrauber auf.

Obwohl ich nach dem sechsstündigen Flug und der plötzlichen Hitze total geschafft war, genoss ich die Atmosphäre. Man merkte sofort, dass hier ein Krieg im Gang war. Kampfflugzeuge, Hubschrauber, Truppen – mitten in der Nacht entfaltete sich eine unglaubliche Aktivität. Ich sah auch bewaffnete Männer, die mit Kurzhaarschnitten und in Zivilkleidung herumliefen. Alles war irgendwie geheimnisvoll und abenteuerlich.

Ein Soldat der französischen Armee brachte meinen Zug zu einem der vielen Zelte. In den großräumigen Armeezelten haben etwa zwanzig Mann Platz. Der Grundriss entspricht einem langgezogenen Rechteck. An den beiden Längsseiten stehen Feldbetten mit dem Fußende zur Mitte, so dass ein schmaler Gang frei bleibt.

Ich zog meine Uniform aus und legte mich in Shorts und T-Shirt aufs Bett – und schwitzte immer noch. Leider war das Zelt nicht klimatisiert. Rundherum waren Sechserpacks mit Wasserflaschen aufgestapelt worden. Wer Durst hatte, konnte sich hier bedienen. Durch die dünne Zeltplane waren alle Geräusche des Flugplatzes deutlich zu hören: Turbinen, Propeller, das Hupen von Lastwagen und die Stimmen der Menschen, die nah am Zelt vorbeigingen.

In dieser ersten Nacht habe ich nicht gut geschlafen, ich war viel zu aufgeregt und stand unter Strom in dieser fremden Umgebung. Um fünf Uhr ging die Sonne auf. Sergent Meilleur sagte, in einem Zelt nebenan würden Kaffee und Frühstück ausgegeben. Total verschwitzt stand ich auf. Ich hatte Schwierigkeiten, meine Uniformhose anzuziehen. Beim Überstreifen klebten schon jetzt die Hosenbeine am Körper.

Im »Frühstückszelt« standen Holzbänke, schmale Tische

– fast wie im Biergarten – und ein großer Wärmebehälter mit Kaffee, dazu ein Stapel Gefechtsrationen. Ich nahm mir einen Plastikbecher mit Kaffee und stellte mich vor dem Zelt in den Schatten. Eine Transall hob gerade ab, gewann langsam an Höhe und wurde immer kleiner und kleiner, als sie sich entfernte. Ich sah ihr nach.

Nach dem Frühstück wurden Patches und Malariatabletten verteilt. An den Ärmeln meiner Uniform waren auf Schulterhöhe Klettflächen angebracht. Darauf konnte ich Patches und Abzeichen befestigen. Der Einsatz der Franzosen in Mali trug den Namen »Operation Serval«. Dazu gab es ein eigenes Abzeichen, das wir an unserer Uniform tragen mussten. Das Serval-Patch war rund und hatte die Farben Frankreichs – blau, weiß und rot – sowie die Malis – grün, gelb und rot – als Hintergrund. Darauf war der Kopf einer Wüstenkatze zu sehen: ein Serval, der Namensgeber der Operation. Später wurde das farbige Serval-Patch gegen ein sandfarbenes ausgetauscht. Das war wahrscheinlich wegen der Tarnung besser geeignet. Außerdem bekamen wir noch ein Patch mit der französischen Trikolore, also für jeden Arm etwas.

Von Sergent Meilleur erfuhren wir, dass wir gegen Mittag weiter nach Gao im Nordosten Malis fliegen würden, wo wir stationiert werden sollten. Es blieb noch etwas Zeit für ein Nickerchen. Wir mussten in der Nähe bleiben. Ich wusste aus Erfahrung, dass sich Flugzeiten gern mal verschoben. Wenn es doch früher losging und jemand nicht auffindbar wäre, gäbe das einen Riesenärger. Ich wollte auf gar keinen Fall die ganze Action verpassen und ohne meinen Zug in Bamako zurückbleiben.

Die hier stationierten Bundeswehrsoldaten erkannte ich sofort an dem schwarz-rot-goldenen Aufnäher an ihrer Uniform. Sie trugen Wüstenfleck-Tarnuniformen. Das kannte ich von Bildern, die ich aus Afghanistan gesehen hatte.

»Hallo, wie geht's?«, sprach ich die Gruppe auf Deutsch an. Zwei von ihnen rauchten, alle hatten Coffee-to-go-Becher in der Hand. Aber nicht solche billigen aus Plastik oder Styropor, sondern richtig professionell aussehende Dinger mit Deckel und Henkel, das Ganze noch dazu in schrillen Farben. Die hatten sie bestimmt von zu Hause mitgebracht.

»He, Landsmann«, sagte einer. »Was führt dich hierher?«

Ich sagte: »Die Fremdenlegion will auch ein bisschen in Mali mitspielen.«

»Ah, Fremdenlegion, da haben wir schon von gehört.«

»Echt? Was denn?«, wollte ich wissen.

»Na ja, dass es nicht einfach sein soll«, meinte er.

»Da wisst ihr aber nicht viel …«

Wir plauderten locker drauflos. Mitten in Afrika auf deutsche Soldaten zu treffen fand ich schon irgendwie witzig.

»Und was treibt ihr hier?«, erkundigte ich mich.

»Wir sind hier, um die Transall zu warten. Zwei Maschinen von uns sind gerade hier. Die fliegen Truppen der Afrikanischen Union nach Mali«, erklärte einer der Raucher.

Nigeria, der Senegal und andere Länder Westafrikas schickten Soldaten ins Land, um gegen die Islamisten zu kämpfen.

»Bist du schon lange hier?«, fragte ein anderer.

»Nee, erst heute Nacht angekommen. Wir fliegen weiter nach Gao.«

»Da soll's gefährlich sein. Wir fliegen da ab und zu Nachschub hin. Die Flugzeugbesatzungen werden gewarnt, dass sie dort beschossen werden können. Was macht ihr denn da?«

»Wahrscheinlich was anderes als ihr: kämpfen«, sagte ich mit einem Grinsen.

Die Antwort nahmen sie mir nicht übel. Ich meine, das Wartungspersonal von Flugzeugen hat mit Kampfeinsätzen ja nicht viel zu tun.

»Klar, du bist in der Fremdenlegion. Pass auf dich auf. Mann!«, verabschiedeten sie sich.

Ich machte mich auf den Rückweg. Es war bald Mittag, Zeit für den Abflug.

Gao

Unsere »Airline« nach Gao war eine französische Transall. Bei diesem Flugzeugtyp gibt es keine Fenster, nur einige kleine Bullaugen, die aber so angebracht sind, dass man im Sitzen nicht hinausschauen kann. Im Grunde ist es im Bauch einer Transall wie in einer Lagerhalle. Wahlweise können Paletten mit Fracht oder etwa siebzig Soldaten an Bord genommen werden. Komfortabel ist so ein Flug ganz sicher nicht. Diese Maschine war voll mit Legionären aus meiner Kompanie. Ich saß in einem unbequemen Segeltuchsitz, der unter meinem Gewicht ziemlich durchhing. Es war so eng, dass ich meine Beine nicht ausstrecken konnte. Die Reihen mit Segeltuchsitzen waren quer zur Flugrichtung angebracht. Eine jeweils an den Außenseiten und zwei – Rücken an Rücken – in der Mitte.

Wir waren mehrere Stunden geflogen, dann setzte die Kiste ziemlich steil zur Landung an. Noch während das Flugzeug auf der Landebahn am Gao International Airport ausrollte, wurde bereits die Heckrampe geöffnet. Gleißendes Sonnenlicht fiel in den dunklen Laderaum, es blendete extrem, bis sich die Augen wieder an die Helligkeit anpassten. Draußen flog eine öde, sonnenverbrannte Landschaft vorbei. Viel war hier nicht zu sehen, alles war flach. Die Propeller dröhnten laut, dann drehte das Flugzeug und die Motoren wurden gestoppt.

»Willkommen in Gao«, erklang eine Stimme über den Lautsprecher im Frachtraum. »Die Außentemperatur beträgt 49,3 Grad.«

In der brütenden Mittagshitze mussten wir dann als Erstes unsere Zelte aufbauen. Das Camp befand sich in der Nähe der Start- und Landebahn. Keineswegs zu vergleichen mit Flughäfen, die man aus Europa oder den USA kennt. Das hier war nicht mehr als eine asphaltierte Holperpiste in der Wüste. Und zwar nur die eine, die sowohl als Start- wie auch als Landebahn diente, wesentlich kleiner als in Bamako. Deshalb waren wir wohl auch in die Transall umgestiegen. Sie braucht viel weniger Rollfläche als ein Airbus mit Düsenantrieb. Der Flughafen in Gao war ein Provinzflugplatz. Vor dem Krieg waren hier wahrscheinlich nur gelegentlich kleinere Passagier- und Frachtmaschinen gelandet.

Am Rand gab es zwei, drei zerschossene Gebäude und überall jede Menge Nato-Stacheldraht. Puma-Helikopter und zweisitzige Kampfhubschrauber standen am Boden.

Die französische Armee und die Fremdenlegionäre, die vor uns hierhergekommen waren, hatten den Flughafen besetzt, weil er für die Versorgung mit Nachschub unentbehrlich war und zudem eine strategisch günstige Position hatte. Er lag außerhalb von Gao auf etwas höherem Gelände: Von hier aus konnte man in jede Richtung weit sehen und die beiden wichtigsten Straßen in dem Gebiet kontrollieren – jedenfalls solange man sie im Blick hatte.

Die Zelte, die wir aufbauen sollten, waren noch eingepackt. So ein Armeezelt ist sauschwer. Das Material, aus dem es gemacht ist, gleicht einer steifen, dicken Plastikplane. Das Gestänge wiegt auch ziemlich was. Die Zelte sind hoch – man kann also gut darin stehen –, aber der Aufbau ist verdammt anstrengend. Während wir uns unter der glühenden Sonne abmühten, achtete Sergent Meilleur darauf, dass jeder genug zu trinken hatte. Stapelweise standen überall Plastikflaschen mit Wasser im Camp herum. Später erfuhr ich, dass sie aus Gao angeliefert wurden.

Meine Kompanie hatte zehn Zelte nebeneinander aufgebaut. Ich wollte gerade eines der Feldbetten auseinanderklappen, als ich einen Offizier mit einer Schnur in der Hand auf uns zukommen sah. Er blieb vor den Zelten stehen und blickte prüfend in jede Richtung. Dann schüttelte er den Kopf. Sergent Meilleur ging zu ihm und salutierte.

»Die Zelte müssen gerade stehen«, sagte der Offizier.

»Oui, mon Capitaine!« Mehr kam nicht von Meilleur.

»Tun sie aber nicht. Ihre Männer sollen sie neu ausrichten.«

»Oui.«

Ich fand es ganz schön schwachsinnig, in dieser vermüllten Einöde bei fünfzig Grad Hitze wegen ein paar Zelten so ein Trara zu machen. Aber es half ja nichts. Die Schnur, die der Offizier mitgebracht hatte, wurde entlang der Vorderseite der Zelte gespannt. Daran sollten die Zelte akkurat ausgerichtet werden. Zum Glück hatten sie keinen Boden, und sechs Mann konnten das Gestänge mit vereinten Kräften hochheben und entsprechend verschieben. Meilleur ruderte mit den Armen und gab lautstark Anweisungen. Irgendwann standen die Zelte dann in Reih und Glied. Vermutlich ist der Offizier später noch einmal vorbeigekommen und hat kontrolliert, ob wir alles richtig gemacht hatten.

Unsere Waffen, Helme und Ausrüstung waren von Frankreich aus in Containern separat nach Gao geflogen worden. Am Nachmittag konnte jeder seine Sachen wieder in Empfang nehmen. Normalerweise ist das Militärzelt, in dem wir untergebracht waren, für vier bis sechs Mann gedacht. Hier waren wir aber nun acht bis zehn Legionäre. Auch ohne Ausrüstung war es ziemlich eng. Mit all den Klamotten und dem anderen Kram nahm es klaustrophobische Züge an. Jeder von uns hatte ja einen großen Rucksack und einen Seesack dabei. Wir hatten sogar eine gebügelter Uniform in Wüstentarn und das Képi blanc mitgenommen. Könnte ja sein, dass hoher Besuch vorbeikommt, etwa ein General, Minister oder irgendein Politiker, und für den Fall mussten wir uns herausputzen können. Ach ja, und natürlich Dutzende Bügeleisen – ganz wichtig. Dazu noch Helme, Schutzwesten und Munition, die auch im Zelt verstaut werden mussten.

Unter meinem Bett stand eine Kiste mit Handgranaten, daneben hundertfünfzig Schuss Munition für das Famas. Auf den wenigen Zentimetern, die in der Mitte des Zelts frei geblieben waren, wurden zweitausend Schuss für das Maschinengewehr in Kästen gestapelt. Der Lauf des Maschinengewehrs selbst ragte unter dem Bett des Schützen hervor. Einen neuen Eryx-Schützen hatte die Gruppe auch, nachdem ich als Fahrer abkommandiert war. Seine sechs Raketen mussten ebenfalls mit ins Zelt, hochexplosive Geschosse. Ganz zum Schluss kam noch jemand auf die glorreiche Idee, Munition für den Granatwerfer in jedes Zelt einzulagern; Leuchtgranaten, Splittergranaten, Phosphorgranaten, was weiß ich. Im Prinzip war es ein gigantisches Munitionslager, und wir mittendrin.

Abends lag ich total erschöpft zwischen all dem Zeug auf meiner Pritsche. Ich glaubte, in der Ferne das Geräusch von Schüssen zu hören. Ein Feuerstoß aus einer Maschinenpistole vielleicht? Dann wurde in der Nähe eine Mörsergranate abgeschossen. Das dumpfe *Plopp!* war deutlich im Zelt zu vernehmen. Es war eine Leuchtgranate. Ich sah den gelben Schein am Himmel durch den Zelteingang.

Ich erinnere mich noch an meine letzten Gedanken vor dem Einschlafen: »Ob es hier wohl irgendwo WLAN gibt?« Und: »Ob wir unsere Uniformen bügeln müssen, bevor wir in den Krieg ziehen?«

Der erste Einsatz

Am nächsten Tag übernahmen wir die Fahrzeuge der französischen Soldaten, die wir hier ablösten. Es wäre zu aufwendig gewesen, mit jedem neuen Kontingent Truppen – wir sollten fünf Monate in Mali bleiben – auch die VAB auszutauschen und zwischen Frankreich und Afrika hin und her zu transportieren. Als Fahrer war ich bei der Übernahme dabei. Die Radpanzer trugen immer noch den dunkelgrünen Tarnanstrich, der für Europa gedacht ist. An einigen Stellen war er verschrammt, die Panzerglasfenster im Cockpit zeigten tiefe Kratzer. Man sah, dass die Fahrzeuge sehr intensiv genutzt worden waren. Unser Capitaine erledigte den notwendigen Papierkram.

Meinem Zug standen drei VAB und ein Lastwagen zur

Verfügung. Unser neuer Zugführer Adjudant Tibor – Coureur war versetzt worden – befahl uns, Munition, Wasser und Verpflegung einzuladen. Alles sollte für den ersten Einsatz bereit sein. Doch mein Beifahrer und MG-Schütze hatte ein Problem: Ein schweres Maschinengewehr vom Kaliber 12,7 Millimeter war auf dem Dach des VAB montiert. Es ließ sich nur elektronisch vom Beifahrersitz aus steuern. Crouton hatte dieses System noch nie zuvor gesehen. Der Belgier war erst vor ein paar Monaten in die Kompanie gekommen. Aber selbst wenn er schon länger dabei gewesen wäre, hätte ihm das nicht geholfen, denn die Radpanzer in Nîmes verfügten nicht über diese elektronisch gesteuerte Bewaffnung. Meilleur hatte ebenfalls null Ahnung – und die Schützen unserer Vorgänger waren bereits auf dem Rückflug nach Frankreich.

Ich beobachtete Crouton, wie er das System inspizierte, als würde er auf eine Eingebung hoffen, wie man das Hightech-Teil bediente. Im Cockpit waren ein Display und ein Joystick mit einigen Funktionstasten angebracht. Oben am MG befand sich eine Zieloptik. Man sah also im Display, worauf man zielte. So weit, so gut. Auf diese Weise ist der MG-Schütze im Inneren des VAB geschützt. An sich keine blöde Idee.

Den Lauf um 360 Grad schwenken, hoch, runter, links, rechts – das kriegte Crouton schnell hin. Aber die gefühlten hunderttausend Zusatzfunktionen, auf die ständig im Display hingewiesen wurde, blieben ihm ein absolutes Rätsel. Der Einzige weit und breit, der sich mit dem System auskannte, war unser Capitaine.

Er nahm sich die Zeit, Crouton einzuweisen. Nach etwa zwei Stunden Crashkurs wusste unser MG-Schütze dann, wie man mit der Optik Ziele heranzoomte, von Nachtsicht- auf Wärmebildfunktion umschaltete und das Warnsignal deutete, welches anzeigt, dass der Lauf bei Dauerfeuer zu überhitzen droht. So viel Technik und Schnickschnack – doch nachladen musste Crouton immer noch manuell. Das funktionierte nicht vollautomatisch. Wenn ein Gurt mit hundert Schuss verballert war, musste der Schütze die Luke zum Dach öffnen und einen neuen einlegen.

Während wir um die Fahrzeuge herumstanden, hoben zwei Kampfhubschrauber vom Flugplatz ab. Der Boden bestand fast überall aus Sand und etwas Geröll. Der Wind, den die Rotoren erzeugten, wirbelte eine riesige Staubwolke auf. Ich kniff die Augen zusammen.

»Tiger!«, rief jemand. Die Hubschrauber flogen im Tiefflug über unsere Köpfe. Ich konnte Raketen unter dem Rumpf und den Lauf der Bordkanone an der Spitze erkennen.

Wohin sie wohl flogen? Und wie es da draußen wohl aussah? Ich würde es bald mit eigenen Augen sehen. Die Legion verschwendet keine Zeit mit langen Vorbereitungen. Jeder von uns bekam eine neue Schutzweste und eine Pistole Marke Beretta als Backup-Waffe. Die ist für den Notfall gedacht. Wenn ich keine andere Möglichkeit mehr hätte – keine Munition mehr für das Famas zum Beispiel –, bliebe mir noch die Beretta, um mich zu verteidigen. Dann waren wir einsatzbereit.

Der erste Auftrag: Unser Zug sollte ein Team französischer Journalisten zu einem Krankenhaus in Gao eskortieren. Obwohl die Stadt offiziell von den Islamisten befreit worden war, kam es dort nach wie vor zu Anschlägen auf malische Soldaten und Polizisten. Unbewaffnete Weiße – wie dieses französische Fernsehteam – wären ebenfalls ein willkommenes Ziel für die Aufständischen. Daher stellte die Fremdenlegion einigen französischen Staatsmedien Begleitschutz. Ein paar Monate später wurden tatsächlich zwei französische Radiojournalisten in Kidal, einer Stadt weiter nördlich, entführt und ermordet.

Die Fernsehtypen fuhren in drei Zivilfahrzeugen, irgendwelchen gemieteten Schrottkisten, zwischen den VAB. Einige Legionäre bewachten in einer Sandsackstellung die Zufahrt zum Flughafen und zum Camp. Ein Maschinengewehr stand mit dem Lauf in Richtung Straße auf einem der Sandsäcke. Auf der Straße waren große, mit Sand und Geröll gefüllte Maschendrahtkörbe aufgestellt worden. Diese Barrieren standen versetzt zueinander und sollten verhindern, dass ein Auto in gerader Linie mit hoher Geschwindigkeit auf unsere Stellung zufahren konnte. Ich kurvte um die Hindernisse herum. Crouton klappte die rote Abdeckung an seinem Joystick zurück. Das MG war entsichert.

»Wir sind in Feindesland«, sagte ich. Mein Famas stand geladen in einer Halterung neben dem Fahrersitz.

»Schon strange, zum ersten Mal rauszufahren«, meinte Crouton. Er war jünger als ich. Seine Haare hatte er sich abrasiert und er trug eine Schutzbrille mit orangefarbenem Glas.

»Viel ist hier nicht los«, sagte ich.

Die Straße ging leicht bergab, es waren kaum Autos oder Fußgänger unterwegs. In der Senke vor uns lag Gao. Der Begriff Stadt ist nach europäischen Maßstäben allerdings nicht zutreffend: Gao ist eine Ansammlung von graubraunen Flachbauten. Das höchste Gebäude hat vielleicht zwei Stockwerke. Es ist vielmehr ein ausgedehntes, sehr großes Dorf. Hinter dem Ort erstreckte sich in der Ferne ein leuchtend grüner Streifen. Das war weit und breit der einzige Farbklecks in der Wüstenlandschaft: die Ufervegetation des Nigers, der an Gao vorbeifließt. Das ist der größte Fluss in Mali. Er fließt auch durch Bamako und macht einen Bogen von vielen hundert Kilometern durch das ganze Land und erstreckt sich bis zum gleichnamigen Staat Niger und weiter nach Nigeria.

An einem Kreisverkehr bogen wir auf eine andere Straße ab, auf der jede Menge Mopeds unterwegs waren. Auf manchen saßen zwei oder drei Leute, mit großen Bündeln als Gepäck. Ich schwitzte unter meinem Helm und der Weste. Ein VAB hat keine Klimaanlage, und die Fenster durften wir aus Sicherheitsgründen nicht öffnen.

»Mann, ist das hier versifft«, sagte ich zu Crouton. »Ich war schon mal im Senegal, aber hier ist es noch schlimmer.«

»Ich glaube, Gao war sogar mal Hauptstadt des Kalifats der Islamisten«, sagte er beiläufig, während er mit dem Waffensystem die Umgebung scannte. Ich sah, wie er die Fenster eines Hauses heranzoomte.

»Na, dann kann es ja nur scheiße sein«, lachte ich.

Wir bogen von der Asphaltstraße ab und fuhren zwischen einigen Gebäuden entlang. Alle waren von hohen Mauern aus rotbrauner Erde umschlossen. Man konnte nicht sehen, was im Inneren lag. Die Straße, auf der wir nun fuhren, bestand ebenfalls aus festgestampfter rotbrauner Erde. Das VAB schlingerte wegen der Unebenheiten von einer Seite zur anderen. Manchmal hingen Strom- oder Telefonleitungen so tief, dass ich fürchtete, sie würden sich in den Funkantennen auf dem Dach der Fahrzeuge verfangen. Zum Glück bogen sich die elastischen Antennen aber darunter hindurch. Vereinzelt traten Männer aus den Hauseingängen und schauten uns neugierig hinterher. Einige winkten sogar. Sie trugen weite Umhänge, die mehr wie Kleider aussahen. Bei der Affenhitze war das wahrscheinlich angenehmer als meine enge Uniform. Ich war schweißgebadet und spürte, wie mich der Sand unangenehm am Rücken kratzte.

Es hatte ein ausführliches Briefing vor dem Einsatz gegeben. Dabei hatte man uns eindringlich vor improvisierten Sprengfallen gewarnt. Diese selbstgebastelten Sprengkörper sind eine Hauptwaffe der Islamisten. Sie verstecken sie entlang der Straßen. Manchmal handelt es sich um Artilleriegranaten, die mit einem Zünder verbunden sind, der auf Berührung reagiert. Wenn jemand drauftritt oder drüberfährt: *kawumm!* Es gibt aber auch IEDs, »Improvised Explosive Devices«, die per Handy oder über einen elektrischen Draht gezündet werden. Und natürlich Autobomben oder Selbstmordattentäter, die mit einem mit Sprengstoff vollgepackten Auto irgendwo reinfahren. Ich hatte gehört, dass ein ganzer Checkpoint der Malier auf diese Weise ausgelöscht worden war: Außer einem tiefen Krater in der Straße blieb nichts übrig …

Daran musste ich denken, während unser kleiner Konvoi durch die Gassen von Gao kurvte. So ein VAB ist nur schwach gepanzert, längst nicht so stark wie ein Kampfpanzer. Die meisten Kugeln prallen zwar daran ab, aber alles andere könnte blöd rauslaufen. Bei einer Autobombe hätten wir absolut keine Chance.

Zur Sicherheit sperrten wir die gesamte Straße vor dem Krankenhaus ab; zwei VAB stellten sich quer zur Fahrbahn. Die Legionäre stiegen aus, stellten sich mit ihren Gewehren auf die Straße. Dieses Vorgehen nennt sich »Show of Force« und soll potentielle Angreifer abschrecken. Ich hielt gegenüber vom Eingang. Meine Gruppe stieg aus, und die Jungs verteilten sich entlang der Straße. Sergent Meilleur ging mit seinem Famas in der Hand von einem zum anderen.

Das Gebäude, vor dem wir standen, hatte auch schon bessere Tage gesehen. Die hellgrüne Farbe blätterte von der Fassade ab, zwischen den glaslosen Fenstern sah ich unzählige Einschusslöcher. Ein ausgebranntes Autowrack lag vor der Mauer, die das Gelände von der Straße trennte.

Das Fernsehteam parkte auf der gegenüberliegenden Straßenseite. Vor der Abfahrt hatte ich mitgekriegt, dass sie kugelsichere Westen von uns geliehen bekommen hatten. Sollte es einen Zwischenfall geben, hätten sie wenigstens einen gewissen Schutz. Für die Legionäre war es Vorschrift, das Camp nur mit angelegten Schutzwesten zu verlassen.

Die Journalisten stiegen aus ihren Wagen – und zogen die Dinger erst einmal in aller Ruhe aus. Na, wenn sie meinten … Fernsehkameras wurden geschultert, Wasserflaschen herumgereicht und anschließend betraten sie mit einigen Soldaten und einem Offizier, den ich nicht kannte, das Krankenhaus.

Fahrer und Maschinengewehrschützen müssen in einem solchen Fall im Fahrzeug bleiben. Crouton bediente weiter das MG und beobachtete die Umgebung. Schon nach wenigen Minuten war es glühend heiß bei uns im Cockpit. Die Sonne knallte durch die Panzerglasscheiben. Blöderweise lief ab und zu der Motor, denn ohne den Motor von Zeit zu Zeit anzuwerfen, funktioniert im VAB nichts mehr, auch nicht die Hydraulik des Maschinengewehrs. Außerdem: Sollte etwas Unvorhergesehenes passieren, mussten wir sofort einsatzbereit sein. Da kann man nicht noch erst die Systeme hochfahren. In meinem Rücken, hinter einer Panzerplatte, befand sich ein Teil des Motors oder des Getriebes. Was weiß ich, bin ja kein Automechaniker. Jedenfalls heizte das die Luft im Cockpit noch weiter auf. Ich schwitzte wie ein Tier.

»Crouton, wir werden hier drin noch gebraten«, beschwerte ich mich und nahm einen Schluck Wasser, den ich wahrscheinlich in dem Moment schon wieder ausschwitzte.

»Scheiße, ja. Hier hat's bestimmt schon sechzig Grad!«

Wir saßen da in voller Montur, mitsamt Helm auf dem Kopf. Um mich abzulenken, schaute ich mir die neue kugelsichere Weste genauer an. Es war ein amerikanisches Modell, sandfarben. Sie war viel leichter als unsere alte Schutzweste. An Brust und Rücken war jeweils eine keramische Platte angebracht. Die hielt angeblich drei direkten Treffern vom Kaliber 7,62, also zum Beispiel Kalaschnikow, stand. Danach würde wohl die Keramik splittern. Die Seiten sind ebenfalls durch zwei kleinere Platten geschützt. Zwei gepolsterte Gurte halten sie auf den Schultern. Damit hatte ich mehr Bewegungsfreiheit als mit der alten Weste, die über und über mit Lagen aus Kevlar verstärkt gewesen war.

Auf der Vorderseite war in einem Holster die Beretta angebracht. Ich konnte sie, wenn nötig, sofort ziehen. Darunter hingen Taschen mit sechs Magazinen für das Famas und zwei für die Pistole, eine Rauch- und eine Splittergranate. An meiner Seite trug ich einen Medic-Beutel mit medizinischer Notfallausrüstung. Jeder hatte am linken Schulterpolster noch sichtbar einen Tourniquet angelegt, um im Notfall schnell die Extremitäten abzubinden. Mit dem ganzen Zeug konnte ich es mir natürlich im Fahrersitz des VAB nicht sonderlich bequem machen.

Je mehr Zeit verstrich, desto mehr litt ich unter der Hitze.

Ich nahm meinen Helm ab und goss mir den Inhalt einer vollen Wasserflasche über den Kopf.

»Und?«, fragte Crouton, »bringt's was?«

»Nee, fühlt sich so an, als würde es gleich verdampfen.«

Die Flüssigkeit lief an meinem Rücken nach unten. Abkühlung hatte die Aktion nicht gebracht. Ich saß im Nassen, aber mir war immer noch heiß. Ich griff nach dem Hebel, mit dem sich die Seitenscheibe der Fahrertür öffnen lässt, und schob das dicke Panzerglas ein Stück zur Seite. Durch den geöffneten Spalt kam wenigstens ein bisschen frische Luft herein. Draußen stand Meilleur auf der Straße. Er schaute mich an.

»Mahler, mach sofort das Fenster zu!«, rief er. Klar, im Falle einer Explosion könnten die Druckwelle oder Splitter ins Cockpit gelangen. Darum war es Vorschrift, die Scheiben geschlossen zu halten.

»Sergent, wir krepieren hier drin!«, rief ich zurück.

»Verdammt noch mal, Fenster zu!«

Ich wusste, dass Meilleur es nicht böse meinte. Er wollte einfach nur auf Nummer sicher gehen. Also schloss ich das Fenster wieder.

Insgesamt hingen wir geschlagene drei Stunden vor der Klinik herum. Irgendwann kamen Crouton und ich auf die Idee, uns die Tücher – die wir zum Schutz gegen die Sonne dabeihatten – um den Kopf zu wickeln und mit Wasser zu tränken. Darauf setzten wir dann wieder unsere Helme. Das Wasser verdunstete schnell, aber es kühlte auch ein wenig. Den Trick wandte ich später in Mali noch oft an.

Nachdem die Fernsehleute fertig waren, verließen wir Gao – allerdings auf einem anderen Weg als bei der Hinfahrt. Das ist die Standardvorgehensweise. Niemand sollte es leicht haben, unsere Routen vorherzusehen und womöglich einen Sprengsatz an der Strecke zu platzieren.

Im Camp riss ich mir sofort die Schutzweste herunter und brachte meine Ausrüstung ins Zelt. Alle waren erleichtert darüber, dass unser erster Einsatz gut gelaufen war. Viel war nicht geschehen, aber zumindest hatte man ein Gefühl für die Umgebung und das Klima bekommen.

Im Gegensatz zu den anderen hatte ich als Fahrer jetzt noch ordentlich zu tun. Das fand ich so richtig zum Kotzen an dem Job, denn nach jeder Mission musste das Fahrzeug gereinigt und gewartet werden.

Ich tigerte also zurück zum VAB. Zuerst musste die schwere und unhandliche Platte vom Motor abmontiert werden, dann erst konnte ich den Ölstand und was es sonst noch so gab kontrollieren. Anschließend machte ich mich daran, den Innenraum vom Sand zu reinigen. Besonders im hinteren Compartement war alles eingestaubt. Im VAB gibt es einen Kompressor, an den ein Luftschlauch angeschlossen ist. Ich warf das Ding an und pustete damit den Sand aus dem Fahrzeug. Zuletzt zurrte ich noch eine Plane über das MG auf dem Dach. Fertig für heute – dachte ich zumindest. Aber nein, der Sergent befahl mir noch die fünf Kästen mit Maschinengewehrmunition und die Eryx-Raketen zurück ins Zelt zu bringen. Sie könnten sonst geklaut werden. Wer zum Teufel sollte die denn in einem streng bewachten Militärcamp stehlen, fragte ich mich. So ein Kasten MG-Munition mit hundert Schuss wiegt rund 20 Kilo. Vom Parkplatz für unsere Fahrzeuge bis zum Zelt waren es 300 Meter. Es dauerte eine ganze Weile, bis ich zusammen mit dem Bordschützen alles zu Fuß hinübergeschafft hatte. Dann mussten wir erst unser Zelt wieder aufmachen, das ja immer verschlossen wegen der vielen Sandstürme war. Nach einem solchen Sandsturm sah das Zelt auch ziemlich verwüstet aus und musste erst einmal geputzt werden, bevor wir unsere Sachen einlagern konnten.

Das war jetzt aber definitiv die letzte Amtshandlung für diesen Tag. Ich hatte einen Mordshunger. In der Anfangszeit gab es noch keine Küche in Gao, wir lebten von den Gefechtsrationen. Ich wollte gerade eine Packung aufmachen, als Meilleur mir mitteilte: »Der Tankwagen kommt in fünfzehn Minuten zu den Fahrzeugen.«

Und wieder musste ich rüber und zusehen, dass unser VAB für den nächsten Einsatz startklar war. Wie ich diesen Scheiß-Fahrerjob hasste!

Mon frère

Mein Magen krampfte sich schmerzhaft zusammen, und das Rumoren im Darm trieb mich in immer kürzer werdenden Abständen zu den Latrinen. Mit zusammengebissenen Zähnen schleppte ich mich durch das Camp. Andere Leidensgenossen – das sah ich an ihren verkniffenen Gesichtern – strebten in die gleiche Richtung. Bereits nach zwei Tagen litten siebzig Prozent der Kompanie an Durchfall, mussten aber weiterhin Dienst tun. Darmkrankheiten sind bei der Fremdenlegion definitiv keine ausreichende Entschuldigung. Unser Zelt bot einen verheerenden Anblick: Die Jungs lagen stöhnend auf den Betten, und mir ging es ebenfalls richtig dreckig.

Am liebsten wäre ich gleich in der Nähe der Toiletten geblieben, um nicht alle paar Minuten im Eiltempo rüberlaufen zu müssen, doch der Gestank dort war unerträglich. Je näher man kam, desto beißender wurde der Geruch. Für etwa siebenhundert Soldaten im Camp gab es nur acht Latrinen, und den Namen »sanitäre Einrichtung« verdienten diese behelfsmäßigen Plumpsklos nicht einmal ansatzweise. Das waren nichts weiter als ausgehobene Löcher, über denen ein Balken lag. Drum herum ein Sperrholzverschlag, etwa einen Meter hoch, damit man wenigstens ein Minimum an Privatsphäre hatte. Ich will nicht weiter in die Details gehen, aber es war kein Wunder, dass bei der Hitze und den unterirdischen hygienischen Verhältnissen vor Ort schnell Darmkrankheiten ausbrachen.

Der Wassermangel verschlimmerte die Lage weiter. Das in Flaschen abgefüllte Trinkwasser wurde aus Gao herangekarrt und war knapp bemessen: neun Liter pro Mann und Tag. Das Wasser zum Duschen und Waschen – die Duschen befanden sich in einem ähnlich rudimentären Zustand wie die Toiletten – wurde wiederaufbereitet. Auf Schildern wurde explizit davor gewarnt, sich damit die Zähne zu putzen oder es zu trinken. Doch auch dieses Wasser war knapp, und trotzdem mussten wir uns weiterhin täglich rasieren. So ist das eben bei der Fremdenlegion: Rasieren steht jeden Tag an – ganz egal wo.

Es steht sogar im Ehrenkodex, dass stets auf die äußere Erscheinung geachtet werden muss: »Deinen Status als Fremdenlegionär zeigst du durch tadelloses, immer elegantes Äußeres.« Das gilt für die Bügelfalten der Uniform genauso wie für das tägliche Rasieren. Der Gedanke dahinter ist, dass durch das tadellose Äußere auch eine strenge Disziplin gewahrt bleibt. Man bewegt sich mit größerem Stolz, wenn alles tipptopp aussieht. Auch dann, wenn alles um einen herum den Bach runtergeht.

Manche meiner Kameraden hatte der Durchfall so schlimm erwischt, dass sie ins Sanitätszelt verlegt werden mussten. Der Organismus verliert eine Menge Flüssigkeit, und irgendwann macht der Kreislauf schlapp. Bei mir ging es gerade noch. Es war unangenehm, aber ich kämpfte mich durch. Ich kannte noch ein Notfall-Rezept aus meiner Bundeswehrzeit: Hartkekse und Schokolade aus den Gefechtsrationen. Bei solch einer radikalen Diät musste die Verdauung einfach zum Stillstand kommen.

Unsere Vorgesetzten erkannten schnell, dass es so nicht mehr weitergehen konnte. Die Kompanie und die anderen Einheiten wären bald nicht mehr einsatzfähig. Also begannen die Pioniere der Fremdenlegion – sie waren ebenfalls im Lager stationiert –, mehr und bessere Duschen und Latrinen zu bauen.

Während der ersten Tage in Gao machte ich mich auf die Suche nach einem Internetzugang. Ich hatte mein iPhone mitgenommen und durchstreifte unauffällig das Lager in der unbegründeten Hoffnung, auf ein funktionsfähiges, offenes WLAN-Netz zu stoßen. Es gab einen besonderen Grund, weshalb ich mit der Welt außerhalb des Lagers in Kontakt treten wollte: Drei Tage vor meiner Abreise nach Mali hatte ich auf Facebook ein tolles Mädchen kennengelernt. Anna hieß sie. Wir hatten gechattet, und das, was ich von ihr las, war mir auf Anhieb sympathisch. Außerdem sah sie auf den Fotos, die sie gepostet hatte, phantastisch aus: lange dunkle Haare, große braune Augen und ein sehr anziehendes Lächeln. Anna hatte mir geschrieben, dass sie in ihrer Freizeit viel Sport treiben würde. Ansonsten arbeitet sie in Landshut.

Meinen »Beruf« als Fremdenlegionär in Frankreich hatte ich ihr natürlich nicht verschwiegen. Allerdings konnte sie damit erst einmal nicht viel anfangen. Ich wollte nicht, dass Anna einen falschen Eindruck von mir bekam. Ich würde ihr von der Fremdenlegion erzählen, wenn ich mehr Zeit hatte.

»Jetzt muss ich erst einmal nach Mali und dort gegen Islamisten kämpfen«, schrieb ich ihr zuletzt.

»Wann genau?«, wollte Anna wissen.

»Morgen«, antwortete ich. Ich wette, da hat sie ganz schön geschluckt.

»Und wie lange?«, fragte sie weiter.

»Ein paar Monate.«

Sie gab mir ihre Telefonnummer und sagte, ich solle auf mich aufpassen.

Jetzt hätte ich mich doch ganz gern einmal bei ihr gemeldet. Ich dachte oft an sie und malte mir aus, wie wohl ihre Stimme klang.

Ich fragte daher einen französischen Soldaten, ob man hier irgendwo E-Mails checken oder telefonieren könne. Er war so braungebrannt, dass ich davon ausging, dass er schon eine ganze Weile im Camp war.

»Ja«, sagte er, »die malischen Soldaten verkaufen Telefonkarten.«

Eine Einheit der malischen Armee kampierte in den zerschossenen Ruinen, die ich bei meiner Ankunft gesehen hatte. »Telefonkarten, ohne Scheiß?«, fragte ich ungläubig. »Gehen denn Handys in dieser Einöde?«

»Oui, in Gao zumindest. Da gibt es ein Mobilfunknetz. Mali Telemobil oder so«, erklärte er mir.

»Und das ist nicht von den Islamisten zerstört worden?«

»Komischerweise nicht ...«

Ich bedankte mich und stattete den Maliern einen Besuch ab. Sie hatten sozusagen ihr eigenes kleines Camp innerhalb des Camps. Es war leicht, mit ihnen ins Geschäft zu kommen. In Mali ist Französisch immer noch die Amtssprache. Mittlerweile hatte ich das ja ganz gut drauf. Sehr soldatisch sahen sie nicht aus, sondern mehr wie eine Miliz. Sie hatten keine einheitlichen Uniformen und einige der Jungs trugen nicht einmal Schuhe, sondern liefen in Flip-Flops herum. Sie lebten hier in Zelten, so wie wir. Diese hatten sie zwischen den Ruinen aufgebaut – wahrscheinlich war das mal ein Flughafengebäude gewesen, jetzt standen nur noch einige Mauerreste.

»Mon frère, was brauchst du?«, begrüßte mich einer von ihnen überschwänglich. Er war schwarz wie die Nacht, trug ein Muscle-Shirt und eine grüne Uniformhose. »Cigarettes? Coca-Cola? Euro no problem!«

Zwischen den Zelten sah es aus wie in einem Warenlager: Getränkekisten, Kartons mit Zigaretten und sogar originalverpackte chinesische Elektrogeräte standen dort herum, dazwischen lagen oder standen die Waffen der Soldaten. Es herrschte ein ständiges Kommen und Gehen. Zwei Malier fuhren gerade mit einem knatternden Moped davon, einer der beiden hatte eine Kalaschnikow-Maschinenpistole auf dem Rücken hängen. Ich kaufte mir für 15 Euro eine Telefonkarte und eine Cola – leider warm. In meinem Magen begann es heftig zu rumoren, als ich sie trank.

Der Malier meinte: »Internet no problem«, und dass ich sechzig Minuten Guthaben auf der Karte hätte. Allerdings gebe es in Gao nicht immer Strom – und ohne den funktioniere keine Telefonverbindung.

Ich legte die Karte in mein Handy. Es tat sich nichts. Ich nahm mir vor, es später wieder zu versuchen.

Durch den Sand stapfte ich zurück zu meinem Zelt.

»Mahler, da bist du ja«, begrüßte mich Sergent Meilleur. »Mach das Auto startklar.« Er sagte witzigerweise immer »Auto« statt VAB oder Panzer. »Morgen um nullfünfhundert geht es los. Wir haben eine Mission, bei der wir ein paar Tage lang draußen sein werden!«

Brückenarbeiten

Unser neuer Auftrag lautete, die Pioniere des 1er Régiment étranger de génie, kurz 1er REG, beim Reparieren einer Brücke an der Nationalstraße zu sichern. Die ganze Kompanie sollte rausfahren.

In der Fremdenlegion gibt es zwei Pionierregimenter. Einfach gesagt, haben die Pioniere die Aufgabe, der Infanterie beim Überwinden von Hindernissen zu helfen – was alles vom Minenfeld bis zum Gebirgspass sein kann. Außerdem bauen sie Feldlager auf, sind Sprengstoffspezialisten, räumen Minen und zerstören im Ernstfall gezielt die Infrastruktur des Gegners. Wenn es sein muss, arbeiten die Pioniere sogar unter Wasser.

Das 2er REG ist auf den Einsatz im Gebirge spezialisiert. Es wurde erst 1999 gegründet und ist das jüngste Regiment in der gesamten Fremdenlegion.

Der Ort, an dem wir die Pioniere des 1er REG treffen sollten, lag etwa zwölf Stunden von Gao entfernt.

In Mali haben wir nie gesagt: »Das ist 200 Kilometer entfernt«, sondern »Es sind 15 Stunden Fahrt bis dorthin«. Mit einer Kilometerangabe hätte kein Mensch etwas anfangen können, total irrelevant. Wie viel Zeit man für die Strecke brauchte, war ausschlaggebend, denn es gab nur wenige befahrbare Straßen in der Gegend. Durch Gao führt eine Nationalstraße, und in der Nähe liegen einige Pisten, die in Richtung Norden zur algerischen Grenze führen. Die Nationalstraße sieht bestenfalls so aus wie bei uns eine gewöhnliche Landstraße. Sie ist asphaltiert und eine Spur führt in jede Richtung. Um auch in abgelegene Gebiete zu gelangen, fuhren wir oft querfeldein durch die Wüste, was dann natürlich mehr Zeit kostete.

Am Abend vor der geplanten Abfahrt wurden sämtliche VAB mit Wasser und Gefechtsrationen beladen. Kurz bevor wir abfuhren, kam noch die Munition dazu. Wir nutzten jeden Zentimeter im Inneren der Fahrzeuge, um den ganzen Kram unterzubringen. Am Ende bauten wir aus dem Drahtgeflecht, aus dem auch die Barrieren angefertigt worden waren, große Körbe. Diese befestigten wird auf den Dächern der VAB und beluden sie ebenfalls mit Wasserflaschen und anderen Dingen. Jeder nahm seinen Schlafsack, die Isomatte und zusätzliche Ausrüstung in einem 35-Liter-Rucksack mit. Es hieß, wir würden mehrere Tage lang fort sein.

Während der Fahrt saß Crouton neben mir. Er fühlte sich nicht ganz wohl. Viele von den Jungs litten immer noch unter den Folgen der Durchfallepidemie, waren aber auf dem Weg der Besserung. In dem Zustand ist eine zwölfstündige Fahrt in einem VAB dennoch kein Vergnügen. Zähne zusammenbeißen und so wenig essen und trinken wie möglich – das ist alles, was man tun kann, wenn man in einem Panzer sitzt und Durchfall hat. Komischerweise hatten wir keinerlei wirksame Medikamente dagegen. Ich hatte dem Sanitäter mein Leid geklagt, und er gab mir zwei Paracetamol. Imodium und Ähnliches waren entweder bereits aufgebraucht, oder kein Mensch hatte daran gedacht, so etwas mitzunehmen.

Den ganzen Tag über fuhren wir durch ebenes Gelände. Es war unsagbar eintönig. Mittags machten wir eine Pause am

Straßenrand. Wir waren nun schon seit sieben Stunden un-unterbrochen unterwegs. Wer wollte, konnte eine Gefechts-ration essen. Es waren kaum andere Fahrzeuge auf der Straße.

Kurz vor Sonnenuntergang erreichten wir die Brücke. Sie überspannte eine Senke, auf deren Grund scharfkantige Felsen und Geröll lagen. Die Fahrbahn der Brücke – eine Spur in jede Richtung – befand sich 2 bis 3 Meter über dem Boden. Etwa alle 10 Meter waren Pfeiler angebracht. Auf einer Seite waren einer der Pfeiler und Teile der Fahrbahn zerstört. Ein ver-bogener Eisenträger ragte in die Höhe. Es sah so aus, als wäre die Brücke bei Kampfhandlungen oder bei einem Sprengstoff-anschlag beschädigt worden. Während ich versuchte, einen Platz zu finden, an dem ich unser »Auto« parken konnte, sah ich mich um: Die Pioniere waren mit ihren eigenen Fahrzeu-gen da. An der gegenüberliegenden Seite der Brücke standen ebenfalls Panzerwagen.

»Mahler, fahr zu dem Baum da drüben!«, verlangte Meil-leur, der in der geöffneten Luke im Heck stand.

Nach der langen Fahrt lief mir der Schweiß in Strömen über das Gesicht. Ich wollte nur noch raus aus diesem Schwitzkas-ten. Was sollten denn jetzt diese Extrawünsche?

»Nee, näher ran, Mahler. Park dicht daneben«, korrigierte mich der Sergent über die Bordsprechanlage. Wieso wollte er denn unbedingt zu dem Baum? Es begann doch schon zu dämmern. In Mali wird es extrem schnell dunkel. Vielleicht zwanzig, dreißig Minuten Dämmerung bis zum Einbruch der Dunkelheit. Mal ganz davon abgesehen: Als Schutz gegen die knallharte Sonne und als Schattenspender hatten wir Zelt-planen, die wir an den Seiten der VAB aufspannen konnten.

Hier gab es nur eine spärliche Vegetation: einige Gras-büschel, Büsche – und eben den besagten Baum, auf den ich zuhielt.

»Noch näher … ja … Gut so. Stopp!« Meilleur war offen-sichtlich zufrieden mit der endgültigen Parkposition unseres »Autos«. Endlich durften wir alle aussteigen.

Alle VAB wurden so abgestellt, dass wir mit den Bordkanonen und Maschinengewehren in alle Richtungen freies Schussfeld hatten. Vor den Auffahrten zur Brücke wurden mit Nato-Draht – im Gegensatz zu herkömmlichem Stacheldraht hat die Nato-Version Zacken, die einem Rasiermesser ähneln – zwei Checkpoints errichtet, schließlich ging es um eine Rundumsicherung für die Pioniere. Diese waren froh, uns zu sehen. Natürlich waren auch sie schwer bewaffnet, und alle, die nicht mit den Arbeiten an der Brücke beschäftigt waren, kontrollierten das Gelände. Immerhin waren sie voll ausgebildete Fremdenlegionäre und nicht irgendwelche Handwerker.

Kurz zuvor war es der Legion und der französischen Armee relativ zügig gelungen, die Islamisten aus den Städten Gao, Timbuktu und Kidal zu vertreiben. Im Grunde war es eine Frage weniger Wochen gewesen. Allerdings hatte es dabei auf Seiten des Gegners relativ wenig Verluste gegeben. Das Problem: Die Mehrheit der Islamisten hatte sich in die Wüste zurückgezogen. Niemand wusste genau, wo sie abgeblieben waren. Gelegentlich griffen sie einen Konvoi oder einen Außenposten der Malier an, platzierten eine Sprengfalle an einer der Straßen und ähnliche Dinge. Die Franzosen bemühten sich, sie mit Hubschraubern und Patrouillen aufzuspüren. Wir mussten also extrem vorsichtig sein.

Ich hatte jedenfalls nicht das Gefühl, dass ich mich hier draußen sorglos und frei bewegen konnte.

Ich rollte meine Isomatte in der Nähe unseres VAB aus, wir schliefen alle im Freien. Ich legte mein Famas in Reichweite neben mich. Mittlerweile war es stockdunkel. Am Himmel standen wieder mal eine Million Sterne. Das kannte ich zwar schon aus dem Senegal und aus Abu Dhabi, aber trotzdem: Es ist immer wieder ein atemberaubender Anblick.

Um mich herum sah ich, wie sich meine Kameraden im roten Lichtschein ihrer Lampen auf die Nacht vorbereiteten. Helles, weißes Licht ist in so einer Situation verboten, weil es bereits aus großer Entfernung zu sehen ist. Da könnte man auch eine Leuchtrakete abschießen, um allen in der Umgebung seinen Standort zu verraten. Die Taschenlampen für den militärischen Gebrauch haben deshalb einen Rotfilter, der die Helligkeit dämpft. Rotes Licht ist weniger kontrastreich und strahlt nicht so weit ab.

Als ich Meilleur eine Hängematte aus seinem Rucksack kramen sah, wurde mir klar, warum er mich mit der Parkerei vorhin so genervt hatte: Er befestigte sie zwischen dem VAB und dem einzigen Baum weit und breit. So musste er nicht auf der Erde schlafen. Cleverer Drecksack, dachte ich grinsend.

Toiletten gab es hier natürlich nicht, man nahm eben die große Sandkiste namens Wüste. Einfach geradeaus ein Stück vom Lager weggehen, und man hatte Platz, soviel man wollte. Unbeobachtet konnte man sich allerdings nicht fühlen, wenn man dort sein Geschäft verrichtete, denn überall waren Wachen postiert, die mit ihren Nachtsichtgeräten auch im Dunkeln sehen konnten.

Wir wechselten uns mit dem Wachdienst ab, daher hieß es ab jetzt: vier Stunden schlafen und anschließend zwei Stunden Wache schieben. Kurz nach Mitternacht war ich an der Reihe. Ich hatte schon bei Einbruch der Dunkelheit das Nachtsichtvisier auf mein Famas montiert und bezog meine Position zwischen zwei Fahrzeugen. Bis auf das Brummen eines Generators, den die Pioniere dabeihatten, war es absolut still. Die einzige Bewegung, die ich während meiner Wache bemerkte, war einer meiner Kameraden, der wie von der Tarantel gestochen aufsprang, ein Stück in die Wüste rannte, sich hinhockte und zusammenkrümmte. Der Arme hatte wohl noch Magen-Darm-Probleme.

Wir blieben tagelang an der Brücke. Tagsüber werkelten die Pioniere daran herum, wir schoben rund um die Uhr Wache. Ab und zu tauchte ein Auto oder ein Lastwagen auf der Straße auf, doch alle Fahrzeuge wurden an einem der beiden Checkpoints frühzeitig gestoppt. Ich hatte dabei ehrlich gesagt immer ein mulmiges Gefühl. Was, wenn eine der Schrottkisten bis obenhin mit Sprengstoff vollgepackt war und der Fahrer nur darauf wartete, sich inmitten einer Gruppe ausländischer Soldaten in die Luft zu jagen?

Ich erinnere mich noch gut daran, wie nervenaufreibend es war, wenn ein Zivilfahrzeug dort auf mich zurollte. Ich gab immer sehr früh Handzeichen, dass der Fahrer langsam – am besten im Schritttempo – auf den Kontrollpunkt zufahren solle. Wenn er nicht schnell genug reagierte, hob ich mein Famas und bewegte eine Hand rauf und runter. »Fuß vom Gas!«, das verstanden die meisten.

Währenddessen standen meine Kameraden mit schussbereiten Waffen am Straßenrand. Hinter ihnen ein VAB, von dem aus der MG-Schütze das Geschehen am Checkpoint ebenfalls im Auge behielt.

Sobald der Fahrer angehalten hatte, gab ich ihm ein Zeichen, den Motor auszustellen. Er sollte das Fahrzeug verlassen und den Kofferraum öffnen. Meistens reisten mehrere Personen gemeinsam. Sie mussten sich alle am Straßenrand aufstellen, während ich das Fahrzeuginnere nach Waffen und Sprengstoff durchsuchte. Da es sich durchaus auch um Selbstmordattentäter mit einem Sprengstoffgürtel handeln konnte, wurden diejenigen, die weite Gewänder trugen, zusätzlich gefilzt.

Probleme gab es bei den Kontrollen eher selten. Fast alle Malier, mit denen wir an der Brücke zu tun hatten, schienen froh über unsere Anwesenheit zu sein. Wenn sie die Trikolore auf den Uniformen sahen, hoben sie den Daumen und manche sagten: »Merci France.« Ich weiß nicht, wie ehrlich das gemeint war. Vielleicht sagten sie ja zu den Islamisten etwas Ähnliches – je nachdem, mit wem sie es gerade zu tun hatten. Wäre nachvollziehbar, wenn es um Leben und Tod geht.

Mangos und Gefechtsrationen

Eines Tages rollte ein Konvoi nigerianischer Soldaten auf die Brücke zu. Nigeria war einer der afrikanischen Staaten, die Truppen nach Mali geschickt hatten, um dort gegen die Islamisten zu kämpfen. Wir standen offiziell in diesem Krieg auf der gleichen Seite. Ich kann den Wert der nigerianischen Verbündeten schlecht einschätzen, denn ich habe sie nie im Einsatz erlebt. Die Nigerianer trugen grün gefleckte Tarnuniformen, die besser in einen Dschungel als in die Wüste passten. Insgesamt waren es etwa zweihundert Mann, die mit einem Dutzend alter Militärlastwagen unterwegs waren. Die Lastwagen waren außer mit den Soldaten noch mit einer ganzen Menge anderem Zeug beladen. Ich entdeckte sogar einen ziemlich großen Flachbildfernseher und einen Kühlschrank! Die Nigerianer legten bei uns eine kleine Pause ein. Ihre Offiziere quatschten mit unseren Offizieren, wir mit den Soldaten. Sie sprachen ganz gut Englisch.

»Was esst ihr denn so?«, fragte ich einen von ihnen. Ich war wirklich neugierig. Wir hatten nichts als die Gefechtsrationen, und die hingen mir jetzt schon zum Hals raus. Ich hatte sogar mal irgendwo gelesen, dass man das Zeug maximal vier Wochen lang essen sollte, danach ginge es zulasten der Gesundheit. Ich sehnte mich nach etwas mit richtigem Geschmack, am besten gesund.

»Ach, so dies und das«, antwortete einer der Nigerianer. Dabei spielte er mit einem schwarz glänzenden M-16-Schnellfeuergewehr herum. »Wir kaufen Vorräte auf den Märkten.«

Jetzt war ich verblüfft, denn ich hatte in Mali noch keinen einzigen Markt gesehen. Aber klar, das waren auch Afrikaner, die wussten einfach besser, wo die lokalen Märkte versteckt waren. Plötzlich kam mir eine Idee: »He, wollt ihr uns nicht was von eurem Zeug verkaufen?«

Der Nigerianer tuschelte mit einem anderen: »Euro? Dollar?«

»Euro«, sagte ich.

»No problem.«

Sie zeigten uns, was sie im Angebot hatten. Dem Fleisch – keine Ahnung, was genau es war – traute ich nicht über den Weg. Den Konserven mit den chinesischen Schriftzeichen ebenso wenig. Da konnte ich ja gleich bei meinen faden Gefechtsrationen bleiben. Am Ende kaufte mein Zug einen ganzen Sack voll Mangos. Die haben eine Schale – sind also hygienisch verpackt – und sie sahen richtig lecker aus. In dem großen Sack waren bestimmt so siebzig bis achtzig Stück. Dafür bezahlten wir den Nigerianern schlappe 5 Euro.

Die Früchte schmeckten einfach phantastisch, und sie waren – neben der Malariatablette zweimal täglich – die einzige Abwechslung von der Gefechtsration. Es war ein unbeschreibliches Gefühl, wieder mal etwas Frisches zu essen! Mein Körper schrie nach Vitaminen. Zu Hause geht man in den Supermarkt und nimmt sich, worauf man Lust hat. Hier draußen in dieser trockenen Einöde war frisches Obst ungefähr so kostbar und selten wie Gold. So habe ich es jedenfalls empfunden. Die Mango war unglaublich lecker – reif und süß – und ich schlug meine Zähne bis zum Anschlag in das saftige Fruchtfleisch.

Notfall

Gut übrigens, dass wir mit Malariatabletten versorgt waren, denn es surrten überall unzählige Moskitos durch die Luft – kleine, stechwütige Mistviecher. Vor allem in der Dämmerung attackierten sie mich sofort.

Neben dem knapp bemessenen Trinkwasser hatten wir auch noch etwa hundert Liter Wasser pro Zug zum Waschen aus dem Camp mitgenommen. Jeder der dreißig Mann hatte alle paar Tage zwei Liter zur Verfügung. Das brachte nicht viel. Stattdessen »wusch« ich mich mit Feuchttüchern. Ich hatte mehrere Packungen aus Frankreich mitgebracht. Den Tipp hatten mir die Legionäre gegeben, die in Afghanistan gewesen waren. Schon nach wenigen Tagen war meine Uniform so von Sand und Schweiß überzogen, dass sich der Farbton des Stoffs noch mehr dem der Wüste angenähert hatte. Sauberer als wir war jedenfalls unsere Ausrüstung: Jeden Abend reinigten wir als Erstes die Waffen und Magazine. Das musste sein, denn der Sand lagerte sich überall ein. Nach der heutigen Putzaktion legte ich mich auf meine Isomatte in den Sand und schlief sofort ein.

Mitten in der Nacht wachte ich plötzlich auf, weil jemand wie am Spieß schrie. Zuerst war ich ganz benommen, aber dann hörte ich einzelne französische Wörter. Sie ergaben keinen Sinn. Automatisch griff ich nach meinem Famas und setzte mich auf. Um mich herum bewegten sich meine Kameraden, irgendjemand rief nach dem Sanitäter. Ich zog meine Stiefel an und ging in Richtung der Geräusche. Meilleur rollte fluchend aus seiner Hängematte.

Hinter einem der Fahrzeuge lag einer meiner Kameraden auf dem Rücken. Er brabbelte irgendetwas Unverständliches. Der Sanitäter war schon da und leuchtete ihm ins Gesicht, fühlte seinen Puls. Der Legionär war Kanadier oder Franzose, so genau wusste man das nicht, jedenfalls war er schon eine ganze Weile im Zug. Der Sanitäter kramte hektisch etwas aus seinem Rucksack hervor. Meilleur fragte, was los sei.

»Der Mann ist total dehydriert. Er phantasiert schon«, sagte der Sanitäter.

Der Kanadier verdrehte die Augen so sehr, dass fast nur noch das Weiße darin zu sehen war. Er brabbelte weiter ununterbrochen. Der Sanitäter hob eine Infusionsflasche in die Höhe. »Hier, halt das mal so«, sagte er zu einem Legionär, der neben ihm stand, und stach dem Kanadier dann eine Nadel, mit dem Schlauch der Infusion daran, in den Arm. Terenk schob dem Kranken derweil einen zusammengerollten Schlafsack unter den Kopf.

»Das ist ernst«, sagte der Sanitäter zu Meilleur. »Er ist total dehydriert. Ich kann hier nichts weiter für ihn tun. Er muss sofort ins Lazarett.«

»So schlimm?«, wollte Meilleur wissen.

»Ja, wahrscheinlich wegen des Durchfalls. Er hat zu viel Flüssigkeit verloren. Wir müssen ihn evakuieren.«

Der Sergent hängte sich umgehend ans Funkgerät. Wenn es tatsächlich so ernst war, bestand die einzige Chance des Kranken darin, dass er mit dem Hubschrauber zurück nach Gao geflogen wurde. Dort konnte man ihn besser versorgen. Eine zwölfstündige Fahrt, sagte auch der Sanitäter, würde er nicht lebend überstehen.

Der Hubschrauber machte sich unverzüglich auf den Weg zu uns. Die Piloten der MEDEVAC-Maschinen sind rund um die Uhr in Bereitschaft und fliegen auch bei Dunkelheit. Ihre Helikopter sind speziell für die Evakuierung von Verwundeten ausgestattet; ein fliegender Notarztwagen, wenn man so will. Bis zur Ankunft des Helis bereiteten wir eine geeignete Landezone außerhalb unseres Verteidigungsrings in der Wüste vor. Einige Legionäre legten Infrarot-Knicklichter an den Rändern der improvisierten Landezone aus – die Piloten würden sie durch ihre Nachtsichtbrillen sehen können.

Meilleur kam mit einem tragbaren Funkgerät dazu und sagte: »In fünfzehn Minuten sind sie da.«

Der Kanadier war etwas ruhiger geworden. Er lag mittlerweile auf einer Trage, so dass er ohne weitere Verzögerung in den Hubschrauber verfrachtet werden konnte. Terenk hielt jetzt die Infusion neben ihm in die Höhe. Andere Legionäre sicherten die Landezone, indem sie, die Waffen im Anschlag, die Wüste beobachteten.

In der Ferne hörte ich schon ein leises Brummen. Es kam schnell näher und wurde immer lauter. Dann tauchte der dunkle Rumpf des Helikopters schemenhaft in der Dunkelheit auf. An den Rändern der Rotoren formten sich kleine Blitze. Das lag daran, dass der Sand in der Luft Reibung erzeugte und sich

die elektrostatische Aufladung an den Enden der Rotorblätter
entlud. Der Puma-Helikopter wirbelte beim Landeanflug so
viel Sand auf, dass ich mich wegdrehen und schnell ein Tuch
vor den unteren Teil meines Gesichts binden musste. Ich kniff
die Augen zusammen. Aus den Augenwinkeln sah ich, wie der
Sanitäter sich mit dem Oberkörper über den Kanadier beugte
und ihn auf diese Weise halbwegs vor dem umherwirbelnden
Sand schützte. Vier Legionäre schafften ihn im Laufschritt auf
der Trage rüber zum Hubschrauber, Terenk rannte mit der
Infusion in der Hand nebenher. Sobald der Patient an Bord
war, hob der Helikopter auch schon wieder ab und verschwand
in der Dunkelheit.

»Scheiße«, sagte Meilleur. »Wir haben vergessen, ihnen
seine Sachen mitzugeben. So schnell sehen wir den bestimmt
nicht wieder.«

Geisterdorf

»Patronenhülsen«, flüsterte Jack und zeigte mit der Stiefel-
spitze auf eine Stelle neben dem Brunnen.

Ja, dort lagen noch mehr leere Messinghülsen im Sand. Das
ganze Dorf war voll davon. Ansonsten war es hier wie aus-
gestorben.

Wo sind wohl die Menschen, die hier leben, dachte ich.
Ich hielt den Lauf meines Famas gesenkt, war aber bereit,
ihn jederzeit hochzureißen, sollte sich doch etwas bewegen.
Das Dorf bestand aus ziemlich vielen Hütten – unscheinbare,
flache Bauten aus Lehmziegeln. Ärmlich. Auch ohne die vielen
Patronenhülsen und Einschusslöcher in den Wänden sah es
hier eher aus wie auf einer Müllhalde. Hier musste es schon
vor dem Krieg sehr trostlos gewesen sein.

Kein Fluss in der Nähe, keine Straßen, nur Wüste. Darum
waren wir auch mit Hubschraubern nach dem Ende der Brü-

cken-Mission hergeflogen worden. Für mich bot sich so die Gelegenheit, an einer Fußpatrouille teilzunehmen und mal nicht den VAB fahren zu müssen. Über Funk war der Befehl gekommen, dass wir uns in dem Dorf mal genauer umsehen sollten.

»In dem Dorf ist irgendetwas los«, hatte der Adjudant zu uns gesagt. »Die Aufklärung hat Aktivitäten entdeckt.«

Aufklärung konnte in Mali vom Satelliten über eine Drohne bis hin zur Beobachtung einer Hubschrauberbesatzung alles sein. Das Gebiet, in dem wir im Norden Malis operierten, ist etwa so groß wie die Bundesrepublik Deutschland. Die meisten Regionen sind sehr schwer zugänglich. Wenn die Armeeführung schnell auf etwas reagieren wollte, gab es meist nur die Möglichkeit, Truppen in einen Hubschrauber zu verladen und an den Ort des Geschehens zu fliegen. In diesem Fall waren wir schlichtweg am nächsten dran gewesen.

Vier Hubschrauber hatten uns am Morgen vom Camp aus in die Nähe des Dorfs geflogen. Dabei mussten sie mehrmals hin- und herfliegen, bis alle Legionäre vor Ort waren. Wegen der schweren Ausrüstung – Wasser, Munition und so weiter – konnten sie nur sieben oder acht Mann befördern statt zehn. Die letzten paar hundert Meter bis zum Ziel mussten wir dann zu Fuß zurücklegen – das hatte taktische Gründe.

»Passt auf!«, sagte der Adjudant. »Das Ding ist heiß. Da geht bestimmt was ab.«

Ich rückte die Schulterriemen meines Rucksacks zurecht und spähte vorsichtig um die nächste Ecke. Nichts – vor mir nichts als gähnende Leere. Das ganze Dorf schien verlassen. Vor einer Hütte lagen leere Munitionskisten mit russischer Aufschrift.

Langsam und hochkonzentriert suchten zwei Pioniere, die uns begleiteten, die Eingänge zu den Behausungen nach verborgenen Sprengfallen ab. Außer dem leisen Rascheln des Sandes und dem Knirschen unserer Schritte war nichts zu hören. Es war totenstill. Irgendwo hustete ein Legionär und spuckte aus. Einzelne Trupps begannen damit, die Hütten zu durchsuchen, nachdem die Pioniere ihnen grünes Licht gegeben hatten.

Crouton und ich hoben unsere Famas und traten in einen kleinen Innenhof. Dabei sicherte jeder von uns eine Seite. Ich tastete nach der Handgranate, die an meiner Weste hing. Sicher ist sicher. In der Mitte des Hofs lag ein einzelner kaputter Flip-Flop aus Plastik. Vor einer Lehmmauer stand ein wackeliges Holzgerüst, das ein Dach aus Wellblech trug.

»Scheiße, ist das unheimlich«, raunte Crouton mir zu.

»Das ganze Kaff scheint verlassen«, knisterte im Funkgerät die Stimme von Sergent Meilleur: »Aber hier ist definitiv gekämpft worden.«

»Vielleicht ist es noch nicht lange her«, sagte Crouton und hob eine der am Boden liegenden Patronenhülsen auf.

Wir durchkämmten jede Hütte einzeln. In dem ganzen Ort gab es keine Menschen, keine Fahrzeuge, keine Haustiere. Nichts außer einer kaputten Sandale und den Spuren eines Kampfs.

»Weiß der Teufel, wo die Bewohner sind«, sagte Meilleur und beschloss: »Wir bleiben über Nacht hier.«

Niemand kam auf die Idee, in einer der Hütten zu schlafen. Wir stellten Wachen auf und lagerten auf einer freien Fläche außerhalb des Dorfs.

Ich unterhielt mich mit Terenk, während wir unsere Schlafmatten ausrollten.

»Wer hier wohl gekämpft hat?«, überlegte ich laut: »Die ganzen Hülsen, die überall herumliegen. Das muss ein richtiges Feuergefecht gewesen sein.«

»Meine Gruppe hat bei einer Hütte Blutspuren gefunden«, sagte Terenk. »Sonst nichts. Gruselig. Die könnten aber auch von einem Tier stammen.«

»Ja, kann sein. Was wohl mit den Leuten passiert ist?«, fragte ich.

»Wahrscheinlich sind sie in die Wüste geflohen. Einzelne

Islamistengruppen kämpfen manchmal auch gegeneinander, habe ich gehört. Manche sind einfach nur Kriminelle.«

Ich konnte es kaum glauben: »Ein Dorf raubt das andere aus, oder was?«

»So ungefähr«, meinte Terenk lakonisch.

»Na, jedenfalls sind sie weg.« Ich holte eine Flasche Wasser aus meinem Rucksack.

»Vielleicht. Vielleicht kommen sie aber auch zurück ...«

Während wir uns unterhielten, ging einer unserer Kameraden mit einem Klappspaten bewaffnet an uns vorbei und ein Stück weiter in die Wüste.

»Der baut sich seine eigene Toilette«, grinste Terenk.

»Recht hat er, werde ich später auch machen«, erwiderte ich.

»Aber sei vorsichtig dabei. Hey, hast du eigentlich schon gehört, was dem Typen aus dem anderen Zug passiert ist?«, wollte Terenk wissen.

»Nee«, antwortete ich. »Was denn?« Unser Kamerad war jetzt ein ganzes Stück von uns entfernt. Die Sonne ging gerade unter, und es wurde langsam etwas kühler. Nur sein Umriss war noch zu erkennen.

Ich sah, wie er anfing zu graben. Sand flog in hohem Bogen durch die Luft.

»Dem ging es genauso«, fing Terenk an zu erzählen. »Er ging raus in die Wüste und begann zu graben. Natürlich haben ihn die Wachen dabei im Auge behalten, klar, ist ja deren Job. Na ja, jedenfalls ... Mit einem Mal hat er innegehalten und etwas Unverständliches in Richtung seiner Kameraden gerufen – und dann ist er losgesprintet wie ein Irrer. Seine Kameraden waren sofort in Alarmbereitschaft. Alle griffen gleichzeitig nach ihren Famas und sprangen auf. Ihnen war klar: Irgendwas stimmte da ganz und gar nicht.«

Ich hörte Terenk gespannt zu.

»Keuchend kam der Legionär auf sie zugerannt und brabbelte was von etwas Hartem, auf das er im Sand gestoßen sei.

Vielleicht was aus Plastik. ›Wenn's kein Müll ist, ist es womöglich eine Mine‹, sagte sein Sergent. Die Pioniere sollten das also mal checken. Während die sich mit ihrem Minensuchgerät einen Weg zu der Stelle bahnten, bewegte sich vorsichtshalber keiner der Legionäre weiter in die Wüste hinein. ›Das hätte mir noch gefehlt, hier beim Scheißen auf eine verdammte Mine zu treten!‹, fluchte der Legionär, übrigens ein Marokkaner. Im roten Schein einer Taschenlampe arbeiteten sich die Pioniere dann langsam vorwärts. An der Stelle angekommen, wo der marokkanische Legionär gegraben hatte, knieten sie sich auf den Boden und checkten die Lage. Doch dann kamen sie lockeren Schrittes zu den anderen zurück. Einer von ihnen hielt ein Päckchen in der Hand.«

Terenk entpuppte sich als begnadeter Geschichtenerzähler, ich war richtig erstaunt.

»Und? Was war's denn nun?«, fragte ich neugierig.

»Also, sie gaben erst mal Entwarnung. Es war keine Mine. Alle drängten sich dann natürlich um die beiden, um zu sehen, was der Pionier in der Hand hielt. Er wickelte aus einer sandigen Plastikfolie ein GPS-Gerät und einige Karten aus. ›Muss jemand hier versteckt haben‹, meinte er, ›außer durch Zufall hätte das nie jemand gefunden.‹«

»Na, das ist doch mal was!«, sagte ich.

Terenk fuhr fort: »Tja, jetzt wussten sie zumindest, dass es jemanden gab, der vorhatte, noch einmal in die nähere Umgebung des Dorfs zurückzukehren, das sie an dem Tag durchsucht hatten. Das hatten sie genauso verlassen vorgefunden wie wir dieses hier heute – auch ein Geisterdorf. Bei der Nachtwache waren sie natürlich extra aufmerksam.«

»Kann ich mir vorstellen«, kommentierte ich.

»Am nächsten Morgen wurden sie per Heli abgeholt und zurück ins Camp gebracht. Das GPS und die Karten wurden nach Gao weitergeleitet und dort dem französischen Geheimdienst übergeben. Über Funk teilte man ihnen dann mit, dass sie mit dem Fund einen richtig großen Coup gelandet hatten!«

»Echt? Cool! Weiß man denn, was genau?«, wollte ich wissen.

»Ja«, meinte Terenk. »In dem GPS-Gerät war eine ganze Reihe von Positionsangaben eingespeichert. Patrouillen, die unverzüglich auf den Weg geschickt wurden, haben etliche umfangreiche Waffenverstecke ausgehoben. Wer auch immer so blöd gewesen war, die Daten auf dem Ding zu speichern, war jetzt ziemlich in den Arsch gekniffen!«

Terenk lachte: »Und das Beste war: Der Marokkaner bekam für die Aktion sogar einen Orden. Stell dir das mal vor! Er wollte bloß scheißen gehen und wurde dafür ausgezeichnet! Also im Grunde genommen ein Kack-Orden!«

Über dieses skurrile Ende lachten wir beide uns richtig schlapp. Aber Terenk hatte schon recht: Wir mussten in dieser Umgebung sehr aufmerksam und stets auf der Hut sein – selbst beim Toilettengang in der großen Sandkiste.

Sprengkraft

Wir hingen seit einigen Tagen in der Wüste herum. Um unsere Vorräte an Wasser und Nahrung aufzufrischen, kam ein Konvoi aus Gao. Bei dieser Gelegenheit berichteten die Legionäre, dass der Fahrer eines VAB von einer Sprengfalle getötet worden war. Ich konnte mir seine letzten Sekunden nur allzu gut vorstellen: eingepfercht in einem zu heißen und zu engen Cockpit, den Blick konzentriert nach draußen gerichtet. Wahrscheinlich war das Letzte, was er gesehen hatte, eine staubige Straße in Mali gewesen. Ob er wohl mitbekommen hatte, was mit ihm passierte?

Als Fahrer hast du wirklich den beschissensten Job im ganzen Zug, dachte ich wütend. Bei den Kommandolehrgängen hatte ich ja selbst gelernt, dass es bei einem Hinterhalt auf Fahrzeuge wichtig ist, als Allererstes den Fahrer auszuschalten. Ausschalten ist dabei noch nett ausgedrückt: Er wird getötet. Darum geht es, um nichts anderes. Das Fahrzeug ist dann erst einmal bewegungsunfähig und kann leichter angegriffen werden.

Die Nachricht vom Tod meines Kameraden schärfte noch einmal meine Wahrnehmung der Situation in Mali. Unsere Gegner hatten sich bislang nicht ein einziges Mal offen gezeigt, trotzdem war es hier brandgefährlich. Man musste ständig auf irgendwelche Anschläge gefasst sein.

Auf der Rückfahrt nach Gao fühlte ich mich in dem VAB ziemlich unwohl. Nicht dass ich wirklich Angst gehabt hätte. Es war mehr das Bewusstsein für das, was jeden Moment geschehen konnte, das mich in Anspannung versetzte: 80 Kilo Sprengstoff neben der Fahrbahn versteckt, eine RPG-7 durch die Windschutzscheibe, solche Dinge eben. Eine russische Panzerfaust vom Typ RPG-7 – die Islamisten hatten die Dinger massenhaft von der libyschen Armee erbeutet – würde die schwache Panzerung des VAB mühelos durchschlagen. Entweder würde die Explosion mich in Stücke reißen oder ich würde im Fahrzeug verbrennen. Die Kiste war schließlich bis obenhin voll mit Munition und Diesel.

Ich war richtig geschafft, als wir endlich in Gao ankamen.

Wie gefährlich es sein konnte, daran erinnerte ich mich jedes Mal, wenn wir am Eingang zum Stützpunkt an einem ausgebrannten und verbogenen Autowrack vorbeikamen – das Werk eines Selbstmordattentäters. Die Legionäre, die bei dem Angriff Wache geschoben hatten, hatten mir einmal die ganze Geschichte erzählt: Ein Pkw war auf den Kontrollposten am Eingang zugefahren. Je näher er kam, desto schneller wurde er. Die Legionäre richteten ihre Waffen auf das Fahrzeug, während der Fahrer mit quietschenden Reifen durch die s-förmig aufgestellten Barrieren hindurchjagte. Das Ganze muss nur Sekundenbruchteile gedauert haben. Alle begannen, wie wild auf das Auto zu schießen: zig Legionäre mit ihren Famas und die zwei mit dem Maschinengewehr, das am Tor stand.

284

Man kann sich nur schwer in eine solche Situation hineinversetzen, wenn man nicht selbst dabei war. Fakt ist: Da rast eine fahrende Bombe in hohem Tempo auf dich zu. Ich denke, der natürliche Impuls, wegzulaufen oder in Deckung zu gehen, muss sehr stark sein. Wer weiß schon, wie groß die Sprengkraft von dem Ding ist? Autobomben haben schließlich schon mehrstöckige Gebäude zum Einsturz gebracht. Angesichts einer solchen Bedrohung stoisch stehen zu bleiben und zu schießen erfordert schon eine gewisse Kaltblütigkeit.

Die Legionäre ballerten also auf das heranfahrende Auto, was das Zeug hielt. Es wurde von Hunderten von Kugeln regelrecht durchsiebt. Der Fahrer steuerte sicher längst nicht mehr – wahrscheinlich war er verwundet oder tot –, und dann: *kabumm!!!* Die Kiste knallte in voller Fahrt gegen eine der Barrieren und explodierte. Die Druckwelle schleuderte den Legionären Dreck und Splitter um die Ohren. Zum Glück wurde keiner meiner Kameraden dabei ernsthaft verwundet.

Netzprobleme

In unserem Camp am Gao International Airport hatte sich einiges verändert, als wir wieder aus der Wüste zurückkehrten. Die Trampelpfade waren mit Kies bestreut worden, und es gab jetzt sogar einen Stromanschluss für jedes Zelt. Nachdem ich unser »Auto« gereinigt hatte, schaltete ich versuchsweise mein Smartphone ein. Unfassbar: Ich hatte Empfang. Ich loggte mich sofort auf Facebook ein. Achtundzwanzig neue Nachrichten von Anna: »Wie geht es dir?«, »Wo bist du?«, »Geht es dir gut?«, »Was machst du?«, »Ist bei dir alles okay?« und so weiter. Wow, sie schien ja echt besorgt um mich zu sein. Ich freute mich darüber. Es war schön zu wissen, dass jemand an mich dachte.

Anstatt zurückzuschreiben, wählte ich kurzerhand Annas

Nummer. Der Zeitunterschied zwischen Mali und Deutschland beträgt zwei Stunden. In Landshut musste es demnach früher Abend sein. Ich presste das iPhone ans Ohr. Zuerst hörte ich nur ein Knistern und Rauschen. Auf dem Parkplatz war gerade niemand unterwegs. Ich stand zwischen den tarnfarbenen VAB und schaute in den Himmel. Dann endlich ein Freizeichen, und es klingelte.

»Servus …«, meldete sich eine weibliche Stimme. Sie klang metallisch und weit entfernt. Ich hörte ein Rauschen und dann irgendetwas auf Bayerisch.

»Hallo, Anna, ich bin's, Stefan.«

»Hallo? Hier ist Anna …«

Die Verbindung war wohl nicht sehr gut.

»Anna? Ich rufe aus Mali an!«, rief ich ins Telefon, obwohl das Schreien bestimmt gar nichts brachte.

»Stefan?«

Es war echt schwierig. Zwischendurch störten blecherne Geräusche die Verbindung.

»Ja, ich dachte, ich ruf' dich mal an.«

»Cool, das freut mich riesig! Hab schon lange nichts von dir gehört. Alles klar bei dir?«, wollte sie wissen.

»Wir waren einige Zeit in der Wüste«, erzählte ich.

»Wo wart ihr? Ich versteh' dich ganz schlecht …«, fragte sie nach.

»In der Wüste.«

»In der Wüste? Geht es dir gut?«

Die unvermeidliche Frage. Ich wusste nicht, was ich darauf antworten sollte. Ich war gerade fünfzehn Stunden in einem Panzerwagen über eine Straße gefahren, bei der ich damit rechnen musste, dass sie vermint war. Vor dem Eingang zum Camp hatte sich vor kurzem ein Selbstmordattentäter in die Luft gesprengt. Wie sollte ich ihr bloß erklären, wie es mir ging?

»Mir geht's gut«, log ich. »Alles bestens. Schön, endlich mal deine Stimme zu hören, Anna.«

»Was machst du denn den ganzen Tag?«, wollte Anna wissen.

»Ach, nicht viel. Meistens hänge ich mit den Jungs rum. Wir passen auf, dass nichts passiert.«

»Die Zeit geht schnell rum, und dann besuch ich dich in Frankreich«, versprach sie mir.

»Toll, da freue ich mich schon drauf!«

Eine Französisch sprechende Computerstimme schaltete sich in unser Gespräch ein. Scheiße, mein 15-Euro-Guthaben bei der malischen Telefongesellschaft war offensichtlich schon ganz schön schnell auf fünfzig Cent zusammengeschmolzen.

»Anna, ich schreib dir auf Facebook«, verabschiedete ich mich schnell, bevor die Verbindung abbrach.

Anschließend ging ich rüber zu den Afrikanern, um mir eine neue Telefonkarte zu besorgen. Seit meinem letzten Besuch war das Angebot in ihrem improvisierten Warenlager enorm gewachsen. Vielleicht lag es daran, dass die Zelte im Camp jetzt einen Stromanschluss hatten. Jedenfalls boten sie unter anderem auch Ventilatoren an. Da war ich doch gleich interessiert und schaute mir ein Gerät näher an. Es handelte sich um Standventilatoren, Fuß und Rotor waren aus weißem Kunststoff, die Geschwindigkeit war stufenlos regelbar und es gab einen europäischen Stecker für die Stromverbindung.

Vor mir hatten zwei Legionäre gerade vier Stück gekauft. Es war ein komischer Anblick, als ich sie mit den Dingern abziehen sah – unter jedem Arm einen. Zusätzliche Ventilatoren würden in unserem nicht klimatisierten Zelt bestimmt für etwas Abkühlung und frische Luft sorgen, dachte ich. Ich legte 30 Euro für zwei Stück auf den Tisch und machte mich auf den Rückweg. Zwischen unseren Zelten und denen der Malier herrschte reges Treiben. Es hatte sich mittlerweile offenbar herumgesprochen, dass es dort alles Mögliche zu kaufen gab. Im Dunkeln hatte ich meine Stirnlampe aufgesetzt und achtete darauf, mit meinen beiden Ventilatoren im Gepäck nicht mit einem der Soldaten zusammenzustoßen.

Auf einmal stand Forrester vor mir.

»Hey!«, fiel er mir um den Hals. »Schön, dich zu sehen!«

»Gleichfalls, Mann. Was machst du denn hier?«, begrüßte ich meinen guten Freund.

»Meine Kompanie ist endlich auch in Mali dabei …«, berichtete er.

»Offensichtlich. Wir waren drei Wochen lang draußen. Von dem, was sonst so läuft, hab ich noch nicht viel mitgekriegt. Bin erst seit heute wieder da.«

»Wir stellen die Schutztruppe für den General«, erzählte Forrester. Der Brigadegeneral kommandierte die Truppen in Gao. Ich hatte ihn erst ein oder zwei Mal gesehen.

»Dann gehst du wohl nicht auf Patrouille und so?«, fragte ich.

»Nee, gestern haben wir den General zu einem Treffen mit dem Bürgermeister von Gao begleitet. Ist wie Bodyguard.«

»Da hast du einen guten Job erwischt. Draußen in der Wüste rumzuziehen schlaucht ziemlich.«

Gemeinsam gingen wir zurück zu den Zelten.

»Wie geht's denn Robinho? Hast du was gehört?«, fragte ich.

»Ganz schön mies. Vor dem Abflug haben wir uns noch mal getroffen. Er ist total down, weil er nicht mit uns hier ist«, sagte Forrester.

»Kann ich verstehen. Obwohl bis jetzt nicht so viel los ist, wie ich dachte. Bin gespannt, ob wir die Islamisten mal zu Gesicht bekommen«, sagte ich.

»Ja, das feige Pack versteckt sich …«, kommentierte Forrester mit düsterem Blick.

Leider traf ich ihn nicht mehr oft in den nächsten Monaten, denn mein Zug war im Grunde pausenlos unterwegs. Ein oder zwei Tage im Camp reichten, um die Vorräte aufzufrischen und die Fahrzeuge zu warten. Sobald das erledigt war, schoben wir ein, zwei oder gar drei Tage am Stück Wache irgendwo im Camp und gingen anschließend wieder für zwei bis drei

Tage auf Patrouille. In der gesamten Zeit in Mali hatte ich keinen einzigen freien Tag und schlief niemals mehr als fünf oder sechs Stunden pro Nacht. Ausgang gab es natürlich auch nicht. Aber mal ehrlich: Wohin hätte man auch gehen sollen?

Ich war – wie ich feststellte – nicht der Einzige in unserem Zelt, der Ventilatoren gekauft hatte. Sergent Meilleur hatte ebenfalls einen erstanden. Super, endlich würden wir mal einen richtigen Luftzug in unserer Hütte haben. In der Nähe des Eingangs lag bereits eine Steckdosenleiste. Ich schloss meine beiden Geräte an, und – *zapp!* – die Glühbirne, die neuerdings unter dem Zeltdach hing, ging aus. Der Luftzug erstarb. Wahrscheinlich hatten zu viele Legionäre die Dinger gekauft und in Betrieb genommen, so dass das Stromnetz und der Generator total überlastet waren. An diesem Abend blieb der Strom ganz aus – also wieder nichts mit kühler Luft.

Am nächsten Tag kam der Befehl des Kommandanten: nur noch zwei Ventilatoren pro Zelt. Damit klappte es besser. Später mieteten wir sogar einen Kühlschrank für 40 Euro im Monat von den Maliern. Doch leider hatten wir selten die Gelegenheit, all diese Annehmlichkeiten zu genießen, denn meist wurden wir schnell wieder in die Wüste geschickt.

Erwischt

»Sind wir gestern nun falsch abgebogen oder nicht?« Sergent Meilleur klang genervt. Wir fuhren frühmorgens an der Spitze des Zugs auf irgendeiner Holperpiste durch die Wüste. Die letzte Nacht hatten wir in der Wüste kampieren müssen. Irgendetwas bei der Navigation war wohl schiefgelaufen. Denn wir waren definitiv nicht dort angekommen, wo wir hinsollten.

»Keine Ahnung, Sergent. Hier sieht alles gleich aus«, gab ich zurück.

Meilleur sprach über Funk mit einem anderen Gruppenführer: »Beim letzten Abzweig gestern Abend waren wir noch richtig. Wo zum Teufel sind wir?«

Ich konnte die Antwort nicht hören. Meilleur hielt eine Hand vor das Mikrophon, fluchte und schaute auf den Ausdruck des Satellitenbilds, das er auf den Knien hielt.

»Verdammte Scheiße«, sagte er, immer noch die Hand vor dem Mikro. »Die immer mit ihrem dämlichen Ost und West.«

Im Französischen klingen *est* und *ouest* ziemlich ähnlich. Besonders dann, wenn man es über Funk hört, noch dazu von Nicht-Franzosen.

»Sag gefälligst links oder rechts!«, zischte Meilleur verärgert in Richtung Windschutzscheibe. Dann hörte er wieder zu, was der anderer Sergent sagte. »Okay. Ja. Also links. Ja, ja. Mahler, wir sind falsch. Dreh um!«

Wir fuhren zurück zur letzten Abzweigung, wenn man es denn so nennen kann: zwei Wüstenpisten in einer flachen Einöde. Schon von weitem sah ich die VAB eines anderen Zugs der Kompanie, die gestern mit uns rausgefahren waren. Sie standen unbeweglich in der Sonne.

»Warten die auf uns?«, fragte ich.

»Nee«, sagte Meilleur, der die Neuigkeit gerade über Funk bekam. »Die haben einen Sprengsatz gefunden.«

»Was? Wo?«, rief ich aufgeregt.

»Auf der Route, die wir eigentlich fahren sollten.«

Ich fühlte, wie meine Kopfhaut unter dem feuchten Tuch in meinem Helm zu kribbeln begann. Wenn wir gestern nicht falsch abgebogen wären, wären wir geradewegs über den Sprengsatz gerauscht. Zum Glück schien er nicht explodiert zu sein. Meilleur sprach wieder mit jemandem über Funk.

»Wie haben sie ihn entdeckt?«, wollte ich wissen, als er zu Ende geredet hatte.

»Irgendein Einheimischer, der hier in der Nähe wohnt, hat den Konvoi angehalten und gesagt, Männer, die nicht von hier sind, hätten dort in den letzten Tagen etwas vergraben. Er hat sich Sorgen um seine Kinder gemacht.«

»Und?«, hakte ich nach.

»Die Pioniere haben nachgeschaut und ... Moment ...«

Wegen der möglichen Sprengfallen begleiteten in Mali meistens einige Pioniere eine Patrouille oder wenn nicht, konnten sie im Verdachtsfall angefordert werden.

Wieder hörte Meilleur jemandem am Funkgerät zu. Dann fuhr er fort: »... und haben mehrere Dutzend Kilo Sprengstoff samt Zünder gefunden. Sie entschärfen das Ding gerade.«

Wir waren seit Wochen auf unseren Patrouillen unterwegs. Dieser Sprengsatz war nach dem Fund des GPS-Geräts in dem anderen Zug das Einzige, was wir hier draußen bisher von den Islamisten gemerkt hatten. Zu Gesicht hatten wir sie jedenfalls immer noch nicht bekommen. Gestern waren wir in Richtung eines weiteren Dorfs aufgebrochen, das wir durchsuchen sollten. Offenbar hatte jemand vermutet oder gar gewusst, dass wir dorthin unterwegs sein würden, und deshalb die Bombe auf der Piste versteckt.

Nach unserer unfreiwilligen Übernachtung in der Wüste kamen wir endlich – ohne weitere Umwege – an unserem Bestimmungsort an, nachdem die Pioniere den Weg freigegeben hatten. Vor uns lag ein kleines Dorf in der gleißenden Sonne. Es sah genauso aus wie alle anderen, die ich bislang in Mali gesehen hatte: flache Lehmhütten, Dreck, Esel und Elend. Schmutzige kleine Kinder rannten auf unsere VAB zu. Ich musste aufpassen, keines von ihnen zu überfahren. Wir stellten die Fahrzeuge vor dem Dorfeingang ab. Diesmal durfte auch ich aussteigen – normalerweise müssen Fahrer und Maschinengewehrschütze ja im Fahrzeug bleiben. Ich hatte deswegen noch einmal mit Meilleur geredet, denn er hatte mir damals in Frankreich in Aussicht gestellt, dass ich nicht während des gesamten Einsatzes den Fahrerjob machen müsste.

Der Zug hatte mittlerweile so viele krankheitsbedingte Ausfälle sowie einige Mann, die zwar noch im Einsatz, aber nicht mehr besonders gut zu Fuß waren, dass Adjudant Tibor froh über jeden war, der bei einer Patrouille mithalten konnte.

Viele meiner Kameraden hatten furchtbare Blasen an den Füßen oder offene Stellen an den Beinen, wo die Uniform auf der Haut scheuerte. Hitze, Sand und Schweiß sind in solchen Fällen eine tödliche Kombination. Der Sanitäter sagte, manche von uns hätte er schon längst ins Lazarett einweisen müssen. Er tat es nicht, weil die Einsatzfähigkeit des Zugs aufrechterhalten werden musste. Und die Betreffenden selbst hatten ebenfalls den eisernen Willen, weiter dabei zu sein. Sie bissen die Zähne zusammen – es half ja nichts.

Reinhard, mein deutscher Freund, war mittlerweile nach Frankreich ausgeflogen worden. Der Typ hatte plötzlich Blut gepisst, irgendwas war mit seinen Nieren nicht in Ordnung. Er kam auch nicht mehr nach Mali zurück. Ein Caporal aus Madagaskar hatte eine total merkwürdige Entzündung an einem Finger bekommen, die richtig gruselig aussah: offenes Fleisch, die Hand dick geschwollen. Die Ärzte in Gao hatten erst eine Amputation erwogen, aber schließlich wurde auch er nach Frankreich evakuiert. Ein anderer wurde wegen starker Rückenschmerzen nach Hause geflogen, der nächste hatte Probleme mit seinen Zähnen, und ein Dritter bekam Hämorrhoiden, sein Hintern sah aus wie der eines Pavians.

Mit meinen Kameraden stieg ein malischer Gendarm aus dem hinteren Teil des Fahrzeugs aus. Bei den meisten Durchsuchungen war einer von ihnen dabei. Die französische Führung legte Wert darauf, dass es so aussah, als würden diese Operationen in Zusammenarbeit mit der malischen Regierung durchgeführt. In Wahrheit – so sah es jedenfalls aus – waren die Gendarmerie und das malische Militär an der Planung nicht beteiligt. Die Aufgabe der Malier bestand lediglich darin, mit uns rauszufahren und das jeweilige Dorfoberhaupt darüber zu informieren, dass wir sein Kaff nach Waffen durchsuchen würden.

An diesem Tag hatte der Gendarm mit Jack und den anderen Jungs in meinem VAB gesessen. Er war ein dicker, gemütlicher Typ. Er trug eine blaue Uniform und eine Pistole am Gürtel.

Ich sah ihm regelrecht an, dass er lieber zu Hause in Gao geblieben wäre.

Jack warf mir einen Blick zu und wedelte mit einer Hand durch die Luft.

»Mann, der Typ stinkt vielleicht.«

»So schlimm?« In puncto Hygiene waren wir schließlich in letzter Zeit auch nicht gerade top.

»Schlimmer. Sei froh, dass du im Cockpit sitzt und nicht im Laderaum. Wir müssen es so hinkriegen, dass er auf der Rückfahrt bei jemand anderem mitfährt.«

Der Gendarm sprach Französisch, es wäre interessant gewesen, sich mit ihm mal über die Situation in Mali zu unterhalten. Dazu ergab sich aber leider keine Gelegenheit.

In dem Dorf lebten eine Menge Menschen. Männer, Frauen und Kinder liefen herum. Bei manchen von ihnen hätte ich nicht sagen können, wie alt sie waren. Ihre Gesichter hatten tiefe Furchen, aber ihre Körper sahen zäh aus. Manche trugen westliche Kleidung – Hose, Hemd oder T-Shirt –, andere lose Umhänge. Die meisten ignorierten uns, während wir von Haus zu Haus gingen.

Für mich blieben diese Menschen auf eine merkwürdige Art gesichtslos. Sie versuchten nicht, mit uns zu kommunizieren, gingen uns aber auch nicht aus dem Weg. Sie machten einfach ihr Ding. Keiner konnte sagen, was sie über uns dachten – oder wovon sie eigentlich lebten.

In den Häusern fand sich eine Menge Plunder: zerschlissene Teppiche, Plastikkanister, hier und da mal ein Transistorradio mit Batteriebetrieb. Es war wirklich kein Vergnügen, den Kram zu durchwühlen. Während wir das machten, mussten die Bewohner vor ihrer Hütte warten. In 99,9 Prozent der Fälle fanden wir nichts.

Doch an diesem Tag hatten wir Glück: Jack und ich hatten gerade die Durchsuchung einer Hütte beendet und uns auf den Weg zur nächsten gemacht, als schräg gegenüber ein Legionär mit einer Kalaschnikow in der Hand aus der Tür trat.

Jackpot – endlich hatte mal jemand etwas gefunden! Die Bewohner der Hütte fingen sofort an, lautstark durcheinanderzureden. Jack und ich gingen rüber. Der Gendarm, der Dorfälteste und Adjudant Tibor kamen auch angetrabt.

»Wem gehört diese Waffe?«, wollte der Gendarm wissen.

»Niemandem.«

»Aha. Wer wohnt in der Hütte?«, Tibor schaute den Dorfältesten streng an. Unser Adjudant sagte dem Gendarmen, welche Fragen er stellen sollte.

Das Dorfoberhaupt drehte sich zu den Leuten um, die vor der Hütte saßen. Sein weißes Gewand wehte um seine Fußknöchel. Er redete in einem unverständlichen Dialekt auf sie ein. Der Gendarm kratzte sich am Kopf, sagte aber nichts weiter. Dann stand ein junger Mann auf, mittelgroß, ausdrucksloses Gesicht.

»Er wohnt hier, aber er sagt, die Waffe gehört ihm nicht«, sagte der Dorfälteste.

»Wie kommt sie denn in sein Haus?«, war unsere Frage und die knappe Antwort: »Das weiß er nicht.«

Nach dem ersten Fund wurde natürlich als Nächstes die ganze Hütte auf den Kopf gestellt. Am Ende wurden noch fünf Magazine mit Munition gefunden.

»Hat er dafür eine Erklärung?«

»Nein.«

»Dann muss er mit uns nach Gao kommen. Vielleicht lässt sich dort klären, woher die Waffe und die Munition stammen.«

Eine junge Frau sprang auf und rief: »Papa, Papa!« Dabei zeigte sie auf den Mann.

»Aber er hat Kinder, um die er sich kümmern muss«, wandte der Dorfälteste ein.

Doch der Protest nützte nichts. Etwas später gaben uns einige Dorfbewohner den Tipp, dass der Mann zu den Islamisten gehören würde. Damit – und mit dem Fund der Waffe – war sein Schicksal erst einmal besiegelt.

Am Ende kam ein Hubschrauber, der den Typen – mit

Handfesseln gesichert – einlud. Wir machten uns auf den Rückweg nach Gao. Sollte sich der französische Geheimdienst dort mit ihm herumschlagen. Ich hatte die Zivilisten im Camp herumlaufen sehen. Sie lebten in einem besonders gesicherten Bereich, den kein normaler Legionär betreten durfte – alles streng geheim. Soweit ich es sagen kann, versuchten die Geheimdienstleute bei ihren Verhören herauszufinden, wo sich die Islamisten versteckten und ob die Verdächtigen etwas über geplante Hinterhalte und Waffenverstecke wussten. Außerdem versuchten sie, etwas über das Schicksal westlicher Geiseln – die sich in der Hand der Islamisten befanden – in Erfahrung zu bringen. Die Geheimdienstmitarbeiter hatten gute Kontakte zu ihren malischen Kollegen und hatten andere Aufgaben als das französische Militär. Wir brachten ihnen die Verdächtigen, und sie verhörten sie.

Zurück im Camp, mussten wir dann auch noch den Gefangenen bewachen, zusätzlich zur normalen Wache. Er war in einem Karree aus Stacheldraht untergebracht worden. Dort konnte er sich aufhalten. Er bekam eine Flasche Wasser und eine Decke. Jeweils zwei Mann bewachten den Malier. Das bedeutete noch weniger Schlaf in dieser Nacht als gewöhnlich.

»So eine Scheiße«, sagte Jack. Wir standen vor dem Stacheldrahtverschlag. Es war mitten in der Nacht, und wir waren mit der Gefangenenwache an der Reihe. Der Mann saß regungslos am Boden und starrte uns an. Jack und ich hatten schwarze Sturmhauben über die Gesichter gezogen. Das war in Mali Vorschrift beim Bewachen von Gefangenen, sie sollten uns später nicht identifizieren können. Offiziell wurde das jedenfalls so begründet. Sie hatten aber oftmals auch schon vorher unsere Gesichter gesehen. Ich denke, der wahre Grund war, dass wir sie mit den Masken einschüchtern sollten. Es ist ganz schön bedrohlich, wenn eine maskierte Gestalt mit einer Maschinenpistole vor einem steht.

»Das Schwein zeigt keine Regung«, fuhr Jack fort: »Bestimmt würde er uns abknallen, wenn er könnte.«

»Ja, vielleicht«, erwiderte ich. Mir war der Typ egal. Wahrscheinlich gehörte er zu den Islamisten. Warum hätte er sonst die Waffe in seiner Hütte? Vor allen Dingen war ich angepisst, weil ich eine zusätzliche Stunde Wache schieben musste.

In der Ferne erklang ein Donnergrollen. Die Regenzeit hatte begonnen, manchmal stürmte es jetzt nachts ordentlich. Ich hoffte, dass wir von einem Regenguss verschont bleiben würden. Denn nachts mit nassen Klamotten Wache zu schieben macht überhaupt keinen Spaß, es ist unangenehm kalt.

»Vielleicht hat er ja sogar die Bombe verbuddelt, die wir auf dem Hinweg gefunden haben. Oder er weiß, wo noch andere versteckt sind. Kameraden von uns könnten damit getötet werden – und er lacht sich dann schlapp«, spekulierte Jack wild drauflos.

Der Gefangene starrte uns weiter an. Ich begegnete seinem Blick und wich ihm nicht aus. Ich sah ihm regungslos in die Augen, während ich weiter mit Jack sprach.

»Ja, kann schon sein. Frag ihn doch mal.«

»Komm, wir machen ihm Angst!«, Jack begann, an seiner Waffe herumzufingern. Er zog den Verschluss nach hinten, damit der Malier sehen konnte, dass sich eine Patrone in der Kammer befand. Keine Reaktion, es beeindruckte ihn offensichtlich nicht. Ich bewegte mich auch keinen Millimeter von der Stelle.

Plötzlich kam heftiger Wind auf, und schon bald fielen die ersten dicken Regentropfen vom Himmel. Na toll ... Die Luft kühlte schnell ab. Böen und Regen fegten bald durch die Wüste.

Der Malier griff nach der Decke, die neben ihm auf dem Boden lag, und wollte sie sich zum Schutz über den Kopf ziehen.

»He«, rief ich, »lass das!« Ich schüttelte verneinend den Zeigefinger und hob mein Gewehr. »Leg die Decke wieder hin.« Mir war der Gedanke daran nicht ganz geheuer, was er alles unter seiner Kleidung und der Decke verborgen haben könnte. Natürlich wusste ich, dass er durchsucht worden war, aber – auch wenn es höchst unwahrscheinlich war – einer seiner Landsleute, die im Geheimdienst-Compound ein und aus gingen, könnte ihm etwas zugesteckt haben. Das ist alles schon vorgekommen.

Wir durften uns nicht von unserem Wachposten bei dem Gefangenen wegbewegen und waren in null Komma nichts bis auf die Knochen durchnässt. Meine Uniform klebte am Körper. Ich fror. Auch der Gefangene zitterte vor Kälte und hatte die Arme schützend um den Körper geschlungen. Der Sturm dauerte vielleicht eine Stunde.

Ich stand die ganze Zeit unbeweglich vor dem Gefangenen. Warum soll es ihm besser gehen als uns, dachte ich.

Malaria

Als wir einige Tage später von einer weiteren Patrouillenfahrt ins Camp zurückkehrten, ging ich erst einmal duschen. Das heißt, nachdem ich alles andere – VAB reinigen und warten – erledigt hatte. Ich fühlte mich nicht so wohl und dachte, eine lange Dusche würde mir sicher guttun. Ich war todmüde und fühlte mich schlapp, schob es aber auf die anstrengende Nachtwache und den Schlafmangel. Ich freute mich auf mein Feldbett, wollte nur noch schlafen. Ich brauchte einfach nur Ruhe. Nichts mehr hören und sehen. Ich war am Ende.

»Hey, Mahler«, sprach mich ein Kamerad an, als ich zurück ins Zelt kam. »Ist mit dir alles in Ordnung?«

Mir war scheißkalt. Ich fror und meine Beine zitterten leicht.

»Alles klar«, presste ich mit Mühe hervor. »Bin nur total geschafft.«

»Bist du sicher?«, hakte er nach und kam näher.

»Ja, doch. Warum?«, fragte ich.

Plötzlich, von einem Moment auf den anderen, fiel mir das

Atmen unendlich schwer. Ich setzte mich zitternd auf den Rand meines Feldbetts.

»Mann, du siehst echt scheiße aus. Hier, schau!«

Der Legionär hielt mir seinen Rasierspiegel so hin, dass ich mein Gesicht sehen konnte. Ich erschrak. Der Schweiß rann mir in Strömen über die Stirn herab und meine Augen waren total glasig.

»Oh, fuck!«, stieß ich mit letzter Kraft hervor. Ich war total benommen. Meine Kameraden griffen mir unter die Arme und brachten mich ins Lazarett.

Dort sprach jemand mit mir. Ich hatte keine Ahnung, was los war. Wie durch Watte hörte ich eine Stimme: »Caporal Mahler, können Sie mich verstehen?«

Ich wollte antworten, aber es fiel mir schwer, Worte zu formen oder die Augen offen zu halten. Um mich herum war alles weiß. Ich wusste nicht genau, wo ich mich befand. Was war bloß passiert?

»Caporal Mahler?« Danach erinnere ich mich an nichts mehr.

»Wo bin ich?«, krächzte ich leise. Ich musste mich anstrengen, um diese wenigen Worte herauszubringen.

»Im Lazarett. Seit gestern.«

Seit gestern? Wieso das denn? Das Letzte, woran ich mich erinnerte, war, dass mich meine Kameraden dorthin gebracht hatten.

»Sie haben echt Glück gehabt.«

Ich verstand den Sinn der Worte nicht. »Was meinen Sie? Was habe ich denn?«

»Malaria tropica. Plasmodium falciparum.«

Super, was für ein Glück ich doch hatte! Na ja, wenigstens versuchten sie, es positiv auszudrücken.

So langsam kam mein Gehirn wieder auf Touren, und ich konnte halbwegs klare Gedanken fassen. Wer sprach da überhaupt mit mir?

Ich sammelte all meine Kraft und richtete meinen Oberkörper ein Stück auf. Ich lag in einem mit weißer Bettwäsche bezogenen Bett. Drei Infusionen steckten in meinen beiden Unterarmen. Am Kopfende stand ein Arzt. Das nahm ich zumindest an, da ihm ein Stethoskop um den Hals baumelte und er einen weißen Kittel trug. Darunter waren jedoch Uniformhose und Wüstenstiefel zu sehen. Militärarzt, korrigierte ich mich in Gedanken. Neben ihm stand eine Frau, die einen Aktenordner in der Hand hielt.

»Caporal Mahler, wir haben einen Bluttest gemacht und geben Ihnen Medikamente.« Aha, deshalb wohl auch die Schläuche, die aus meinem Unterarm ragten.

»Sie hatten über vierzig Grad Fieber …«, hörte ich ihn noch sagen. Dann schlief ich wieder ein.

Später erzählten mir die Ärzte im Lazarett, ich hätte Glück gehabt, dass ich nicht während einer Patrouille zusammengebrochen war. Das hätte für mich tödlich enden können. Im Camp hatten mich meine Kameraden direkt ins Lazarett bringen können. Trotzdem sei es knapp gewesen. Einen ganzen Tag lang war ich total benebelt gewesen. Die Mediziner versuchten zwar mir zu erklären, welche Art von Malaria ich hatte, aber ich konnte mir fast nichts davon merken – Arztlatein. Am wichtigsten war für mich jedoch die Info, dass die Krankheit höchstwahrscheinlich nach dem einen Anfall nicht mehr wiederkehren würde.

Warum hatte ich dann eigentlich wochenlang diese verdammten Malariatabletten eingeschmissen, fragte ich mich – und kurz darauf auch den Arzt. Der meinte, die Prävention helfe leider nicht gegen alle Arten von Malaria. Genau, und ich musste ausgerechnet die Sorte erwischen, bei der das Medikament nicht wirkte – großartig!

Mein ganzer Körper tat weh. Es fühlte sich an, als wäre ich mehrfach verprügelt worden und hätte überall blaue Flecken. Ich war total schwach und lag fast nur im Bett. Wenn ich kurz aufstand, wurde mir schnell schwindelig.

Das Lazarett, das zur französischen Armee gehörte, befand

sich in einem großen Zelt. Die Fremdenlegionäre im Camp wurden dort ebenfalls versorgt. Ungelogen: Das war das sauberste Zelt, das ich in ganz Mali gesehen habe. Alles war weiß, und außerdem war es klimatisiert. Es gab sogar einen Fernseher, der im Mittelgang zwischen den Betten stand. Meistens lief dort Arte. Wenn ich einmal nicht schlief, schaute ich fern. Außer mir gab es noch eine Reihe anderer Patienten. Die meisten litten an Dehydrierung, Infektionen oder kleineren Verletzungen. Alles Dinge, die selbst in Kriegsgebieten gut vor Ort behandelbar sind. Die schweren Fälle, wie Ramores zum Beispiel, wurden nach Frankreich ausgeflogen.

Die Krankenschwestern kümmerten sich fast liebevoll um mich. Ständig kam jemand, um mir Blut abzunehmen oder Fieber zu messen oder kurz nach mir zu sehen. Ich konnte die ungewohnte weibliche Aufmerksamkeit aber leider nur zum Teil genießen. Ich fühlte mich so schwach, als wäre ich achtzig Jahre alt.

Apropos Frauen im Camp – da gab es später noch einen kleinen Skandal. Während sich der Vorfall ereignete, war ich allerdings schon wieder auf Patrouille: Da unsere Militärbasis hauptsächlich von Männern bewohnt war, gab es für die wenigen Frauen keine separaten Duschen. Sie benutzten die gleichen Duschen wie wir. Die Duschkabinen waren mit Vorhängen voneinander abgetrennt. Aus Rücksicht auf die Damen war es Vorschrift, dass wir immer im Sportanzug zur Dusche zu gehen und uns in der provisorischen Kabine an- und ausziehen mussten. Das war bei der Hitze ehrlich gesagt nicht immer angenehm.

Irgendwann kamen die ersten Beschwerden einiger Frauen, jemand habe sie heimlich beim Duschen gefilmt. Irgendjemand hatte ein Handy über den Rand der benachbarten Kabine gehalten. Keine Ahnung, was der Kerl sich dabei gedacht hat. Jedenfalls glaubte eine der Frauen, die Tätowierungen an seinem Arm erkannt zu haben. Im Camp gab es natürlich auch Militärpolizisten. Die verfolgten den Vorfall und konnten den Täter tatsächlich anhand seiner Tattoos identifizieren.

Das Ganze endete damit, dass ein Caporal-Chef der Fremdenlegion unverzüglich nach Frankreich zurückgeschickt wurde. Keine Ahnung, was weiter mit ihm passierte.

Während meines Lazarettaufenthalts besuchte mich eines Tages ein deutscher Caporal-Chef aus einer anderen Kompanie. Genauer gesagt: Er war der Präsident aller deutschen Fremdenlegionäre. Er hatte davon gehört, dass ein Landsmann von ihm hier lag. Der Mann hatte breite Schultern und ein fröhliches Gesicht. Die Unterhaltung mit ihm war eine willkommene Abwechslung für mich.

»Das wird schon wieder«, ermunterte er mich zum Abschied auf Deutsch. »Gute Besserung, viel Glück und komm gesund nach Hause!«

Stählerne Pferde

Nach acht oder neun Tagen ging es mir schon besser und ich wurde aus dem Lazarett entlassen. Langsam trottete ich zu meinem Zelt zurück. Nach der Kühle des Lazaretts musste ich mich erst wieder an die Bullenhitze hier draußen gewöhnen.

Doch als ich ankam, war mein Zelt verlassen, keine Menschenseele war da. Nur unsere Ventilatoren standen verwaist in der Gegend herum, und der gemietete Kühlschrank brummte vor sich hin. Auf den Betten lagen einige Uniformteile und Handtücher verstreut. Zuerst wunderte ich mich, aber dann fiel mir ein, dass mein Zug bestimmt schon längst wieder auf einer Patrouille unterwegs war. Wir waren ja nie länger als ein oder zwei Tage im Camp geblieben, um unserer Vorräte aufzufrischen, und dann gleich wieder aufgebrochen. Deswegen hatte mich wohl auch keiner meiner Kameraden im Lazarett besucht. Na ja, ich wäre eh zu fertig gewesen, um mich groß mit ihnen zu unterhalten.

Ich legte mich unschlüssig auf mein Feldbett. Es war ein merkwürdiges Gefühl, ganz allein in dem verlassenen Zelt zu sein. Ich bekam ein schlechtes Gewissen, weil ich nicht mit meinen Jungs draußen war. Wer fuhr jetzt wohl den VAB? Wo waren sie gerade? Ging es ihnen gut?

»Drecksmalaria!«, fluchte ich lauthals in dem leeren Zelt. Ohne sie wäre ich jetzt bei ihnen. Ich hatte keine Ahnung, wann meine Truppe nach Gao zurückkehren würde. Meine Vorgesetzten waren ebenfalls alle mit der Kompanie unterwegs. Ich fühlte mich irgendwie verlassen und einsam.

Ich beschloss, mit meinem Sportprogramm anzufangen. Schließlich wollte ich fit bleiben und nach der Erkrankung schnell wieder in Hochform kommen. Das hatte der Doc mir auch erlaubt. Vorsichtig lief ich einige Runden durchs Camp, machte Gymnastik und solche Sachen. Die nächsten zwei, drei Tage verbrachte ich so.

Am dritten Tag kam morgens ein Sergent zu mir ins Zelt.

»Caporal Mahler, mach dich bereit«, sagte er. »Um dreizehnhundert geht dein Hubschrauber.«

»Wohin?«, fragte ich.

»Keine Ahnung«, erwiderte er schulterzuckend. Er hatte lediglich den Befehl bekommen, mir zu sagen, wann ich abfliegen würde. »Pack deine Sachen und geh zum Flugplatz.«

Neben dem zerstörten Flughafengebäude gab es eine Stelle, an der die Helikopter landeten. Dort wurde auch der Nachschub in die Maschinen verladen. Palettenweise stand das Zeug dort herum, dazwischen warteten Legionäre und Soldaten auf ihre Flüge. Der Gao International Airport war ein Knotenpunkt, von dem aus viele kleine Militärstützpunkte im Norden Malis angeflogen wurden.

Ich legte meinen Rucksack ab und sagte einem französischen Soldaten, der für die Koordinierung der Hubschrauberflüge zuständig war, meinen Namen. Er schaute in eine Liste und meinte nur: »Warte da drüben.«

Dort stand bereits ein einzelner Soldat neben einer Palette mit Bier und einer weiteren mit Ersatzteilen. Irgendwann landeten zwei Helikopter – sie flogen immer zu zweit, damit im Notfall einer dem anderen helfen konnte. Die Paletten wurden eingeladen, und wir mit unserem Kram ebenfalls. Ich fragte mich, wer wohl die Glücklichen waren, für die die Bierlieferung bestimmt war …

Beim ersten Stopp wurde das Bier schon wieder ausgeladen. Der Stützpunkt dort war relativ groß. Zwischen einigen Zelten ragten Funkantennen hoch in den Himmel. Ich sah auch einige Fahrzeuge der Fernmelder und des medizinischen Personals. Darum vermutete ich, dass hier ein Stab stationiert war, der überwiegend mit Offizieren besetzt war. Ich hatte keinen blassen Schimmer, wo wir uns gerade befanden. Wir waren jedenfalls lange über die Wüste geflogen. Die beiden Bordschützen hatten die ganze Zeit über konzentriert nach unten geschaut.

Beim zweiten Stopp fragte ich dann den Crew-Chief, wann ich denn rausmüsste. Als Antwort hob er fünf Finger in die Höhe. An diesem Tag flog ich dreieinhalb Stunden kreuz und quer über Mali. Der Hubschrauber musste sogar bei einem Stopp nachtanken. Am Ende war ich mit der Crew allein in der Maschine. Ich freute mich bereits sehr darauf, meine Kameraden endlich wiederzusehen. Wahrscheinlich erwarteten sie mich schon.

In einer Sandwolke setzte der Helikopter außerhalb eines Zeltlagers in der Wüste auf. Die zweite Maschine blieb derweil in der Luft und kreiste um das Camp. Ich hatte von oben vergeblich nach unseren VAB Ausschau gehalten. Vielleicht befanden sie sich ja noch auf einer Patrouillenfahrt? Ich warf meinen Rucksack aus dem Helikopter und sprang hinterher. Der Hubschrauber stieg sofort wieder in die Höhe. Der Bordschütze auf meiner Seite hob kurz die Hand zum Abschied.

Nach dem ohrenbetäubenden Dröhnen der Rotoren war es plötzlich wahnsinnig still. Ich hob meinen Rucksack auf und ging auf eine Gruppe Soldaten zu. Sie waren Legionäre, allerdings aus einer anderen Einheit. Das konnte ich auf einen Blick an ihren Abzeichen erkennen. Wo zur Hölle war ich denn jetzt gelandet?

»Sergent«, sprach ich einen von ihnen respektvoll an, »wissen Sie, wo sich die 4. Kompanie des 2ᵉ REI befindet?«

Der Sergent schaute mich an. Er hatte eine Schramme auf der Wange und strahlend weiße Zähne.

»Caporal Mahler«, erklärte ich. »Ich soll hier zu meiner Einheit stoßen.«

»Bis vorgestern war sie noch da«, sagte der Sergent, »Jetzt ist sie zehn Stunden südlich von hier unterwegs.«

Was? Ich war ratlos. Ich war davon ausgegangen, hier wieder auf meine Jungs zu treffen.

»Mist!«, sagte ich.

Mehr fiel mir im Moment nicht ein. Wenn sich meine Kompanie im Einsatz befand, konnten Wochen vergehen, bis ich sie wiedertraf. In Mali gab es ja keine Möglichkeit, mal eben von A nach B zu gelangen. Außer im Notfall oder bei einer Mission flogen die Hubschrauber ausschließlich die Camps an.

»Kannst du reiten?«, fragte mich der Sergent unvermittelt. Ich war völlig überrumpelt.

»Ähm … Nein, Sergent. Ich habe noch nie auf einem Pferd gesessen«, antwortete ich wahrheitsgemäß.

»Und«, begann der Sergent und sah mich mit einem verschmitzten Grinsen an, »hast du Lust auf ein stählernes Pferd?«

Dabei zeigte er auf eine Reihe flacher sandfarbener Geländewagen, die hinter ihm geparkt waren. Jetzt kapierte ich endlich: Ich war beim Kavallerieregiment der Fremdenlegion gelandet!

Feindkontakt

Die Fahrzeuge der Kavallerie bewegten sich viel schneller durch die Wüste als ein VAB. Deren sogenannten VBL sind richtige Wüstenflitzer. Das liegt daran, dass es sich beim VAB um einen gepanzerten Truppentransporter handelt, das VBL hingegen ist ein Aufklärungsfahrzeug und daher viel agiler.

Der Sergent, den ich bei meiner Ankunft angesprochen hatte, ließ mich in seinem Wagen bei den Patrouillen mitfahren. Die Kavallerieeinheit hatte einige krankheitsbedingte Ausfälle, daher waren sie froh, dass ich einsprang. Die meiste Zeit über stand ich mit meinem Famas im Heck des VBL in einer Luke. Während wir durch die Wüste bretterten, beobachtete ich aufmerksam die Umgebung.

Die Jungs von der Kavallerie waren schwer in Ordnung. Es gab viele Exjugoslawen und Asiaten unter ihnen. Während ich mit der Einheit unterwegs war, hatten wir allerdings nicht viel Freizeit. Jeder machte seinen Job und war ansonsten froh, wenn er ein paar Stunden Schlaf abbekam.

Für mich war es interessant zu sehen, wie die Kavallerie operierte. Mit den schnelleren Fahrzeugen ergaben sich mehr Möglichkeiten. Man konnte unmittelbarer auf Informationen reagieren, die von den Aufklärungsflugzeugen, Helikoptern oder Drohnen kamen. Wenn zum Beispiel gesagt wurde: »Irgendwo bewegt sich irgendwas, schaut euch das doch mal aus der Nähe an«, konnten wir – sofern die Entfernung nicht allzu groß war – relativ schnell dort sein und die Lage checken. Mit einem VAB hätte das in diesem Terrain manchmal Tage gedauert. Doch meist fanden wir nicht, wonach wir suchten. Die Islamisten kannten sich in der Gegend einfach zu gut aus und konnten problemlos als Zivilisten getarnt in den umliegenden Dörfern untertauchen.

Daher war ich auch nicht allzu optimistisch gestimmt, als der Sergent sagte: »Ich habe eine Info, dass zwanzig Minuten von hier ein Pick-up mit Bewaffneten fährt.«

Das hatten wir nun schon mehrmals gehört und am Ende doch niemanden aufgespürt. An dem Tag bestand unsere Patrouille aus fünf Fahrzeugen. Nicht sehr groß, aber mobil genug, um zu der besagten Stelle zu fahren.

»Da ist wirklich ein Pick-up«, sagte der Sergent, als wir uns den Koordinaten näherten. »Weißes Fahrzeug auf 12 Uhr. 500 Meter entfernt.«

Durch meine Zieloptik konnte ich es gut erkennen. Das Fahrzeug stand mitten in der Wüste. Vorsichtshalber entsicherte ich meine Waffe. Wir fuhren weiter darauf zu, die anderen VBL in einiger Entfernung rechts und links neben uns. Durch mein EOTech-Visier sah ich, dass sich bei dem Pick-up etwas bewegte.

»Die schießen auf uns!«, schrie der Sergent, als wir auf etwa 200 Meter an sie herangekommen waren.

Im gleichen Moment sah ich zwei Männer mit Kalaschnikows bei dem Fahrzeug. Ich konnte wegen des Motorlärms nicht viel hören, doch ich sah das Mündungsfeuer der Waffen aufblitzen. Sofort war mein Puls auf hundertachtzig. Es fühlte sich an, als würde mich jemand auf einen Abgrund zustoßen. Ich reagierte darauf, indem ich versuchte, meine Angst in den Griff zu kriegen und auf Angriffsmodus umzuschalten. Ich atmete mehrmals hintereinander tief ein und aus. An dieser Stelle machte sich auch der jahrelange Drill bei der Fremdenlegion bezahlt: Ich überlegte nicht lange. Mein Körper machte genau das, was ich wieder und wieder bis ins Detail trainiert hatte. Das lief fast automatisch.

Jeder – aber auch wirklich jeder –, der in unserer Patrouille eine Waffe in der Hand hatte, ballerte los. Wir waren wochenlang auf der Suche nach Islamisten vergeblich durch die Wüste gezogen. Jeder Legionär, den ich kannte, hatte einen ziemlichen Hals auf die Typen. Und auf einmal waren da drei von ihnen – und die schossen auch noch auf uns! Feindkontakt, das hatte sich jeder von uns insgeheim schon lange gewünscht.

Wir fuhren weiter in einem Affenzahn auf den Pick-up

zu. Mein Sichtfeld hatte sich verengt. Ich glaube, das war ein Nebeneffekt des Adrenalins, das durch meine Adern rauschte. Ich sah nur noch die Typen und ihren Pick-up. Wo die Kugeln einschlugen, die sie auf uns abfeuerten, kann ich nicht sagen. Auf der Ladefläche des Pick-ups hantierte ein dritter Gegner mit einem schweren russischen Maschinengewehr. Wir waren jetzt so nah dran, dass ich alles auch mit bloßem Auge erkennen konnte. Sollte es dem Schützen gelingen, das MG abzufeuern, sah es schlecht für uns aus. Die großkalibrigen Kugeln würden die leichte Panzerung der VBL mühelos durchschlagen.

Dann explodierte der Typ. Ich meine, er hatte plötzlich überall rote Flecke, die sich schnell ausbreiteten, und er zuckte wild. Dann sackte er, von unseren Kugeln durchsiebt, auf der Ladefläche des Pick-ups zusammen. Es war fast wie in einem Computerspiel – zumindest, wenn man es aus 20 Metern Abstand sah. Den beiden anderen Islamisten erging es nicht besser: Auch sie wurden schnell »ausgeschaltet«. Der Pick-up war ebenfalls von Einschusslöchern zersiebt – an manchen Stellen war der weiße Lack blutverschmiert.

Das ganze Feuergefecht hat bestimmt nicht länger als zwanzig Sekunden gedauert, aber mir persönlich kam es viel länger vor. Nachdem sicher war, dass sich keiner der Angreifer mehr rührte, verließen wir unsere Fahrzeuge. Einige von uns nahmen einen Beobachtungsposten ein, um die Gruppe zu sichern, andere näherten sich vorsichtig dem Pick-up und durchsuchten ihn. Ich könnte schwören, dass von den Körpern Rauch aufstieg, obwohl ich dafür keine Erklärung habe. Zwei von ihnen waren definitiv tot. Einer röchelte noch. Er kam mir ziemlich jung vor, aber da konnte ich mich auch täuschen.

Der Sergent rief den Medic und fragte, ob er noch etwas für den Verwundeten tun könne. Der Sanitäter zog sich dünne Plastikhandschuhe über und beugte sich über den Mann. Es war kein schöner Anblick: jede Menge blutige Einschusslöcher, die etwa so groß waren wie eine Erbse. Ich war wie erstarrt. Ich wusste nicht, was ich machen sollte. Der Verwundete schaute in meine Richtung, zumindest empfand ich das so. Irgendwie war mir klar, dass er gleich sterben würde. Da war irgendwas in seinem Blick – und dann starb er tatsächlich.

Ein Gedanke ging mir durch den Kopf: Das Letzte, was dieser Mensch in seinem Leben sah, war ich. Dabei empfand ich auch ein wenig Mitleid für ihn. Ich denke heute noch manchmal daran.

In Mali haben wir aber nie mehr über das gesprochen, was an diesem Tag geschehen war. Während der Operation Serval habe ich nie einen Legionär getroffen, der stolz darauf war und darüber sprach, dass er jemanden umgelegt hatte. Der Tod war einfach kein Thema.

Aber mal ehrlich: Solche Einsätze bedeuten immer einen enormen Stress, für jeden Legionär. Da ist keiner so supercool und tiefenentspannt, auch wenn er vielleicht so tut. Wenn dann geschossen wird, steigt der Adrenalinspiegel ins Unermessliche. Da fackelst du nicht lange, sondern denkst nur noch daran, selbst heil aus dieser Sache rauszukommen. Die oder ich – das ist die simple bittere Wahrheit.

Knapp

»Schön, wieder bei euch zu sein, Jungs!«, freute ich mich.

Die Zeit mit den Kavalleristen war ereignisreich gewesen, aber trotzdem war ich froh darüber, einige Wochen später in Gao wieder auf meinen Zug zu treffen. Zum Glück sah ich all die bekannten Gesichter wieder. Niemand fehlte, war krank oder verwundet.

Sergent Meilleur gab mir einen Klaps auf die Schulter: »Gut, dass du wieder bei uns bist, Mahler.«

Ich hob den Daumen und grinste: »Wurde auch Zeit.«

Die Kompanie war fast pausenlos in der Wüste unterwegs gewesen. Auch diesmal fuhren wir nach kurzer Zeit wieder raus. In Frankreich erfuhr ich später, dass meine Kompanie von allen Einheiten der Fremdenlegion während der Operation Serval am längsten im Einsatz gewesen war.

Alle waren erschöpft. Wenn wir abends irgendwo biwakierten, spielte die Wahl des Schlafplatzes keine große Rolle mehr. Man legte sich einfach irgendwohin und schlief ein paar Stunden. Zumindest wenn man Glück hatte und nichts Unvorhergesehenes geschah. Ich war fast am Ende meiner Kräfte. Den anderen ging es genauso. Die Aufmerksamkeit ließ langsam, aber sicher nach, das zeigte sich immer häufiger.

Eines Tages – wir hatten unser Lager wieder mal mitten in der Wüste aufgeschlagen – reinigte jeder seine Waffen, wie immer. Bei dem vielen Sand und Staub war das auch dringend nötig. Das Magazin für das Famas hat einen Federmechanismus, der die Patronen in den Verschluss der Waffe transportiert. Wenn dieser Mechanismus verschmutzt ist, kann es passieren, dass er blockiert. Das wollte ich in Mali ganz sicher nicht erleben.

Ich saß mit einer Gruppe von Legionären zusammen. Crouton, der Belgier, war dabei, Terenk, Meilleur und noch ein brasilianischer Caporal. Daran, wer sonst noch da war, erinnere ich mich nicht mehr. Jeder von uns fummelte akribisch an seiner Waffe herum, pustete Sand aus den Ritzen, ölte bestimmte Teile ein und so weiter – das volle Programm eben. Ein schwarzer Legionär war damit beschäftigt, sein Maschinengewehr zu putzen. Keiner sagte einen Ton. Wir waren zu müde, um eine Unterhaltung zu führen.

Auf einmal schlug – *bratatatata!* – eine Salve einen halben Meter neben dem Belgier ein. Fünf oder sechs Kugeln spritzten nach hinten weg. Ich schaute erschrocken hoch. Der Schwarze starrte erstaunt auf seine Knarre. Er hatte bei der Endkontrolle, anstatt die Waffe zu sichern, abgedrückt, nachdem er den Munitionsgurt eingelegt hatte!

309

Der brasilianische Caporal saß hingegen weiter auf seinem Platz – er hatte sich keinen Millimeter vom Fleck bewegt – und nickte einmal mit dem Kopf.

»Aha, schau an«, sagte er zu dem Schützen.

Total absurd: Der Typ war gerade haarscharf mit dem Leben davongekommen – fünfzig Zentimeter weiter rechts und er wäre mehrmals getroffen worden –, und er saß nur da und sagt nichts weiter als »Aha, schau an«? Auch daran konnte man sehen, wie leer und ausgebrannt wir waren. Der Schwarze war ebenfalls wie erstarrt.

Sein Gruppenführer hatte die Schüsse natürlich gehört und kam angerannt. Nachdem er geschnallt hatte, was passiert war, gab er dem Schwarzen stinkwütend einen Faustschlag ins Gesicht und nahm ihm sofort die Waffe ab.

»Du schaufelst heute Nacht ein Loch, das so groß ist, dass ein VAB reinpasst!«, schrie er ihn aus Leibeskräften an.

Und das war kein Witz: Am nächsten Morgen sah ich die Grube. Als wir wieder im Camp waren, musste der Pechvogel zur Strafe außerdem alles an Ausrüstung putzen, was sich putzen ließ.

Ehre der Kompanie

Wenn wir von einer Patrouille zurückkehrten, war es Tradition, dass wir uns am ersten Abend danach die Kante gaben. Die Malier verkauften im Camp ja mittlerweile sogar Bier und Schnaps. Das gemeinsame Feiern half, wenigstens mal für ein paar Stunden runterzukommen. Die Anspannung, unter der wir standen, war enorm.

Nach so einem feierlichen Anlass wurde ich einmal mitten in der Nacht rabiat geweckt. Ich hatte mich nach ein paar Bier verabschiedet, weil ich mich vor Müdigkeit und Erschöpfung nicht mehr auf den Beinen halten konnte. Ich brauchte einen

Moment, um zu erkennen, wer da so unsanft an mir rüttelte. Es war ein Legionär, der sagte, dass mich mein Sergent zu sich rufen würde. Ich setzte mich auf und ging – meine Flip-Flops an den Füßen – mit dem Legionär ins Nachbarzelt. Dort traf ich den Sergenten – total betrunken. Langsam hörte ich aus seinem Gebrabbel heraus, dass ich die Kompanie beim Armdrücken repräsentieren sollte – eine ernste Angelegenheit, darum kam ich nicht herum.

Im Zelt waren sie alle um einen Tisch versammelt. Ein Legionär der Kavallerie – ich kannte ihn nicht – hatte eine Reihe von unseren Jungs bereits beim Armdrücken besiegt. Der Typ war Amerikaner, total durchtrainiert.

»Hey, brother!«, begrüßte ich ihn. Ich war mit einem Mal wieder hellwach. Das würde ein Spaß werden. »Let's go!«

Ich merkte sofort, dass er ziemlich viel Kraft hatte. Das Zelt war übervoll. Es roch nach Schnaps, Zigarettenrauch und Schweiß. Meine Jungs feuerten mich tatkräftig an.

»Mahler, wenn du ihn fertisch machst, kauf isch dir 'ne Kischte Bier«, lallte mein Sergent. »Ach was, zwei Kischtn!«

Und es klappte: Ich besiegte den Ami. Dutzende Hände klopften mir anerkennend auf die Schultern. Ein paar Legionäre hoben mich sogar in die Höhe. Die Ehre der Kompanie war gerettet. Und ich durfte irgendwann, nachdem wir diesen glorreichen Sieg noch ein bisschen gefeiert und viel gelacht hatten, endlich wieder ins Bett. Die innere Anspannung hatte sich zumindest bei mir gelöst.

Am Morgen lief ich dem Präsidenten der Caporaux-Chefs über den Weg.

»Caporal Mahler«, sprach er mich an. »Ich habe gehört, du hast die Ehre der Kompanie verteidigt.«

Ich sagte nur: »Oui, Caporal-Chef.«

»Gut. Weiter so!«

Good-bye, Mali

An diesem Morgen brodelte im Frühstückszelt die Gerüchteküche.

»Morgen fliegen wir nach Hause«, sagte Terenk.

»Ach ja, wer hat dir das denn erzählt?«, wollte Crouton wissen.

»Na, der Sergent. Wir sollen die Waffen in den Waffencontainer packen.«

»Ohne Scheiß, Mann?«

»Ja, ohne Scheiß!«

Kurz darauf kam die Bestätigung von Adjudant Tibor: Unser Einsatz in Mali war beendet, wir wurden abgezogen. Nachdem wir unseren Kram verpackt hatten, bekamen wir zum ersten Mal seit fünf Monaten einen halben Tag frei. Ich war das VAB endgültig los. Kein Reinigen, Ölstandmessen oder Tanken mehr. Ich schickte Anna eine SMS: »Ich komme nach Hause.« Als Antwort erhielt ich einen breit grinsenden Smiley.

Bevor wir abflogen, wurde es allerdings noch einmal brenzlig. Während wir auf die Transall warteten, schlugen zwei Mörsergranaten in der Nähe des Rollfelds ein.

»Scheiße. Die Mistkerle wissen, dass wir heute abfliegen«, hörte ich jemanden fluchen. Und: »Hoffentlich wird der Flugplatz nicht gesperrt!«

Wurde er nicht, und nach zwei Stunden Flug – ohne weitere nennenswerte Zwischenfälle – setzte unsere Maschine zur Landung auf dem Flughafen Bamako an. Wir blieben zwei Tage dort und waren in der Zeit in Zelten untergebracht, wie immer. Als Erstes genehmigte ich mir eine richtig lange Dusche. Ich stand über eine halbe Stunde nur da und ließ das Wasser über meinen Körper laufen. Als Nächstes stand Essen auf dem Plan, In Bamako gab es sogar eine Kantine mit warmem Essen. Daran musste ich mich nach meiner Gefechtsrationen-Diät erst einmal wieder gewöhnen.

In den nächsten achtundvierzig Stunden herrschte überall

ausgelassene Stimmung. Wenn ich nicht gerade schlief, unterhielt ich mich mit den Jungs. Wir alberten kindisch herum, erzählten uns von unseren Urlaubsplänen, schauten französische Filme und so weiter.

Am dritten Tag, nachmittags, sollten wir mit einem Airbus nach Frankreich abfliegen. Kurz vor dem geplanten Abflug suchte ich mir eine ruhige Ecke im Camp. Ich war mir sicher, dass dies mein letzter Tag in der Fremdenlegion in einem Einsatz sein würde, deswegen wollte ich mir jeden Moment ganz in Ruhe genau einprägen. Zwischen zwei Containern blickte ich noch einmal in den endlosen Sternenhimmel über Mali, während auf meinem iPod »Nightcall« von Kavinsky lief. Die geisterhaft verzerrte Stimme des Sängers raunte: »I'm gonna show you where it's dark, but have no fear.«

Das war meine Art, mich von Mali zu verabschieden.

7
Adieu Fremdenlegion

Heimat

Ich sank auf die Knie und küsste den Boden. Europäischen Boden, um genau zu sein. Meine Lippen berührten den Asphalt des Rollfelds. Viele von den Jungs taten das, nachdem wir in Paris gelandet waren. »Danke, dass ich gesund aus Mali zurückgekommen bin«, sollte diese Geste ausdrücken. Ich empfand jedenfalls in diesem Moment tiefe Dankbarkeit dafür, dass ich die kühle Nachtluft atmen durfte. Nachdem unser Flugzeug in Bamako gestartet war, war ich schnell eingeschlafen und erst bei der Landung wieder aufgewacht. Auf dem Pariser Flughafen warteten bereits Busse auf uns. Kaum saß ich drin, schlief ich auch dort wieder ein. Hier lauerten keine Gefahren, hier musste ich nicht mehr rund um die Uhr wachsam sein.

Am nächsten Morgen kamen wir in Nîmes an.

Es war ein sonniger Oktobertag. Die »Schwarze Rose« singend, zog ich mit meiner Kompanie in die Kaserne ein. Ich hatte tatsächlich das Gefühl, nach Hause zurückzukehren. Die Gebäude, die Zimmer, die Gerüche – alles wirkte so vertraut. Es dauerte auch nicht lange, bis ich Bekannte aus den anderen Kompanien traf.

»Wie war es in Mali?«, fragte mich jemand.

»Alles gut gelaufen«, sagte ich.

»Habt ihr viele Islamisten gesehen?«

»Eher weniger. Es war aber auch so hart genug.«

»Na dann, willkommen zu Hause!«

Eine meiner ersten Amtshandlungen bestand darin, dass ich

mir im Foyer Toilettenpapier kaufte. Dafür ist jeder Fremdenlegionär nämlich selbst zuständig, es wird nicht gestellt.

Diese vergleichsweise banalen Alltagsdinge halfen mir dabei, mich nach dem Kampfeinsatz wieder in der Kaserne zurechtzufinden. In den ersten Tagen, nachdem wir aus Mali zurückgekehrt waren, reinigten wir – wieder einmal – ausgiebig unsere Waffen und auch die Unterkünfte. Zu mehr wäre ich aber auch nicht in der Lage gewesen. Ich fühlte mich unendlich müde und erschöpft. Trotzdem – es wäre ja auch zu schön gewesen – stand in der ersten Woche der obligatorische Sporttest CCPM auf dem Programm.

Und natürlich schickte ich Anna wie versprochen eine SMS: »Kann ich dich heute anrufen?«

»Ja!«, lautete ihre kurze Antwort.

Eine Woche später trafen wir uns in München. Ich hatte vier Wochen Urlaub bekommen. Anna und ich hatten uns verabredet: Ich hatte eine Wohnung in München organisiert, total schön eingerichtet. Ich ging die Straße entlang und sah sie schon von weitem auf der anderen Seite stehen. Wir hatten uns zwar noch nie gesehen, aber ich erkannte sie sofort wegen der Fotos auf Facebook. Sie sah in Wirklichkeit sogar noch besser aus.

»He, Anna!«, rief ich und winkte.

Sie drehte sich um, strahlte über das ganze Gesicht und rannte auf mich zu. Diesen Moment werde ich niemals vergessen. Sie fiel mir um den Hals, sprang auf mich und gab mir einen Kuss. Es fühlte sich total natürlich an, obwohl es unsere erste Begegnung war.

»Möchtest du deine Sachen reinbringen, und wir gehen dann irgendwo eine Kleinigkeit essen?«, fragte ich.

Anna sagte irgendwas auf Bayerisch, »Jo, ja« oder so. Ihren Akzent fand ich ziemlich lustig und süß. Am Ende landeten wir im Hofbräuhaus, ausgerechnet. Ich war noch nie dort gewesen. Ein richtiger Bierkeller: bayerisches Essen, japanische Touristen und Kellnerinnen im Dirndl. Deutscher ging es kaum. Vor zehn Tagen war ich noch in Mali gewesen. Das war ein echter Kulturschock.

Ich erzählte Anna viel über Frankreich. Über das französische Essen, die Landschaft, das Mittelmeer und so. Die Fremdenlegion war zwischen uns kein Thema.

»Wenn du etwas darüber wissen willst, dann frag ruhig«, forderte ich sie auf. Allerdings war ich schon froh, einmal nichts mit der Legion zu tun zu haben. Vielleicht spürte Anna das auch, jedenfalls fragte sie mich nichts weiter. Wir bummelten einfach durch München und hatten viel Spaß miteinander.

Zukunftspläne

Mich beschäftigte aber auch noch etwas anderes, etwas sehr Trauriges: Mein väterlicher Freund Johan lag im Sterben. Ich hatte einmal in Mali mit ihm telefoniert. Er hatte Krebs im Endstadium.

»Johan«, hatte ich damals zu ihm gesagt. »Halt durch, bis ich wieder da bin!«

»Kann ich nicht garantieren«, hatte mein Freund erwidert.

Daher fuhr ich von München aus direkt mit dem Zug in die Schweiz, um ihn zu treffen. Er freute sich sehr darüber, mich zu sehen. Trotzdem war es ein sehr trauriger Besuch, denn wir wussten beide, dass dies wohl unsere letzte Begegnung sein würde.

Wir saßen uns in den bequemen Polstersesseln in seinem Wohnzimmer gegenüber.

»Und, Stefan?«, fragte er mich. »Wie sehen deine Zukunftspläne aus?«

Zuerst zögerte ich, ihm davon zu erzählen. Mit einem Sterbenskranken über die Zukunft zu sprechen fiel mir nicht gerade leicht.

»Ich werde die Fremdenlegion verlassen«, sagte ich dann doch. »In ein paar Monaten sind meine fünf Jahre rum.«

Johan schwieg.

Ich hatte mir bereits seit einiger Zeit Gedanken darüber gemacht, ob ich meine Dienstzeit verlängern sollte oder nicht. Mein Capitaine wollte mich beim Sergentenlehrgang anmelden. Das würde bedeuten, dass ich mich für weitere drei Jahre festlegen müsste. Nach Ablauf der ersten fünf Dienstjahre hat ein Legionär eigentlich die Möglichkeit, sich für ein, zwei oder drei weitere Jahre zu verpflichten. Wenn ich jedoch Sergent werden wollte, mussten es mindestens drei Jahre sein – weniger wäre in dem Fall nicht drin.

Ich fühlte mich zwar geehrt, dass man mich für einen guten Soldaten hielt und mir einen weiteren Karrieresprung in Aussicht stellte. Aber um ehrlich zu sein, hatte ich von der Fremdenlegion genug. Mali, die Operation Serval, das war eine Top-Mission gewesen. Wenn es nur um die vergangenen fünf Monate gegangen wäre, hätte ich mich wahrscheinlich anders entschieden. Der sture Drill ging ja noch, aber die Langeweile und die Eintönigkeit, die zwischendurch aufkamen, waren auf Dauer nichts für mich. Singend zum Essen gehen, stundenlang stupide die Uniform bügeln, der ganze Scheiß kotzte mich an.

Mir war klargeworden, dass ich selbst über mein Leben bestimmen wollte. Und ich hatte erkannt, dass in der Fremdenlegion so etwas wie Selbstverwirklichung niemals möglich wäre. In der Legion man macht das, was andere einem sagen. »Mahler, werde Sergent!« – also wird Mahler Sergent. Was mir das letztlich persönlich bringen könnte, das interessierte die Fremdenlegion nicht.

»Hast du dir das auch gut überlegt?«, wollte Johan wissen.

»Über ein Jahr lang. Gründe gibt es genug. Ich möchte noch etwas anderes erleben als die Fremdenlegion. Wenn ich zu lange dabeibleibe, wird es immer schwerer, da rauszukommen.«

Ich erzählte Johan, was ich damals im Veteranenheim der Legion erlebt hatte, in dem wir dreimal während meiner

317

Dienstzeit hatten aushelfen müssen. Das Veteranenheim in Puyloubier gehört zur Fremdenlegion. Die Einrichtung liegt abgeschieden neben einem Bergmassiv in der französischen Provence. Es gibt dort ein mehrstöckiges Wohngebäude mit kleinen Zimmern mit Balkon und mehrere Wirtschaftsgebäude. Zweihundert ehemalige Legionäre leben dort und beackern mit Hilfe aktiver Fremdenlegionäre ein kleines Weingut, bauen Gemüse an und züchten Wildschweine. Die meisten von ihnen können allerdings nicht mehr viel machen. Deshalb werden regelmäßig aktive Legionäre dorthin abkommandiert, um dort ein wenig zu helfen. Die medizinische Versorgung der Veteranen wird von qualifiziertem Personal – zum Beispiel den Sanitätern – übernommen.

Jeder Legionär erwirbt nach fünf Jahren Dienstzeit bei guter Führung das Anrecht, im Veteranenheim der Fremdenlegion zu leben. Grundsätzlich ist es eine gute Sache, dass eine Armee ihre Leute nicht im Stich lässt. So kann auch ich mich theoretisch zeitlebens dort melden und einziehen – aber das werde ich hoffentlich niemals tun müssen.

Ich war geschockt zu sehen, wie fertig diese Leute waren. Die meisten waren über siebzig, es gab aber auch einige jüngere, darunter auch einige Deutsche.

Als ich dort aushalf, versuchte ich, mit den Leuten ins Gespräch zu kommen. Doch daran waren sie überhaupt nicht interessiert. Die meisten Veteranen saßen tagaus, tagein mit einer Flasche Rotwein in der Cafeteria. Sie hatten niemanden mehr und wirkten auf mich einsam und verlassen. Das Veteranenheim war für sie die Endstation. Für sie hieß es wirklich »Legio Patria Nostra«, aber auf eine ganz schlimme Art. So wollte ich nicht enden.

Unter Tränen verabschiedete ich mich von Johan und fuhr für die letzten drei freien Tage meines Urlaubs zu Anna nach Landshut. Ich erzählte ihr von meinem Entschluss und sagte, dass ich bald frei wäre.

»Komm doch dann nach Landshut!«, freute sie sich.

Abschied von meiner großen Familie

Zurück in Nîmes, bat mich der Capitaine wieder einmal zu sich.

»Mahler, wir machen dich zum Sergenten«, bot er mir erneut an.

Eigentlich war das eine echte Ehre: Man konnte sich nämlich nicht dafür bewerben, Sergent zu werden, man wurde gefragt. Aber mich interessierte das nicht: Ich wollte immer nur ein guter Legionär und Caporal sein – und nicht eine steile Militärkarriere hinlegen.

»Danke, mon Capitaine, aber ich habe mich entschieden«, antwortete ich, »ich höre auf.«

»Überleg es dir gut. Wir brauchen gute Leute.«

»Jawohl, mon Capitaine«, versprach ich.

Doch mir war bereits in dem Moment klar: Nichts konnte mich mehr umstimmen, ich hatte meinen Entschluss gefasst. Endgültig. Ich wollte selbst über mein Leben bestimmen – und nicht andere über mein Leben bestimmen lassen.

Hinzu kam: Es gab doch einige ziemlich demotivierte Leute in der Truppe, die sich nach Feierabend mit Alkohol oder Drogen betäubten, dafür all ihr Geld raushauten. Die hatten überhaupt keinen Plan, was sie aus ihrem Leben machen wollten. Nein, in solch einem Umfeld konnte ich mir eine echte Zukunft nicht vorstellen. Ich hatte eine tolle Zeit, viel erlebt, viel gelernt – aber das war dann auch gut. Und am Ende ist jeder ersetzbar, beim Militär sowieso, also auch ich.

Was ich aber in dem Moment nicht ahnte: Die Fremdenlegion reagierte total beleidigt auf meine Entscheidung und fing an, mir Stress zu machen. Die Unteroffiziere schauten mich komisch an, und ich wurde sogar mal zum Sicherheitsoffizier gerufen: Angeblich würde ich schlecht über die Truppe reden, hieß es. Und: »Wir müssen alle zusammenhalten, Mahler.«

Als ich zurück auf meine Stube kam, die nächste Überraschung. Dort war schon die Militärpolizei und hatte meine

Sachen durchwühlt und mein Laptop mitgenommen, um irgendetwas gegen mich zu finden. Haben sie aber nicht – reine Schikane.

Ich war total enttäuscht: Sobald die Legion keinen Nutzen mehr in dir sieht, bist du abgemeldet und wirst weggeschoben. Man darf auf keine Lehrgänge mehr und kriegt nur noch blöde Jobs, als Fahrer oder so. »Mahler, du wirst Zivilist, du willst ja nicht verlängern«, hieß es dann. Das gilt übrigens genauso für Kranke oder Verwundete, die nicht mehr voll einsatzfähig sind: Die dürfen nicht hoffen, dass sich die Fremdenlegion lange mit ihnen abmüht.

Meine letzten Monate als Fremdenlegionär vergingen trotzdem wie im Flug. Ich verbrachte viel Zeit mit Robinho und Forrester. Abends saßen wir auf dem Zimmer und kochten. Ich kaufte im Supermarkt frische Zutaten und bereitete das Essen auf meinem Gaskocher zu. Wir unterhielten uns oft über die Zukunft. Robinho wollte ebenfalls den Dienst beenden. Er hatte sich zwar langsam von seiner Rückenverletzung erholt, wusste aber nicht, ob sie sich bei starker Belastung nicht wieder verschlimmern würde. Robinho sah für sich keine Perspektive mehr in der Fremdenlegion. Forrester wollte auch aufhören. Er unkte nur, er habe noch etwas zu erledigen, das er nicht länger vor sich herschieben wolle – mehr war mal wieder nicht aus ihm herauszukriegen.

Anfang 2014 musste die Kompanie ins Trainingszentrum CEITO bei Larzac zum Manöver. Im Centre d'entraînement de l'infanterie au tir opérationnel ist das Schießen mit einer ganzen Reihe von Waffen möglich. Wie immer fand dabei eine Bewertung der Einsatztauglichkeit der einzelnen Kompanien statt. Ich nahm daran in meiner alten Funktion als Eryx-Schütze teil. Mein Job war dabei ziemlich wichtig, weil ein Treffer mit der Eryx bei der Bewertung richtig viele Punkte einbringt: dreihundert. Für einen Treffer mit dem Famas erhält der Zug gerade mal schlappe fünf Punkte.

»Mahler«, beschwor mich Sergent Meilleur. »Ich weiß, dass

du nur noch ein paar Wochen vor dir hast und dir jetzt alles scheißegal ist. Tu mir trotzdem den Gefallen und triff diesen Panzer!«

»Oui, Sergent«, nahm ich ihn grinsend hoch, »mir ist jetzt alles egal. Mal schauen, ob ich Lust habe zu treffen.«

Meilleur sollte mich mittlerweile gut genug kennen, um zu wissen, dass ich das nicht ernst meinte. Trotzdem schob ich vorsichtshalber nach: »Klar doch, Sie können sich auf mich verlassen!«

Der Sergent grinste. Er wusste: Egal, wie beschissen die Situation oder Laune war, ich habe meine Arbeit immer zu Ende gebracht und würde ihn nicht im letzten Moment noch enttäuschen. Er sah das alles locker mit mir, das Vertrauen war da.

Tatsächlich traf ich dann auch zweimal das Ziel. Damit hatte ich in meiner Karriere bei der Fremdenlegion sechs Eryx-Raketen abgeschossen. Alles Treffer!

Als die Zeit gekommen war, gab ich meinen Helm und andere wichtige Teile der Ausrüstung zurück. Meine Uniformen, die Sportsachen und das Képi blanc durfte ich behalten. Dann drehte ich eine Verabschiedungsrunde bei meinen Kameraden und Vorgesetzten. Kurz und schmerzlos: »Viel Glück. Bonne chance!« – »Dir auch.« – »Wir sehen uns.« – »Genau, wir sehen uns.«

Zusammen mit Robinho fuhr ich ins Hauptquartier nach Aubagne. Dort dauerte es noch einmal eine ganze Woche, bis der ganze Papierkram erledigt war. Dabei saßen wir die meiste Zeit nur untätig herum, weil wir noch auf irgendeine Unterschrift oder den dazu passenden Stempel warten mussten – total nervig. Meiner Meinung nach hätte man das Ganze auch locker an einem Tag erledigen können.

Der letzte, feierliche Akt fand dann im Ehrensaal statt – genau dort, wo ich fünf Jahre zuvor meinen Vertrag unterzeichnet hatte. Jetzt stand ich wieder hier, in meiner akkurat gebügelten Paradeuniform und meinem Képi blanc auf dem Kopf, in einer Reihe mit einer Gruppe von zwanzig Legionären, die wie ich heute die Legion verließen. Kurz zuvor hatte ich mich noch vor dem Monument aux morts fotografieren lassen.

Ein Colonel verlas unsere Legionsnamen – der einzige Name, der hier zählt – und übergab jedem von uns sein *certificat de bonne conduite*. Das ist sozusagen das Dienstzeugnis der Fremdenlegion. Eine halbe Stunde zuvor war ich wieder in Stefan Müller zurückbenannt worden – auf dem Zeugnis stand also »Caporal Müller«. Ganz komischer Name, dachte ich. Diese Urkunde bescheinigte mir nun gute Führung und dass ich meine Zeit bei der Legion vollständig abgeleistet hatte. Wunderbar, dachte ich, das wäre also geschafft. Der blankpolierte Marmorboden glänzte genauso, wie ich ihn in Erinnerung hatte. Ich konnte das Spiegelbild unserer Gruppe sehen, die in Reih und Glied vor dem Colonel stand. Robinho stand auf der rechten Seite der Formation. Als Nächstes würden wir in die Krypta gehen und der Gefallenen gedenken.

»Rechtsum!«, befahl der Colonel.

Dann hörte ich einen dumpfen Schlag oder so was. Ein Képi blieb zwischen uns und dem Offizier auf dem Boden liegen. Ich begriff nicht gleich, was los war. Der Legionär neben mir schaute zur Seite. Robinho lag auf dem Boden, doch keiner rührte sich oder machte Anstalten, ihm zu helfen. Alle starrten regungslos den Offizier an, und auch der schien nicht recht zu begreifen, was passierte, und stand bloß da.

Ich stürzte sofort rüber zu Robinho. Scheiß doch drauf, was der Offizier sagen würde. Das war mein Freund, der da lag. Ich brauchte keinen Befehl, um ihm zu helfen! Robinho schnappte verzweifelt nach Luft Ich lockerte erst einmal seine Krawatte, die verflucht eng an seinem Hals saß, und gab ihm eine leichte Ohrfeige, damit er wieder zu sich kam. Im Ehrensaal war es stickig und heiß. Wahrscheinlich hatte ihn das umgehauen.

Der Colonel wollte wissen, was mit Robinho los sei. Ich versicherte ihm, dass es ihm bestimmt gleich wieder bessergehen würde, sobald sein Kreislauf wieder auf der Höhe war.

»Okay«, sagte der Colonel nur. »Dann geht er eben nicht mit in die Krypta.«

Ich ließ ihn also im Ehrensaal zurück, ging mit den anderen hinüber zur Krypta. Wir salutierten dort und kehrten wieder zurück. Anschließend gab es gemeinsam mit dem Colonel ein Gruppenbild. Scheint wohl etwas Besonderes zu sein, weil es wohl nicht allzu viele bis zum Ende schaffen.

Bis dahin hatte sich Robinho tatsächlich schon wieder erholt, und wir gingen uns umziehen. Diesmal allerdings in Zivilsachen. Meine Uniform legte ich fein säuberlich in die gelbe Reisetasche – auf der in fetter schwarzer Schrift »Mahler« geschrieben stand – und zog Jeans, T-Shirt und Sweatshirt an.

Ich ging ein letztes Mal in die Büros der Géstapo in Aubagne, um mir meine deutschen Papiere zurückgeben zu lassen. Den Führerschein und meinen schon lange abgelaufenen Personalausweis bekam ich wieder, doch die Geburtsurkunde fehlte. Ich fragte nach und wurde in ein anderes Büro geschickt. Beim Eintreten salutierte ich wie gewohnt und stellte mich mit »Caporal Müller« vor.

Der Sergent hinter dem Schreibtisch schaute mich an und sagte: »Du bist kein Caporal mehr. Du bist jetzt Zivilist. Wenn du etwas willst, dann schreib einen Brief und erklär dein Problem.«

Fünf Jahre hatte ich der Legion treu gedient und jetzt das: Ausgelutscht und ausgespuckt, dachte ich. Aber der Sergent hatte recht: Ich war kein Legionär mehr. Meine Geburtsurkunde habe ich übrigens bis heute nicht zurückbekommen.

Ich erinnere mich genau an den Moment, als ich das letzte Mal durch das Tor der Kaserne in Aubagne schritt. Ich musste die ganze Zeit über an ein Lied denken: »Fix you« von Coldplay. Mit dem Klang der melancholischen Musik im Ohr trat ich auf die Straße. Dabei sah ich paar Leute auf der Bank sitzen, die gerade angekommen waren, um sich bei der Legi-

323

on zu melden. Ich musste grinsen: Wenn die wüssten ... Ich blickte nicht mehr zurück. Aber ich merkte mir die Uhrzeit: 14.11 Uhr am 4. April 2014.

Eine Freundin von Robinho war mit dem Auto aus Portugal gekommen, um ihn abzuholen. Die beiden fielen sich gerade auf dem Parkplatz in die Arme.

»Komm, wir nehmen dich mit zum Bahnhof nach Marseille«, bot er mir an.

Die Fahrt nach Marseille dauerte rund zwanzig Minuten. Dort verabschiedeten wir uns voneinander. Ich glaube, Robinho liefen sogar ein paar Tränen übers Gesicht – solche Abschiede tun echt weh. Ich erinnerte mich daran, was wir alles zusammen durchgemacht hatten: Grundausbildung, Kommandolehrgänge, Senegal, Abu Dhabi, dreckige, wilde Partys, einfach alles.

Ich umarmte meinen Freund.

»Wir sehen uns wieder«, schworen wir einander.

Sind Sie Franzose?

Ich überholte einen Lastwagen. Im Rückspiegel sah ich seine Scheinwerfer immer kleiner werden und hinter einer Kurve verschwinden. Jetzt war unser Auto wieder das Einzige, das auf der Autobahn zu sehen war. Es war mitten in der Nacht, daher gab es nicht viel Verkehr. Ich wollte einfach nur fahren, in Bewegung bleiben und mich dabei immer weiter von Frankreich entfernen. Das war ein großartiges Gefühl.

Anna hatte mich am Straßburger Bahnhof mit ihrem Auto abgeholt. Sie war in einem Rutsch von Bayern nach Frankreich gefahren und war hundemüde. Deshalb hatte ich mich ans Steuer gesetzt, und meinen Führerschein hatte ich ja wieder in der Tasche. Ich fuhr fast die ganzen 440 Kilometer nach Landshut durch. Nur ein einziges Mal hielt ich kurz, um mir einige Dosen Red Bull an einer Tankstelle zu kaufen. Anna schlief friedlich auf dem Beifahrersitz.

Wir kamen im Morgengrauen vor ihrem Haus an, einem modernen, mehrstöckigen Wohnkomplex. Ich weckte Anna sanft und lud mein Gepäck aus. Sobald wir in der Wohnung waren, fielen wir beide todmüde ins Bett. Irgendwann wachte ich auf. Anna, die neben mir lag, schlief noch. Ich drehte vorsichtig meinen Kopf in ihre Richtung. Ich wollte sie anschauen, ohne sie zu wecken. Vor dem Schlafzimmerfenster zwitscherten Vögel. Durch die Gardine fiel gedämpftes Licht ins Zimmer.

Das ist mein erster Tag als Zivilist, dachte ich. Ich nahm mir vor, jeden Moment zu genießen. Ich wollte mir alles genau einprägen, um mich immer daran zu erinnern.

Nachdem Anna aufgewacht war, gestand ich ihr etwas: »Weißt du eigentlich, dass ich ein Foto von dir in meinem Képi blanc hatte?«

»Echt jetzt? Das eine, das ich dir geschenkt hatte?«

Es war eine Porträtaufnahme, die genau ins Innere des Képi passte.

»Klar! Viele Legionäre haben das so gemacht.«

»Sind die Jungs denn alle so romantisch?«, fragte sie grinsend.

»Na ja, zum Teil schon. Außerdem: Auf diese Weise kann man sein Képi von allen anderen unterscheiden. Die sehen ja alle gleich aus. Wenn da hundert Stück auf einem Tisch liegen …«

Ich kam nicht dazu, den Satz zu beenden …

Der Sonntag war einfach nur wunderschön: Wir frühstückten ausgiebig und gingen ins Sportstudio, um zu trainieren. Anschließend zeigte Anna mir die Stadt und ihre Lieblingsorte.

Am Montag ging sie normal zur Arbeit, und ich war zum ersten Mal allein in der Wohnung. Ich meine: so richtig allein. Im ganzen Haus war es still. Ich hörte nur gelegentlich ein Auto draußen vorbeifahren. Es dauerte keine halbe Stunde, bis ich mich irgendwie verloren fühlte. Ich war fünf Jahre lang nie allein gewesen, ich hatte immer meine Kameraden um mich herum gehabt. Ruhelos tigerte ich von einem Zimmer ins andere.

Ich kannte einige Legionäre, die in den ersten Wochen, nachdem sie aus der Legion ausgeschieden waren, ihr ganzes Geld für Partys auf den Kopf gehauen hatten. Anschließend waren sie wieder bei der Fremdenlegion gelandet, weil sie im Zivilleben einfach nicht mehr klarkamen. Vorbereitet hatte einen die Legion darauf nicht: einen Tag Bewerbungstraining, das schon, aber mehr auch nicht. Eigentlich echt erbärmlich, nachdem ich fünf Jahre buchstäblich meinen Kopf hingehalten hatte.

In diesem Moment konnte ich jedenfalls nachvollziehen, dass sich einige schwertaten. Doch das sollte mir nicht passieren. Ich nahm mir vor, mich sofort um die wichtigsten Angelegenheiten zu kümmern: Einwohnermeldeamt, Krankenkasse, Arbeitsamt und so weiter.

Landshut ist zum Glück nicht besonders groß. Ich machte also die Runde bei den Ämtern. Ich weiß nicht mehr genau, bei welcher Behörde es war, aber irgendwann kamen meine Sozialversicherungsnachweise der letzten fünf Jahre zur Sprache.

»Die Bestätigungen kann Ihnen doch sicher Ihr Arbeitgeber in Frankreich schicken …«, sagte der Mann hinter dem Schreibtisch.

»Nein, ich habe unter einem anderen Namen in Frankreich gearbeitet.«

Totale Verwirrung bei meinem Gegenüber.

»Na, da können wir nichts weiter für Sie tun. Am besten gehen Sie zum Arbeitsamt.«

Mein erster Besuch bei der Agentur für Arbeit in Landshut hatte es in sich. Nachdem ich mich in der Eingangshalle durchgefragt hatte, ging ich in den entsprechenden Bereich. Auf dem Flur vor den Büros standen einige Bänke. Alle möglichen Leute im Alter zwischen sechzehn und fünfundsechzig warteten dort. Ich hatte vor, nach Fortbildungsmöglichkeiten im Personenschutzbereich zu fragen. Das würde mich interessieren und hätte auch einen Bezug zu meiner Zeit bei der Fremdenlegion. Mein Freund Johan hatte mir geraten, es in diesem Bereich zu versuchen, dort wären die fünf Jahre Fremdenlegion bestimmt einiges wert.

Nach erstaunlich kurzer Zeit war ich bereits an der Reihe. Ich betrat eines der Büros, in dem eine Dame mittleren Alters hinter ihrem Schreibtisch saß. Auf der Fensterbank standen mehrere Grünpflanzen.

»Was kann denn ich für Sie tun, Herr Müller?«, fragte sie freundlich.

Gute Frage. Ich hoffte, überhaupt irgendwas. Ich fing einfach mal an zu erzählen.

»Also, ich habe bis vor einer Woche fünf Jahre lang in Frankreich gearbeitet. Jetzt wohne ich in Landshut.«

»Was haben Sie denn in Frankreich gemacht?«, hakte sie nach und zückte ihren Stift.

»Ich war bei der Fremdenlegion.«

Nachdem ich das gesagt hatte, machte ich mich auf alle möglichen neugierigen Fragen gefasst. Ich hatte ja schon öfter erlebt, dass die Leute ganz aus dem Häuschen waren, wenn sie einmal einem waschechten Legionär begegneten. Einige von Annas Freunden hatten mich schon ziemlich gelöchert.

»Was für eine Firma ist das denn genau?«, fragte die Frau vom Arbeitsamt. »Haben Sie von dort auch ein Arbeitszeugnis bekommen?«

Was für eine Firma?! Oje, das konnte ja heiter werden. Wortlos holte ich mein *certificat de bonne conduite* aus der Tasche und schob es ihr hin. Der ratlose Blick der Frau glitt über die Urkunde.

»Ich hatte dort einen anderen Namen«, stellte ich klar.

»Einen anderen Namen?«, echote sie von der gegenüberliegenden Seite des Schreibtischs.

»Ja, Karl Mahler. Steht da oben«, fuhr ich fort. »Außerdem steht da – natürlich alles auf Französisch –, dass ich Caporal und Eryx-Schütze war.«

327

»Caporal und was? Welchen Beruf haben Sie denn genau?«

Ich war ehrlich gesagt erstaunt. Sie hatte offenbar keinen blassen Schimmer, was die Fremdenlegion war. Wie konnte ich ihr das nur am besten erklären?

»Also, die Fremdenlegion ist ein Teil des französischen Militärs«, versuchte ich es. Die Frau musterte mich abwartend durch ihre Brillengläser.

»Dann waren Sie schon im Berufsförderungsdienst?«, wollte sie plötzlich wissen.

Berufsförderungsdienst? Ob sie mich einfach nur schnell loswerden wollte? Jedenfalls hatte ich das Gefühl, dass wir komplett aneinander vorbeiredeten.

»Nein, war ich nicht«, sagte ich und versuchte es erneut mit einer Erklärung. »Die Fremdenlegion ist eine Armee in Frankreich, bei der sich Ausländer verpflichten können …«

Die Frau sah mich erstaunt an – und hatte dann allem Anschein nach einen Geistesblitz, denn ihr Gesicht erstrahlte: »Ach so, dann sind Sie also Franzose?«

Ich gab auf.

Gutes Ende

In der Fremdenlegion gibt es eine Redensart: »Frage nie jemanden, warum er zur Legion gegangen ist oder wie viele er umgebracht hat!« Ich habe mich selbst sehr wohl gefragt, warum ich Fremdenlegionär geworden bin. Ein Satz, den ich einmal gehört habe, drückt es am besten aus: »If God wants to make you happy, he will lead you the hardest way because it is the only way to success!«

Zumindest in meinem Fall trifft das zu: Ich war unzufrieden mit dem einfachen und bequemen Leben, das ich führte. Darum entschied ich mich, zur Fremdenlegion zu gehen. Ich suchte die Herausforderung und wollte sehen, wozu ich in der Lage bin, wie viel ich aushalten und was ich alles schaffen kann. Ich wollte an meine Grenzen gehen – und vielleicht sogar ein Stück darüber hinaus. Das ist mir gelungen. Eines kann ich aber auch sagen: Egal, in welcher Situation ich mich befand, ich habe niemals meinen Humor verloren. Es hat mir ungemein geholfen, nicht alles so ernst zu nehmen.

Und ich habe in dieser Zeit viel gesehen. Zwar war ich nur fünf Jahre bei der Fremdenlegion und kann vielleicht nicht so viel berichten wie jemand, der zehn, fünfzehn, zwanzig oder mehr Jahre gedient hat. Manche sagen zu mir. »Stefan, du hast die besten Jahre deines Lebens verpasst.« Nein, das habe ich nicht! Auch wenn meine Freunde vielleicht studiert haben oder eine Familie gegründet, habe ich in diesen fünf Jahren mehr gelernt als andere in ihrem ganzen Leben. Für mich war die Legion eine wahre Uni des Lebens.

In Landshut tat ich den nächsten Schritt auf meinem Weg.

Ich bat die Arbeitsamtsmitarbeiterin, mit einem ihrer männlichen Kollegen sprechen zu dürfen. Ich dachte, bei einem Mann wäre die Wahrscheinlichkeit größer, dass er schon einmal etwas von der Fremdenlegion gehört hatte. So war es dann zum Glück auch. Bereits wenige Tage nach dem Gespräch mit ihm begann ich eine Ausbildung zum Personenschützer. In der Sicherheitsbranche arbeite ich heute auch noch, und das passt für mich super. In Bamako schaute ich in den Sternenhimmel und hörte »Nightcall« auf meinem iPod. In diesem Song heißt es auch: »There is something inside you, but it's hard to explain.«

Die Fremdenlegion ist schon speziell, und vielen fällt es schwer, sich nach ihrem Dienst im normalen Alltag zurechtzufinden. Das trifft sogar auf Caporal-Chef Tapanar zu. Er wurde nach über dreißig Jahren Dienstzeit inzwischen pensioniert, wie ich von den Kameraden erfahren habe, die noch im 2^e REI dienen. Tragischerweise starb Tapanar zwei Tage nachdem er die Kaserne verlassen hatte. Die Umstellung war wohl zu viel für das arme alte Muli. Heute nimmt natürlich sein würdiger Nachfolger an den Paraden teil.

Dass die Legion Menschen nicht nur an ihre physischen, sondern auch an ihre psychischen Grenzen treibt, habe ich am eigenen Leib erfahren. Damit können manche Leute besser umgehen als andere. An einem meiner ersten Tage in Straßburg, als einer der Fremdenlegionäre mich und zwei weitere Freiwillige mit dem Auto zum Bahnhof fuhr, kam die Nachricht im Radio, ein Legionär habe im Tschad mehrere Menschen erschossen und sei anschließend desertiert. Dieser Mann, ein Brasilianer, wurde zwischenzeitlich gefasst und an Frankreich ausgeliefert. Vor Gericht warf er der Fremdenlegion dann »seelische Grausamkeit« vor. Sie hätte ihn zu seiner Tat getrieben. 2011 starb er unter ungeklärten Umständen in einem französischen Gefängnis.

An dieser Stelle kann ich nun auch Forresters Geheimnis lüften. Er hatte mir bei unserem Abschied in Nîmes gestanden, dass er aus der amerikanischen Armee desertiert war. Da verstand ich endlich, warum er in vielen Situationen so unzugänglich war und bestimmten Themen stets auswich. Nach fünf Jahren Fremdenlegion war er nun bereit, sich zu stellen und die Angelegenheit in Ordnung zu bringen. Forrester fuhr von Aubagne aus zu einem Stützpunkt der US-Armee in Europa. Dort stellte er sich und wurde in die USA ausgeflogen. Während ich in Landshut meine Ausbildung zum Personenschützer machte, schrieben wir uns E-Mails oder telefonierten. Forrester wurde vor Gericht gestellt und wartete auf sein Urteil. Das habe ich dann natürlich genau verfolgt.

Ungefähr zur selben Zeit, als ich nach Straßburg fuhr, um mich bei der Fremdenlegion zu bewerben, war er desertiert und nach Frankreich geflohen. Bei der Légion étrangère wurde er zu Forrester und ich zu Karl Mahler – und dort sind wir uns dann zum ersten Mal begegnet. In der Grundausbildung begann unsere Freundschaft – und sie wird niemals enden. Wir sind Freunde fürs Leben.

Leider wurde Forrester Ende 2014 zu vier Jahren Haft verurteilt, die er in einem Militärgefängnis absitzt. Vier Jahre, das ist fast genauso lang wie unsere gemeinsame Zeit in der Fremdenlegion. In Forresters Prozess sagte sogar ein französischer General zu seinen Gunsten aus. Auf die Frage, warum die Fremdenlegion einen gesuchten Deserteur aufgenommen habe, antwortete dieser: »Wir fragen niemals, wo jemand herkommt. Wenn Leute bei uns anklopfen, vergewissern wir uns nur, dass an ihren Händen kein Blut klebt, und lassen sie rein. In der Fremdenlegion geht es darum, jemandem eine zweite Chance zu geben.« Abgesehen davon fand der General vor Gericht noch sehr lobende Worte für Forrester: Er sei der geborene Soldat und ein anständiger Kerl. Der General wünschte sich, er hätte mehr Leute wie Forrester in seiner Truppe.

Ich habe mir fest vorgenommen, Forrester im Gefängnis zu besuchen. Er ist und bleibt einer meiner besten Freunde.

Mit Robinho stehe ich nach wie vor in Kontakt. Er arbeitet mittlerweile als Kaufhausdetektiv in Portugal. Er ist froh, einen Job zu haben, mit dem er etwa 1000 Euro im Monat verdient. Ich glaube, sein Rücken bereitet ihm nach wie vor Probleme. Auch wir werden uns gewiss wiedersehen.

Bevor ich nach Straßburg fuhr, um mich freiwillig zu melden, hatte ich mich gefragt: »Was ist das Schlimmste, was dir geschehen kann?« Ich versuchte mir vorzustellen, was meine Entscheidung, Fremdenlegionär zu werden, für mich bedeuten könnte. Ich fand schnell eine Antwort: »Das Schlimmste wäre, wenn mein Leben so bleibt, wie es ist, und nichts geschieht.«

Nun, ich muss sagen, seitdem ist eine Menge geschehen. Ich habe im Krieg gekämpft, meine Grenzen kennengelernt, eine vierte Sprache erlernt und Freunde fürs Leben gefunden. Seit ich wieder Zivilist bin, habe ich festgestellt, dass sich nicht nur mein Leben geändert hat. Schulfreunde und Arbeitskollegen haben in der Zwischenzeit Familien gegründet und sich ebenfalls weiterentwickelt. Auch ohne Fremdenlegion ist für sie viel geschehen. Daran merke ich aber, dass ich mich auf jeden Fall in der Legion verändert habe. Ohne sie wäre mein Leben sicher ganz anders verlaufen.

Nachwort

Während der Operation Serval war ich in Mali unterwegs. Theoretisch hätte ich dort auf Stefan Müller treffen können. Ich recherchierte für mein Buch *Heute trifft es vielleicht dich*, in dem ich mich mit den Deutschen in der Fremdenlegion beschäftige. Dafür war ich einer Reihe von aktiven und ehemaligen Fremdenlegionären mehrerer Generationen rund um den Globus gefolgt, hatte den kommandierenden General in Aubagne getroffen und im Laufe mehrerer Monate einen tiefen Einblick in die Welt der Fremdenlegion bekommen.

Ich war eher zufällig auf das Thema gestoßen. Bei meiner Arbeit als Journalist war ich immer wieder Fremdenlegionären begegnet: im Kongo, in Ruanda, auf dem Balkan und in Afghanistan. Meistens verschlossene, aber dennoch irgendwie interessante Typen. Auch zur Familie meiner Frau gehört ein in Frankreich lebender Exlegionär. Damit schloss sich der Kreis, und ich begann mit der Arbeit an *Heute trifft es vielleicht dich*. Darin geht es um diejenigen Legionäre, die am Indochina- und Algerienkrieg teilgenommen haben, und um die, die nach ihnen in der Legion dienten. Die Begegnung mit einem jungen Deutschen in Mali 2013 bildet den Abschluss.

Als mir der Econ Verlag anbot, gemeinsam mit einem Legionär der heutigen Generation an einem Buch zu arbeiten, war ich von der Idee begeistert. Doch die Suche nach einer dafür geeigneten Person erwies sich als schwierig. Es sollte jemand sein, der erst vor kurzem die Fremdenlegion verlassen hatte und in der Lage war, seine Erlebnisse und die aktuelle Situation anschaulich zu beschreiben. Da es nur noch wenige deutsche Legionäre gibt – etwa drei bis fünf Prozent in der gesamten *Légion étrangère* –, suchten wir sprichwörtlich die Nadel im Heuhaufen. Manche der potentiellen Gesprächspartner kamen aus verschiedenen Gründen für ein langfristiges Buchprojekt nicht in Frage. Ein anderer – zu Anfang der Begegnung vielversprechender – junger Mann trat nach zwei Monaten im Zivilleben wieder in die Fremdenlegion ein und war damit für die nächsten Jahre erst einmal außer Reichweite.

Schließlich hörte ich im Juni 2014 von einem Bekannten, dass ein gewisser Karl Mahler im April die Fremdenlegion verlassen hätte. Ich hinterließ eine Nachricht auf der Mailbox seines Mobiltelefons, und kurze Zeit später rief mich Stefan Müller zurück. Er war gerade dabei, sich in Landshut neu zu organisieren und Pläne für ein Leben als Zivilist zu schmieden. Der Zeitpunkt war perfekt. Wir verabredeten, uns gemeinsam mit den Mitarbeitern von Econ in Berlin zu treffen.

An einem sonnigen Morgen im Juli 2014 stand ich Stefan zum ersten Mal im Terminal des Flughafens Tegel gegenüber. Er hatte eine gelbe Reisetasche, auf der in schwarzen Buchstaben Karl Mahler stand, über die Schulter gehängt und sprach Deutsch mit einem leicht französischen Akzent. An diesem Tag haben wir uns mit dem Verlagsleiter und der Lektorin von Econ getroffen und bis in den späten Nachmittag hinein über das Projekt geredet. Genauer gesagt, wir hörten alle die meiste Zeit über Stefan zu. Sein detailliertes Erinnerungsvermögen, seine Erlebnisse und eine humorvolle Distanz zum Legionärsdasein beeindruckten jeden in dieser Runde. Es war offensichtlich, dass Stefan wusste, wovon er sprach, und etwas über seine fünf Jahre Dienstzeit als Fremdenlegionär zu erzählen hatte.

Zweieinhalb Monate nachdem Stefan Müller seinen Dienst in der Fremdenlegion beendet hatte, begann ich gemeinsam mit ihm mit der Arbeit an diesem Buch. Während des Entstehungsprozesses verbrachten wir viel Zeit miteinander. Einmal lebten wir für mehrere Tage in einer Wohnung in München. Da kochten wir sogar zusammen – übrigens einen Veggie-Burger –, und beim

Aufräumen der Küche war Stefan ziemlich pingelig. Da erkannte man den Caporal Mahler der Fremdenlegion. Das sagte ich ihm dann auch scherzhaft. Ein anderes Mal bot ich ihm an, die gelbe Tasche zu tragen, da er es ja nicht gewohnt sei, so schwere Dinge zu schleppen. Kurz vorher hatte er mir von den Gewaltmärschen mit dem zig Kilo schweren Rucksack erzählt. Stefan musste lachen – ich glaube, Humor ist wirklich eine seiner Stärken.

Es gibt eine Reihe ehemaliger Legionäre, die Bücher geschrieben und ihre Erinnerungen verfasst haben. Diese Werke sind von sehr unterschiedlicher Qualität. In vielen wird die Fremdenlegion glorifiziert, und die Autoren gehen mit dem Phänomen sehr unkritisch um – nach dem Motto »Militär ist hart, und ich bin der Größte«. Bei Stefan war das von Anfang an anders: Er wollte sich den objektiven Blick und die Distanz bewahren und begann deshalb schon in den ersten Tagen in Straßburg damit, ein Tagebuch zu führen. Er hat sich immer ein wenig gewundert, wo er da hineingeraten war. Trotzdem war er ein guter Legionär, der seinen Dienst regulär nach fünf Jahren beendet hat. Er kann also mitreden.

Stefan spricht nicht über alle Dinge, die er in der Legion erlebt hat. Das hat er bereits beim ersten Treffen klargestellt. Es gibt Geheimnisse, sagte er, die er niemals preisgeben würde. Dabei handelt es sich sowohl um Ereignisse, die während seiner Einsätze stattgefunden haben, wie auch um Verfahrensweisen, die der militärischen Geheimhaltung unterliegen.

Je mehr Stefan erzählte, desto deutlicher wurde, dass er in einer anderen Fremdenlegion diente als der, die noch ihr Hauptquartier im algerischen Sidi Bel Abbès hatte. Nach dem Ende der Kriege in Indochina und Algerien hatte eine Neuausrichtung der ehemaligen Kolonialarmee stattgefunden. Die Fremdenlegion wurde seitdem in das Gesamtkonzept der französischen Streitkräfte integriert und radikal verkleinert. Heute gibt es noch zwischen 7700 und 8000 aktive Legionäre. Die Legion hat es nicht mehr nötig, wahllos Kriminelle und Gestrauchelte in Dienst zu stellen, um sie nach dem Motto »Marche ou crève« in fernen

Ländern zu verheizen. Im Gegenteil, es gibt – so beschreibt es Stefan – ein absolutes Überangebot an Bewerbern, von denen nur wenige erst nach einem strengen Auswahlverfahren angenommen werden. Heute kommen nur noch selten Legionäre aus Deutschland. Die Bundeswehr hat – anders als noch in den fünfziger und sechziger Jahren – attraktive Auslandseinsätze zu bieten und zieht damit viele potentielle Soldaten an.

Für Stefan war die Bundeswehr jedoch keine Option. Er suchte Abenteuer und Grenzerfahrung. Auch heute noch steht die Fremdenlegion in dem Ruf, die härtere, die extremere Truppe zu sein. Fremdenlegionäre sind keine »Staatsbürger in Uniform«, sondern knallharte Krieger. Die drastischen Ausbildungsmethoden, die Stefan Müller beschreibt, existieren in dieser Form in der Bundeswehr nicht. Was die Extreme angeht, kam Stefan in der Fremdenlegion auf seine Kosten – jedoch manchmal anders, als er es erwartet hatte. In den Kapiteln über seine Erlebnisse in Mali, während der Operation Serval, schildert er die ernüchternde und brutale Realität eines modernen, asymmetrischen Krieges.

Bei einem unserer letzten Treffen sagte ich zu Stefan, dass ich nicht gedacht hätte, dass mir jemand – ich hatte in den letzten Jahren mit Dutzenden Legionären zu tun gehabt – noch so viel Neues über die Fremdenlegion erzählen könne. Während er eine Tasse mit Espresso in der Hand hin- und herdrehte, lachte er und sagte, dass jeder einzelne Legionär ein Geheimnis, eine Geschichte und einen eigenen, ganz besonderen Blick auf die Legion habe. Im Grunde, so Stefan, mache dieses Geheimnisvolle immer noch viel vom Mythos Fremdenlegion aus. Er sei froh, jetzt andere an seinen Erfahrungen teilhaben zu lassen. Im Übrigen schaue er nun nach vorn und freue sich auf die Zukunft ohne Fremdenlegion. Zum Glück ist Stefan Müllers Blick auf die Fremdenlegion der eines modernen Menschen, der gelernt hat, kritische Fragen zu stellen – zuweilen auch selbstkritische.

Martin Specht
Wuppertal im August 2015

Danksagung

Ich bedanke mich bei allen Menschen, die mir nach der Legion geholfen haben, eine Existenz aufzubauen. Eure Taten sind mit Geld nicht zu bezahlen! Mein Dank geht an Anna, Jan Pfefferkorn für deine Ausbildung (dir hat es doch gefallen, mich zu jagen), Markus Schütz für das Nahkampf-Training und die versaute Torte, Sebastian Mossmaier und Rango für das Training mit deinen Malinois, Jan Christiani für deine lange Freundschaft seit der BW-Zeit, Andreas Stockmann, dich als Freund zu haben, Jürgen Baumgärtner für den Unterricht, Herrn Deubelli für Ihr Vertrauen und Unterstützung in meine Fähigkeiten und an das Gewichtheber-Team Landshut für das gute Training.

Ich danke allen Leuten des Forums *LaLegion* für die fünfjährige Unterstützung. Eure Fresspakete waren immer der Wahnsinn. Zu jedem Weihnachten wart ihr die Einzigen, die mir was geschenkt haben. Vor allem die 21 Kartons, die ich in Mali mit einem Lkw abholen musste. Danke für alle Begegnungen und Gespräche mit deutschen Legionären aus dem 2e REI während meiner fünf Jahre Dienstzeit, ohne sie namentlich zu nennen.

Vielen Dank an das Gewichtheber-Team ESV München-Neuaubing, ihr seid klasse!